高等职业教育会计专业课程改革创新教材

财经基本技能训练教程

余坤和　主编

中国财政经济出版社

图书在版编目（CIP）数据

财经基本技能训练教程/余坤和主编．—北京：中国财政经济出版社，2013.8
高等职业教育会计专业课程改革创新教材
ISBN 978-7-5095-4757-1

Ⅰ.①财… Ⅱ.①余… Ⅲ.①会计-高等职业教育-教材 Ⅳ.①F23

中国版本图书馆CIP数据核字（2013）第199548号

责任编辑：欧成君　　责任校对：黄亚青
封面设计：华乐功　　版式设计：汤广才

中国财政经济出版社 出版
URL：http：//www.cfeph.cn
E-mail：cfeph@cfeph.cn

社址：北京市海淀区阜成路甲28号　邮政编码：100142
营销中心电话：88191537　北京财经书店电话：64033436　84041336
北京富生印刷厂印刷　各地新华书店经销
787×1092毫米　16开　16印张　360 000字
2013年8月第1版　2020年7月北京第5次印刷
定价：32.00元
ISBN 978-7-5095-4757-1/F·3847
（图书出现印装问题，本社负责调换）
本社质量投诉电话：010-88190744
打击盗版举报热线：010-88191661 QQ:2242791300

总　序

我国的高等职业教育经过10多年的快速发展，就规模而言，无论从学校数量还是在校生人数都已经超过本科教育。在2006年《教育部关于全面提高高等职业教育教学质量的若干意见》的精神指导下，高等职业教育步入以提高质量为中心的内涵式发展的轨迹。高等职业教育内涵式发展需要深化教学改革，即专业改革、课程改革和人才培养模式改革。

随着社会经济的发展，用人单位对会计人才的需求随之发生变化。会计专业作为一个传统的大专业，要与时俱进地保持其专业优势，只有进行教学改革，而课程改革和教材建设是教学改革的主要抓手之一。我们根据教育部职业教育改革精神和职业教育改革专家的建议，充分听取不同行业领域和专业层次的教学、科研及企业工作人员的意见，深入实际工作岗位进行调研，并对毕业生的顶岗实习进行跟踪指导，在此基础上确定了会计专业课程改革的思路，即：

按照此教学改革的思路，我们与四川财经职业学院联合其他高职院校及校企合作单位共同开发了高等职业教育会计专业课程改革创新教材，主要项目有：《会计基础》、《企业会计实务》、《成本核算与分析》、《企业财务管理》、《审计基础与实务》、《会计综合实训》等课程主教材和配套的能力训练手册。

本系列教材的特色与创新主要体现在以下三点：

第一，校企合作开发，充分体现职业教育的针对性。

本系列教材一改以往闭门造车的“象牙塔”模式，通过与专家访谈、赴企业调研、对学生就业调研分析等方式，在专业核心课程设计与开发方面始终坚持从实践到课程的基本路线，教材的内容与实际岗位能力要求无缝对接，充分体现高等职业教育会计专业教学的针对性。

第二，理实一体设计，注重学生的职业操作能力。

在专业核心课程的设计中，实训贯穿整个专业课程设置的始终。本系列教材完全改变了过去只注重理论，或者在理论课上完以后再安排课程实训的做法，而是讲求理实一体设计，按照工作岗位设计了情境目标、知识准备、情境模拟等环节，比较真实地再现了工作过程和工作场景，通过学生的“学中做”与“做中学”，不断提高学生的专业实际操作能力。

第三，科学设计学习情境，注重培养学生的学习能力与创新能力。

在课程的情境设计上，设计了平行式或递进式的学习情境，每种设计思路，均重复实际岗位中的操作步骤，在重复的步骤中不断推进理论知识传授和操作能力训练，让学生逐渐学会举一反三，不断提高他们的学习能力与创新能力。

本系列教材是我们对高等职业教育会计专业教材进行改革的初步尝试，我们努力突破以往思维的藩篱有所创新，但因时间紧迫，水平有限，教材中难免还存在疏漏和不足，请读者与同行不吝赐教！

中国财政经济出版社

2013 年 8 月

前　言

财经基本技能包括财经数字书写、传票算、点钞验钞、珠算、电子计算器与计算机小键盘应用等单项技能。对这些技能进行训练，不但能夯实专业基础能力，还能培养职业素质和素养，是职业教育财经与管理类各专业，特别是财会、金融、营销等专业学生重要的学习内容与学习方式。根据长期的教学实践，我们将这些技能的训练内容与方法汇编成这本《财经基本技能训练教程》，作为高等职业教育会计专业课程改革创新教材的一个组成部分。本教程适合作为财经与管理类高等职业教育和中等职业教育的教材，也可作为财经与管理人员岗位培训及自学用书。

本教程由四川财经职业学院组织本院教师编写，余坤和任主编并执笔项目一，陈玲任副主编并执笔项目四和项目五，何双利执笔项目二和项目三，全书由余坤和总纂定稿。

在本教程的编写过程中，我们吸取了许多同仁的研究成果，在此谨致诚挚谢意。由于水平有限，书中缺点和不足之处在所难免，恳请广大读者批评指正。

编　者

2013 年 7 月

目 录

项目一　财经数字与金额书写技能训练

【学习目标】

1. 能准确快速地读出阿拉伯数字和小写金额。
2. 能规范流利地书写财经阿拉伯数字和小写金额。
3. 能准确快速地读出中文大写数字和中文大写金额。
4. 能规范流利地书写中文大写数字和中文大写金额。
5. 知道金额书写错误的更正方法。

【项目导航】

数字的书写是财经工作者的一项基本功。数字与人们的关系十分密切，人人都要写数字，人人都会写数字。但在财经工作领域，对数字的书写有其专门的规范和要求，形成了财经数字的书写规范与方法。规范地书写财经数字既是财经工作者的一项基本功，也是对财经工作者的一项基本要求。特别是从事资金收付与管理、凭证填制、账簿登记、报表编制等工作，以及与经济核算相关的工作，如从事财政、税务、银行、会计、审计、统计、出纳、销售等工作的人员，更离不开财经数字的书写。可以这样说，财经数字书写的规范性与质量在一定程度上是衡量和评价一个财经工作人员的工作质量、综合素质与水平的重要标准之一。

在财经工作中，我国常用的数字有两种，一种是阿拉伯数字，另一种是中文大写数字。在表示金额时，用阿拉伯数字表示的金额数量称之为“小写金额”，用中文大写数字表示的金额数量称之为“大写金额”。

阿拉伯数字又叫数码字，是世界各国通用的数字，一共10个，即：“1、2、3、4、5、6、7、8、9、0”。阿拉伯数字是印度人发明的。虽然使用的语言不同，其读法不同，但无论你到世界上的哪个国家，只要你写出它，人们都知道它是多少。

与阿拉伯数字相对应，中文大写数字也是10个，即：“壹、贰、叁、肆、伍、陆、柒、捌、玖、零”。在汉语中，中文大写数字的读法与阿拉伯数字的读法是相同的，但写法不同。

本项目主要学习财经工作领域使用的阿拉伯数字、小写金额、中文大写数字和大写金额的书写方法及其书写要求和规范，实现“四能一知”的学习目标。

任务1　财经阿拉伯数字书写技能训练

一、财经阿拉伯数字的书写方法

阿拉伯数字包括0、1、2、3、4、5、6、7、8、9共10个，字体分为印刷体和手写体两类。在财经工作中，阿拉伯数字手写体不但与印刷体不同，而且与日常生活中所常用的手写体也有所不同。财经工作中所使用的阿拉伯数字手写体的书写范式如表1－1所示。财经阿拉伯数字要按照范式进行书写，讲求规范流利。

表1－1

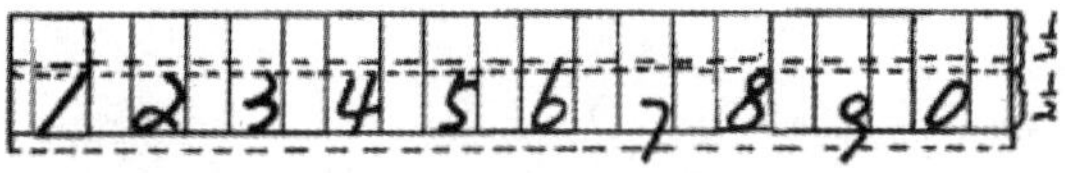

二、财经阿拉伯数字的书写要求

（一）整体性要求

书写数码字时，应自上而下，先左后右，一个一个认真地书写，不得连笔、带笔，以免分辨不清。书写时要规范、整齐、端正、清楚、流利、美观、整体效果好。

（二）字体要求

书写数码字时，每个数码字的宽窄、高低以及倾斜度要基本一致。

（三）在分位格中的书写要求

在财经工作中，填制凭证、登记账簿和编制报表时，书写金额数字都是在分位格里进行的。在分位格中书写金额数字的基本要求如下：

1. 字体大小。高度，从分位格底线往上约占格子的二分之一，不超过三分之二，既为了便于更正错误，也为了清爽美观；宽度，左右要留有适当的空隙。

2. 字型。在分位格中，每个字都要有45～60度的倾斜。

3. 字位。字应写在格子的中间略为靠右，除“7”和“9”外，字的底部要落在底线上，但不能突出底线。其中，“6”、“7”、“9”三个字的字位具有特殊性，“6”比其他字要略高，“7”和“9”比其他字要略低，底部要适当出底线。

三、书写财经阿拉伯数字的注意事项

（一）书写“1”的注意事项

1. 斜竖要写直并要落在底线上，但不能出底线。

2. 要上下一样粗细，不能写成针状上粗下细。

3. 不能写成印刷体。

4. 不能写成上带勾或下带勾。

（二）书写“2”的注意事项

1. 下部要绕圈，不能写成类似英语“Z”的形状。不绕圈的写法容易被他人修改。

2. 起笔时上面的半圈要略大一点，收笔时下圈小一点，圈不能超过字的一半，不能写成象“大肚子”一样。

3. 要做到圈相联，圈不能断开。

4. 不要写成去头少尾。

（三）书写“3”的注意事项

1. 上半圈和下半圈的大小、倾斜度基本一致，上半圈可略小于下半圈；上半圈和下半圈的中点基本上保持在一条倾斜的直线上。

2. 上下圈中间一笔回锋不能过长。

3. 末笔收笔时不能下垂。

（四）书写“4”的注意事项

1. 顶部不能封口，不能写成印刷体的“4”，中间的竖线是最关键的一笔，倾斜度在60度左右。

2. 两条竖线要平行，右边一条竖线略长一点，并穿过左边竖线转折过来的横线，落在格子的底线上。右竖线在横线上下部分的比例分配大致是上部分约占字的三分之二，下部分约占字的三分之一。

3. 弯要转圆，不能转成直角或锐角。

（五）书写“5”的注意事项

在10个阿拉伯数字中，“5”是最难写的，也是最难表述其写法的一个数码字。书写时主要注意以下两点：

1. 起笔时要有一定的倾斜度，相似于画小的左括弧的形状，如“（”，末笔顺势向左边上挑一点。向左上挑时弯不能太圆了，顺势弯一点即可。

2. 上端的“一横”要平，不能封顶，要与“弧”线相接，不能留空隙，也不能突破“弧”线。

（六）书写“6”的注意事项

1. “6”是一个特殊字，在书写时要体现它的特殊性：比其他数码字略高一点，大约高出四分之一。

2. 起笔时要写成一个斜竖。

3. 斜弯下再向右划圈，圈应写成向左倾斜的椭圆。

4. 下部的斜椭圆不能写得太大，收笔时与左侧的斜竖相接，不能穿过左侧的斜竖，也不能与左侧的斜竖之间留下空隙。

（七）书写“7”的注意事项

1. “7”也是一个特殊字，特殊在起笔略低，末笔出底线约与字的三分之一长。

2. 转弯时要圆润，不能转成棱角或直角，更不能增添笔画。

3. 起笔时要注意与其他数码字的宽窄基本一致，宽度要写够，末笔收笔不能带上勾。

（八）书写“8”的注意事项

1. 起笔从右向左转圈，然后向右下运笔，再向左转圈，笔顺类似写英语的“S”，最后向右上运笔收笔。中间腰身要修长一点，并在书写时注意上圈略小，下圈略大。

2. 收笔时不能出头或留下空隙。

3. 做到“圈相联，弯要圆”。

（九）书写“9”的注意事项

“9”是三个特殊字之一，有正楷字体和行书字体两种写法，这里主要说明行书字体写法（见表1-1）的书写注意事项。

1. 与写“7”字一样，起笔略低，末笔出底线约字的三分之一长。

2. 要做到圈相联不露头，写完圈后向左下转弯时要圆润，不能转成棱角。

（十）书写“0”的注意事项

1. 起笔后应由左向右转圈。

2. 起笔和收笔处一定要封口。

3. 要写成上下略长的倾斜椭圆形。

无论什么技能都需要经过长期刻苦的训练才能达到熟能生巧的境界。规范、流利、美观的财经数码字是长期不懈的练习的结果。为了便于学习者掌握好财经数码字书写的基本要领，现将其归纳为如下几句顺口溜，以供参考。

横要平竖要直，圈要联弯要圆；

大小宽窄要合适，倾斜整齐要一致；

贴底书写不压线，7和9字出底线；

0字首尾要合拢，4字顶部要缺口；

刻苦训练不怕苦，一笔一画练好手。

【同步训练】

训练1

每天书写阿拉伯数字3～5篇。

附：

数码字书写练习的分位格样纸

续表

任务2 阿拉伯数与小写金额书写技能训练

一、阿拉伯数的书写

（一）数与数位

书写阿拉伯数时，每一个数字要占一个位置，每一个位置分别表示不同的单位。数字所在位置表示的单位，称为“数位”。数位是按个、十、百、千、万、十万、百万、千万、亿……的顺序，由小到大，从右向左排列的，但写数和读数的习惯顺序却是由大到小、从左到右依次进行的。我国的数位排列及读法见表1－2。

表1－2

数位	万万万位	千万万位	百万万位	十万万位	万万位	千万位	百万位	十万位	万位	千位	百位	十位	个位	十分位	百分位	千分位	万分位	十万分位	百万分位
读法	兆	千亿	百亿	十亿	亿	千万	百万	十万	万	千	百	十	个	分	厘	毫	兰	忽	微

（二）阿拉伯数的书写方法

写阿拉伯数时，每一个数字都要占有一个位置，每一个位置表示不同的数位。顺序是由高位到低位，从左至右依次写出各位数字。

阿拉伯数的书写是数字与数位结合进行的，数位的多少决定着一个数的大小。因此，如果某一个数位上没有1～9的数字，就要写出一个“0”来表示，用“0”占位。

例1 写出“四百”的阿拉伯数。

四百的阿拉伯数为：400。

例2 写出“六百零五”的阿拉伯数。

六百零五的阿拉伯数为：605。

书写四位和四位以上的数，从整数部分开始，可采用国际通用的“三位分节制”，即从个位向左每三位数作为一节，节与节之间用一个分节号“,”分开，也可以用空格分开。实际应用中，手写一般采用分节号，印刷通常采用空格。

例3 用三位分节的方法写出一亿的阿拉伯数。

一亿的阿拉伯数为：100,000,000 或：100 000 000。

例 4 用三位分节的方法写出一亿点一二的阿拉伯数。

一亿点一二的阿拉伯数为：100,000,000.12 或 100 000 000.12。

采用三位分节的方法书写阿拉伯数，能够比较容易地辨认数的数位，有利于数的书写和方便阅读，并能准确、快速地读出数据，提高读数的效率。

在凭证账表上填写金额数字时，因为凭证账表上一般在金额栏内都印有分位格并标出了数位和金额单位，所以记数时不需要再另加分节号及小数点。

二、阿拉伯数的读法

阿拉伯数是由阿拉伯数字排列而成的，一般而言，读阿拉伯数应当将数字与该数字的数位一起读出。但数的位数不同，其具体读法也有所不同，如万位以下的数与万位以上的数、有零的数与没有零的数在读法上就有所区别。

（一）万位及以下数的读法

对于万位及万位以下的数，读数时，每读出一个数字，都要接着读出该字的数位，即每个数的数字与数位要一起读出来。

例 5 读出阿拉伯数“47,268”。

47,268 读作：四万七千二百六十八。

（二）万位以上数的读法

对于万位以上的数，读数时，对数位只读出第一个字而省略数位的第二个字。

例 6 读出阿拉伯数“2,739,426”。

2,739,426 读作：二百七十三万九千四百二十六。

例 6 中，“二百万”和“七十万”的“万”字都省略了，只读出“二百”和“七十”。同理，读亿位以上的数，“十亿”以上的“亿”字、“十兆”以上的“兆”字也都予以省略。

（三）中间有零的数的读法

数字中间有零，无论是一个或连续几个零，都只读一个“零”而且不读出其所在的数位。

例 7 读出阿拉伯数“10,072”。

10,072 读作：一万零七十二。

例 8 读出阿拉伯数“401,025”。

401,025 读作四十万零一千零二十五。

（四）整数末尾零的读法

读整数末尾有零的数，既不读零，也不读零所在的数位。

例 9 读出阿拉伯数“7,000”。

7,000 读作：七千。

例 10 读出阿拉伯数“3,200”。

3,200 读作：三千二百。

（五）小数及小数末尾零的读法

读小数只读数字不读数位，小数末尾的零可以读“零”，也可以不读“零”。

例 11　读出阿拉伯数“1,347.25”。

1,347.25 读作：一千三百四十七点二五。

例 12　读出阿拉伯数“1,347.20”。

1,347.20 一般读作：一千三百四十七点二。也可读作：一千三百四十七点二零。

三、小写金额的书写

在财经工作中，经常用阿拉伯数字表示金额。用阿拉伯数字表示的金额叫作小写金额。小写金额的书写除具有与一般情况下的阿拉伯数书写的相同点之外，还有其特别的要求，如小写金额前面应冠以货币币种符号、小数点后面的角位和分位没有数额时要用 0 占位等。

（一）货币币种符号的使用

1. 在填制凭证时，如填写支票、发票、收据、借据、报销单及记账凭证等，小写金额合计数前要冠以计算金额时所使用的货币币种符号。在书写以人民币计算的小写金额时，小写金额合计数前应冠以人民币符号“￥”。“￥”是人民币基本单位“元”的汉语拼音“YUAN”的第一个字母的形象符号，它既代表了人民币的币制，又表示了人民币“元”的单位。所以，小写金额合计数前书写“￥”以后，金额数字之后就不再写人民币单位“元”了。

例 13　写出“人民币九千三百二十六元四角六分”的小写金额。

人民币九千三百二十六元四角六分的小写金额为：￥9,326.46。

2. 书写小写金额合计数时，在人民币符号“￥”与首位数字之间不能留有空位，以防被添加金额数字。

3. 书写“￥”要与阿拉伯数字有明显的区别，尤其是草写“￥”时，要特别注意不要与阿拉伯数字的“7”或“9”相混淆。

4. “￥”主要应用于填写票据和凭证的小写金额前面，在登记账簿、编制报表时不需要使用“￥”。

（二）无金额的角位和分位的写法

所有以元为单位的小写金额，除表示单价等情况外，一律写到分为止。

在以元为单位的小数点后面，如果分位没有或分位和角位都没有 1 ~ 9 的金额数字，不能让它空位，应用 0 占位。具体情况如下：

1. 到元为止无角分的金额数字，角位和分位可用“00”或代表“00”的短横线“—”表示。

例 14　写出“人民币四十七元”的小写金额。

人民币四十七元的小写金额写作：￥47.00 或￥47.—。

须特别注意的是，例 14 的小写金额不能写成“￥47”。

2. 有角无分的小写金额，分位应写“0”不得用“—”代替。

例 15　写出“人民币八十二元三角”的小写金额。

人民币八十二元三角的小写金额写作：￥82.30。

须特别注意的是，例 15 的小写金额不能写成“￥82.3—”或“￥82.3”。

以上无金额的角位和分位的写法是在没有金额分位格的情况下使用，在印有金额分位格的凭证账表上，末位没有或末两位都没有 1 ~ 9 的金额数字时必须用“0”，不能空位也不能用短横线“—”代替。

例 16 将￥3,200.00 填写在某种凭证的金额分位格中。

在凭证的金额分位格中填写￥3,200.00 的方法见表 1－3。

须特别注意的是，例 16 的小写金额在金额分位格中不能像表 1－4 和表 1－5 那样填写。

表 1－3　　正确填写

亿	千	十	万	千	百	十	元	角	分
				3	2	0	0	0	0

表 1－4　　错误填写

亿	千	十	万	千	百	十	元	角	分
				3	2	0	0		

表 1－5　　错误填写

亿	千	十	万	千	百	十	元	角	分
				3	2	0	0	—	—

四、账簿中小写金额数字书写错误的更正

在登记会计账簿时由于疏忽等原因，有时可能会出现笔误把数字写错。因为账簿记录是不能随意调换或撕毁的，因此，必须采用规范的更正方法对错误数进行更正。对记账时发生的笔误数进行更正的方法叫作划线更正法，其要点是：将错误的整笔数从左至右划一条红线表示注销，然后把正确的数写在被注销的错误数的上方的空白处，并由经手人在更正处签名或加盖印章以明确责任。

更正错误数时必须注意的是，对错误数不得任意涂改、挖补、刮擦和用消字药水销蚀字迹，必须保持被更正的原错误数字清晰可辨。同时，无论写错的数是一个还是几个数字，划线时都必须把整笔数一并划销，不能只划销其中错了的一个或几个数码字，如图 1－1、图 1－2、图 1－3、图 1－4 所示。

正确的更正方法：

百	十	万	千	百	十	元	角	分
		3	7	2	9	3	4	1
何	小娟	~~3~~	~~2~~	~~7~~	~~9~~	~~3~~	~~4~~	~~1~~

不正确的更正方法：

百	十	万	千	百	十	元	角	分
			7	2				
		3	②	⑦	9	3	4	1

图 1－1

正确的更正方法：

百	十	万	千	百	十	元	角	分
		7	4	5	5	9	2	8
何	小娟	~~7~~	~~5~~	~~5~~	~~4~~	~~9~~	~~2~~	~~8~~

不正确的更正方法：

百	十	万	千	百	十	元	角	分
			4		5			
		7	5	5	4	9	2	8

图 1－2

正确的更正方法：

百	十	万	千	百	十	元	角	分
			1	9	2	1	7	7
何小娟		~~1~~	~~9~~	~~2~~	~~1~~	~~7~~	~~7~~	~~0~~

不正确的更正方法：

百	十	万	千	百	十	元	角	分
		1	1	9	2	1	7	7

图 1－3

正确的更正方法：

百	十	万	千	百	十	元	角	分
			1	9	2	1	7	7
		何小娟	~~1~~	~~2~~	~~9~~	~~1~~	~~7~~	~~7~~

不正确的更正方法：

百	十	万	千	百	十	元	角	分
			1	9	2	1	7	7
			~~1~~	~~2~~	~~9~~			

图 1－4

【同步训练】

训练 2

一、读出下列各数：

1. 953，561　　读作：
2. 3, 050, 000　　读作：
3. 245, 134. 03　　读作：
4. 1, 235, 460. 00　　读作：
5. 850, 000. 50　　读作：
6. 830, 000. 04　　读作：
7. 65, 000. 06　　读作：
8. 10, 000. 05　　读作：
9. 3, 005. 70　　读作：
10. 8, 755, 300. 60　　读作：

二、写出下列人民币金额的小写金额：

1. 四百零二万零五百零七元。　　写作：
2. 三百万零五十元。　　写作：
3. 五百六十万元零九分。　　写作：
4. 一十万一千元一角。　　写作：
5. 三百二十万八千六百五十元一角。　　写作：
6. 三十二万零三元零五分。　　写作：
7. 七十万零三百元。　　写作：
8. 四十万零七十元零四分。　　写作：
9. 五百万元。　　写作：
10. 一百一十五元四角八分。　　写作：

任务3 中文大写数字与大写金额书写技能训练

在商品交易和货币往来结算中，需要填制大量的、各式各样的销货发票、收据和货币往来结算票据等各种原始凭证作为凭据。这些原始凭证记录了经济业务的发生或完成情况，是进行会计核算的原始依据，也是证明相关各方对相关财产物资和其他资产所有权的处置情况的重要法律文件，其记录的内容和金额数字必须真实、正确。为了保证这些原始凭证所记录的内容和金额数字的真实性和正确性，防止金额填写出现差错和被恶意篡改，国家相关法律法规要求，对这些原始凭证上的合计金额，既要填写小写金额又要填写中文大写金额，而且小写金额与中文大写金额的数额必须完全相同。

中文大写金额由中文大写数字、数位和货币计量单位构成。下面分别予以说明。

一、中文大写数字的书写

（一）中文大写数字的写法

与阿拉伯数字相一致，中文大写数字也是10个，其正楷字体和行书字体如下：

壹（壹）、贰（贰）、叁（叁）、肆（肆）、伍（伍）、陆（陆）、柒（柒）、捌（捌）、玖（玖）、零（零）。

中文大写数字的书写方法与其他汉字的书写方法相同，这里不再赘述。汉字虽然谁都会写，但要写好也非易事。要把中文大写数字写好，唯一的途径只有加强练习。

（二）中文大写数字的书写要求

在各种交易凭证和货币往来结算凭证上填写中文大写金额的主要目的是保证这些原始凭证所记录的内容和金额数字的真实性和正确性，防止金额填写出现差错和被恶意篡改。而要实现这个目的，就必须规范地书写中文大写数字。

按照国家财政部颁布的《会计基础工作规范》规定，中文大写数字必须使用正楷体或者行书体书写，不得使用草书体书写，不得用0、一、二、三、四、五、六、七、八、九等简化字代替，也不得任意自造简化字或别字进行书写。

（三）中文大写数字在银行结算票据出票日期上的应用

在实际工作中，办理货币支付结算票据的出票日期必须使用中文大写数字填写。为防止变造票据的出票日期，在填写月、日时，月为壹、贰和壹拾的，日为壹至玖和壹拾、贰拾和叁拾的，应在其前加“零”；日为拾壹至拾玖的，应在其前面加“壹”。

例17 写出2013年1月12日填写转账支票的出票日期。

2013 年 1 月 12 日填写转账支票的出票日期为：贰零壹叁年零壹月壹拾贰日。

例 18　写出 2013 年 10 月 10 日填写转账支票的出票日期。

2013 年 10 月 10 日填写转账支票的出票日期为：贰零壹叁年零壹拾月零壹拾日。

二、中文大写金额的书写

（一）中文大写金额的数位

数位是中文大写金额的重要构成部分，书写中文大写金额必须同时写出中文大写数字和数位。中文大写金额的数位的正楷字体和行书字体如下：

亿（亿）、万（万）、仟（仟）、佰（佰）、拾（拾）、元（元）、角（角）、分（分）。其中，角和分是元的辅助单位。

（二）中文大写金额书写的相关规定

在使用人民币进行结算时，书写中文大写金额有以下一些基本规定：

1. 中文大写金额前面要冠以“人民币”字样。凡人民币结算的中文大写金额前面都必须冠以“人民币”字样，而且中文大写金额应紧接在“人民币”字样后面书写，“人民币”字样与中文大写金额之间不得留有空位，以防被添加数字。有固定格式的重要凭证，大写金额栏一般都印有“人民币”字样，只需紧接其后填写中文大写金额即可。大写金额栏没有印有“人民币”字样的，应加填“人民币”三个字。如果不是采用人民币而是采用外币进行结算，中文大写金额前面应改用该外币币名，如“美元”、“欧元”、“英镑”，等等。

2. 小写金额到“元”或者“角”为止的，中文大写金额末尾要写“整（正）”字，到“分”为止的，“分”字后面不写“整（正）”字。由于“整”字的笔划较多，在书写时可以将“整”字写成“正”字，在中文大写金额中，这两个字的作用是一样的。

例 19　写出￥200 000.00 的大写金额。

￥200 000.00 的大写金额为：人民币贰拾万元整（或：人民币贰拾万元正）。

例 20　写出￥185.50 的大写金额。

￥185.50 的大写金额为：人民币壹佰捌拾伍元伍角整，或者：人民币壹佰捌拾伍元伍角正。

例 21　写出￥85.55 的大写金额。

￥85.55 的大写金额为：人民币捌拾伍元伍角伍分。

3. 中文大写金额书写中“零”的用法。当小写金额数字中有“0”时，中文大写金额应怎样书写，要看“0”所在的位置。主要有以下几种情况：

（1）对于小写金额数字末尾有“0”时，不论有一个还是连续几个“0”，中文大写金额都用一个“整（正）”字结束，如例 19、例 20。

（2）小写金额数字中间只有一个“0”时，中文大写金额数字要写“零”字；连续有几个“0”的，也只写一个“零”。

例 22　写出￥35,070.00 的大写金额。

￥35,070.00 的大写金额为：人民币叁万伍仟零柒拾元整。

例 23　写出￥704.76 的大写金额。

￥704.76 的大写金额为：人民币柒佰零肆元柒角陆分。

例 24　写出￥9,006.23 的大写金额。

¥9,006.23 的大写金额为：人民币玖仟零陆元贰角叁分。

例 25　写出¥745.08 的大写金额。

¥745.08 的大写金额为：人民币柒佰肆拾伍元零捌分。

例 26　写出¥9,900.07 的大写金额。

¥9,900.07 的大写金额为：人民币玖仟玖佰元零柒分。

（3）小写金额数字元位是“0”，无论其前面有没有“0”，但角位不是“0”时，中文大写金额中可以写“零”，也可以不写“零”。

例 27　写出¥4,880.52 的大写金额。

¥4,880.52 的大写金额为：人民币肆仟捌佰捌拾元伍角贰分，或者：人民币肆仟捌佰捌拾元零伍角贰分。

例 28　写出¥950,000.50 的大写金额。

¥950,000.50 的大写金额为：人民币玖拾伍万元伍角整，或者：人民币玖拾伍万元零伍角整。

例 29　写出¥92,000.48 的大写金额。

¥92,000.48 的大写金额为：人民币玖万贰仟元肆角捌分，或者：人民币玖万贰仟元零肆角捌分。

（4）小写金额数字万位是“0”，无论其前面有没有“0”，但千位不是“0”时，中文大写金额中可以写“零”，也可以不写“零”。

例 30　写出¥109,000.00 的大写金额。

¥109,000.00 的大写金额为：人民币壹拾万零玖仟元整，或者：人民币壹拾万玖仟元整。

（5）小写金额数字角位是 0，而分位不是 0 的，大写金额“元”字后面必须写“零”。

例 31　写出¥863.08 的大写金额。

¥863.08 的大写金额为：人民币捌佰陆拾叁元零捌分。

例 32　写出¥7,700.07 的大写金额。

¥7,700.07 的大写金额为：人民币柒仟柒佰元零柒分。

在书写中文大写金额时，需要特别注意一个问题，就是在书写小写金额“10 几”或者“10 几万”的中文大写金额时，“拾”字前面的“壹”不能省略。在日常生活中，由于人们习惯地把“壹拾几”、“壹拾几万”说成“拾几”、“拾几万”，所以在书写中文大写金额时很容易把“壹”字漏掉。“拾”字只能代表数位，而不代表数量，所以在中文大写金额中“壹”字必须特别加以注意。如果不写“壹”字既不符合书写要求，又容易在“拾几”前面任意加上数量词，如被改成“叁拾几”或者“伍拾几”等。

例 33　写出¥17.78 的大写金额。

¥17.78 的大写金额为：人民币壹拾柒元柒角捌分。

需要注意不能写成“人民币拾柒元柒角捌分”。

例 34　写出¥10.00 的大写金额。

¥10.00 的大写金额为：人民币壹拾元整。

同样，需要注意的是不能写成“人民币拾元整”。

为了便于初学者准确掌握中文大写金额的书写规定和方法，现将书写中文大写金额中常见的错误与正确写法对比列示如表 1－6。

表 1－6　　中文大写金额数字正误写法对照表

小写金额	大写金额		
	正确写法	容易错写	错误原因
￥4, 000. 00	人民币肆仟元整	人民币：肆仟元整	多写了“：”号
￥17. 02	人民币壹拾柒元零贰分	人民币拾柒元贰分	漏写“壹”和“零”字
￥630. 90	人民币陆佰叁拾元玖角整	人民币陆佰叁拾零元玖角	“零”字用法不对；漏写“整”字
￥100, 500. 00	人民币壹拾万零伍佰元整	人民币拾万伍佰元整	漏写“壹”和“零”字
￥9, 800. 06	人民币玖仟捌佰元零陆分	人民币玖仟捌佰另陆分	漏写“元”字，“零”字错写为“另”字

（三）中文大写金额书写错误的处理方法

中文大写金额通常是在填写支票、发票等重要凭证时使用，一旦书写有误，不能对错误金额进行更改，应将写错的凭证立即注销作废，另行填写新的凭证。对中文大写金额书写错误的凭证注销作废的方法是：在错误凭证上划对角红线表示注销，并加盖作废专用章或用红色笔注明“作废”字样，最后由经手人签名或盖章。对作废的凭证应将各联次完整地保留在存根簿内，连同存根一并妥善保管，以便查考，不能从存根簿中撕下随便销毁或丢弃。

【同步训练】

训练 3

一、写出下列中文大写金额的小写金额：

1. 人民币贰佰叁拾伍万捌仟肆佰陆拾壹元柒角玖分
2. 人民币贰拾万柒仟零壹拾元伍角整
3. 人民币壹拾伍元零壹分
4. 人民币陆拾伍万叁仟肆佰陆拾壹元整
5. 人民币柒佰零伍万元整
6. 人民币贰佰肆拾伍万零壹佰叁拾肆元零叁分
7. 人民币壹佰贰拾叁万伍仟肆佰陆拾元整
8. 人民币玖拾伍万零柒元伍角整
9. 人民币玖拾万元整
10. 人民币捌仟零肆拾元伍角叁分

二、写出下列小写金额的中文大写金额：

1. ￥16. 25
2. ￥5, 007, 028. 18
3. ￥124, 760. 30
4. ￥950, 032, 118. 00
5. ￥2, 175. 06

6. ￥420, 389, 043. 09
7. ￥309, 548. 60
8. ￥190, 007. 00
9. ￥560, 000. 43
10. ￥18, 040, 702. 07

项目二　计算器与小键盘录入技能训练

【学习目标】

1. 能准确快速地进行电子计算器运算录入。
2. 能准确快速地进行电子计算机小键盘数据录入和运算录入。

【项目导航】

在财经工作中，不但要进行大量的数字书写，而且还要进行大量的数据计算。在20世纪七、八十年代以前，我国财经工作中进行金额和其他财经数据计算的工具主要是算盘。20世纪七、八十年代以后，随着电子信息技术的迅猛发展及其在财经工作中的广泛使用，财经数据的计算和存储逐渐由电子计算机来完成。同时，电子计算器也作为一种专门的计算工具发挥着重要的作用。当利用电子计算机和电子计算器进行数据计算时，运算工作主要是由机器自动完成的，人们只需要按压键盘上的数字键及其他相应的功能键，进行数据和相关指令录入即可。目前，计算机运算的数据和功能键的录入是通过计算机小键盘来完成的，它主要适用于计算结果要储存于计算机中的数据录入与计算。当业务工作第一线只需要进行数据计算而不需要机内存储时，如翻打传票或进行简单的数据连续相加的计算等，则使用电子计算器或算盘更为合适。就电子计算器与算盘二者而言，因为电子计算器更便于携带和易于操作，因此得到广泛地应用。本项目主要学习电子计算器和电子计算机小键盘录入的操作方法，并通过学习和训练，实现准确快速地进行电子计算器和电子计算机小键盘录入的学习目标。

任务1 电子计算器录入技能训练

电子计算器作为一种先进的、专业的计算工具，它操作简单，携带方便，计算迅速准确，已经是现代财经工作和生活中重要的计算工具之一。

一、电子计算器的结构

电子计算器通常由显示屏（器）、功能键、内存和运算器等四个主要部分构成。

（一）显示屏（器）

显示屏（器）一般为液晶屏，通常置于电子计算器正面的上方，用以显示由功能键输入的数据、运算标记符号、运算结果以及其他一些特殊的功能符号（如时钟、日历）等。

（二）功能键

功能键（即按键）通常置于电子计算器正面显示屏（器）的下方，用以输入各种计算指令、需要计算的各种数据以及其他特殊指令和数据，不同类型的电子计算器，其功能键的数量和排列的位置略有不同。

（三）内存

内存置于电子计算器的内部，是电子计算器的仓库，用以存储计算指令和需要计算的各种数据以及运算器送来的各种运算结果。

（四）运算器

运算器置于电子计算器的内部，是电子计算器的运算装置，是对数据信息进行加工和处理的部件。它的主要功能是在控制器的控制下，完成各种运算。根据其类型的不同，分别能够完成诸如加、减、乘、除、三角函数、对数、复数、角度与弧度转换、坐标的转换以及统计运算等各种运算。

二、电子计算器的分类

电子计算器的种类很多，类型不同，功能多少不一，外形和一些操作键的分布位置也不一样。常见的电子计算器主要有两大类：一种是简单普通型电子计算器，只能进行加、减、乘、除、开方等一般性运算；另一种是函数型电子计算器，除了具有普通型电子计算器的运算功能外，还具有初等函数、对数、排列、组合、概率、统计等运算功能。在日常生活和财经工作中，尤其在一线财经工作的传票算、账表算中，使用最多的就是普通型电子计算器，下面就以简单普通型电子计算器为主进行介绍。

（一）简单普通型电子计算器概述

普通型电子计算器是一种能进行普通的加、减、乘、除、开方和简单统计运算的计算器。它操作简单方便，是日常生活、工作和学习中常用的一种计算工具，也是进行传票算练习时常用的工具之一。常见的简单普通型电子计算器的品种、型号繁多，其外部结构、各功能键的位置及名称通常如图2-1所示。图2-2所示为电子计算机中常见的“计算器”窗口，其外部结构、各功能键的位置及名称与简单普通型电子计算器相似，操作方法也大致相同。

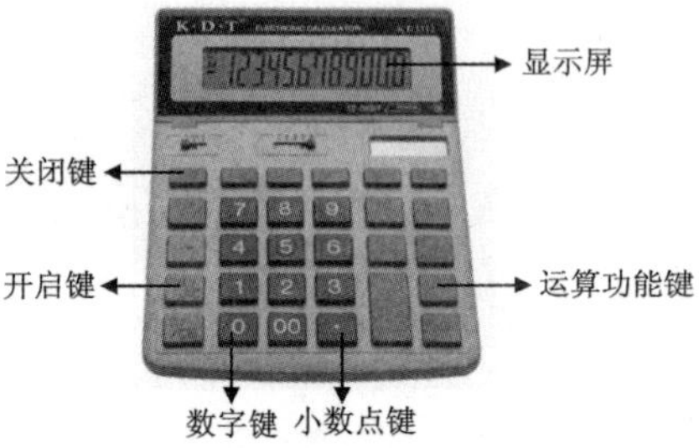

图2-1　简单普通型电子计算器

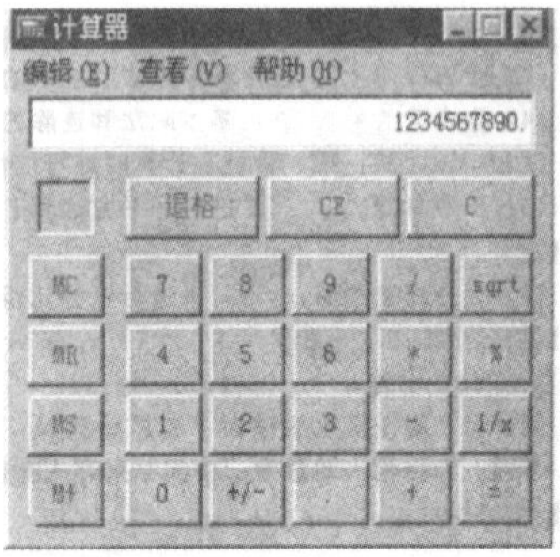

图2-2　计算机中的“计算器”窗口

(二) 功能键介绍

电子计算器输入各种信息、进行各种操作都是通过按压各个功能键来完成的。虽然不同的电子计算器，其各个功能键的数量及排列的位置有所不同，但一般都是由以下几种主要功能键组成。

1. 电源开关键。开启键ON，其功能是接通电源。电子计算器处于关机状态时按一下此键，显示屏显示出“0”，此时电子计算器处于待操作状态。关闭键OFF，其功能是切断电源。电子计算器处于待操作状态或操作状态时按下此键后，电源切断，电子计算器处于关闭状态，此时显示屏无显示。一些电子计算器会在操作停止数分钟后自动关闭。

2. 输入键。用于输入各种数字、符号，它是电子计算器上使用频率最高的功能键。一般由以下几部分组成：

(1) 数字键“0、1、2、……9”，用于输入计算所需要的数字，输入顺序从最高位依次到最低位。每按压一个（次）键，就输入一位数字。

(2) 小数点键“.”，用于输入小数点。

(3) 符号键“+/-”，用于输入数字的正、负号或使输入的数字改变正负。输入负数时，先输入数字的绝对值（显示屏显示一个正数），然后按压一次符号键即得负数，若再按一次符号键则负号消除得正数。

3. 运算功能键。运算功能键是进行加、减、乘、除等各种运算的按钮。

(1) 加法键“+”，在进行加法运算时，输入加号。

(2) 减法键“-”，在进行减法运算时，输入减号。

(3) 乘法键“×”，在进行乘法运算时，输入乘号。

(4) 除法键“÷”，在进行除法运算时，输入除号。

在运算过程中，加、减、乘、除键都可以代替等号键。

(5) 开平方键“$\sqrt{\ }$”，用于开平方运算。运算时先输入数字，然后按压此键一次，而不必再按等号键即可得运算结果。

（6）百分比键“%”，用于百分比运算。运算时先输入数字，然后按压此键一次，而不必再按等号键即可得运算结果。

4. 累计显示键。累计显示键通常包括累加键“M +”和累减键“M -”，其作用是将输入的数或运算过程中的中间结果进行累加或累减。即将输入的数字或运算的中间结果存入存储器，然后与存储器中原有的数相加或从存储器中原有的数中减去后输入的数字或运算的中间结果。一些电子计算器上只有累加键“M +”而无累减键“M -”，则可通过符号键“+/-”来转换。

5. 等号键“=”。在各项运算后按压此键，可得出运算结果。

6. 清除键。不同型号的计算器，其清除键的设置不完全相同，从功能上讲，清除键一般可分为总清除键和部分清除键两种。

（1）总清除键“C、AC、CA”。按压此键可删除显示屏显示的全部数字。

（2）部分清除键（更正键）“CE、C、▶”。按压此键可删除当前输入的数字和运算结果，而不会删除以前输入或已存储的数字以及运算符号前的数字。如刚输入的数字有误，立即按压此键，可删除该数字，重新输入正确的数字后，原运算可继续进行。其中，“▶”键按一次只能删除该数的最后一位数字。

（3）累计清除键“MC”。按此键可将累计数删除。只删除存储器中的数字，而不会删除显示屏上的数字。

7. 存储读出键。

（1）存储读出键“MR”。按此键可将存储的数字显示出来或同时参加运算，而数字仍保存在存储器中。

（2）存储读出和清除键“MRC”。按压此键一次显示存储数，第二次按压此键从存储器中删除存储数，但不会删除显示屏上的数字。

8. 存储器关闭键。存储器关闭键“MC”。按此键关闭存储器的存储功能。

三、简单普通型电子计算器的基本操作方法

（一）操作前的准备工作

在使用之前，首先要弄清所用电子计算器的类型，对于不熟悉的电子计算器，需仔细阅读随机所附的说明书，了解其功能、符号及操作方法。有一些电子计算器是按照法则进行运算的，无论输入的数据及运算符号顺序如何都将按照数的运算法则进行运算，如先乘、除后加、减，如：$1+2\times3=7$；而另一些电子计算器则是按照顺序进行运算，即按照输入数据及运算符号的顺序进行运算，如：$1+2\times3=9$。可见二者的运算结果是完全不同的，以上例子可以用来区分所用电子计算器的类型。目前市场上销售的大多数是按照顺序进行运算的电子计算器。以下将着重介绍按照顺序进行运算的电子计算器。

（二）计算方法和操作顺序

做好准备工作开机后，将电子计算器调到计算所需要的状态，结合具体算式应遵循的操作顺序是：先进行括号内运算，再进行乘除运算，最后进行加减运算。对于复杂的算式，应根据算术运算法则要求的顺序，将先要得出结果的部分先输入并进行运算，得出结果后再依次进行下一步运算。有时也可以根据代数原理将算式去括号以后再进行运算，还可以将算式

分段进行运算。这里要强调的是，电子计算器的存储功能对于简化复杂算式的运算是非常有用的，应熟练掌握其操作方法并在计算中充分利用。

（三）基本操作方法

首先，应辨别所使用的电子计算器是顺序计算器还是法则计算器（二者在进行某些操作时的按键顺序是不相同的），以免发生计算错误。开机后，将电子计算器清零。根据电子计算器属性的不同、进行操作时的按键顺序也不同的特点来进行计算，同时根据所要计算的题型要求，可以按照不同的运算方法进行计算直至得到最后结果。

其次，在计算过程中，数字、符号等的录入速度和准确度是很关键的，它将直接影响到工作效率和运算结果的正确性。而录入工作是由手指来完成的，必要的手指分工、规范的指法和正确的操作方法是练好和用好电子计算器的重要基础，它即可以缩短计算的时间，又能保证运算结果的正确性。

键盘操作时，手指动作应是敲（弹）击键，而不是按住键不放，即手指与键的接触时间要短。如果按键时手指与键的接触时间过长，容易发生连击，造成误操作。

操作电子计算器通常使用食指、中指、无名指和小指，一般不使用拇指。手指的分工通常根据电子计算器的形状和各个键的具体位置排列而定，而大多数计算器的基本键位都是基本相同的。

以图 2－3 为例，手指分工在键盘上的具体位置如下：

（1）食指。用于左起第一列数字“7”，“4”，“1”，“0”的录入。

（2）中指。用于左起第二列数字“8”，“5”，“2”，“00”的录入。

（3）无名指。用于左起第三列数字“9”，“6”，“3”及“.”的录入。

（4）小指。用于功能键，如：“＋”，“＝”，“－”等符号的录入。

图 2－3　操作计算器的手指分工

比如，录入数字 5,728.94 的手指分工如下：

5（用中指）、7（用食指）、2（用中指）、8（用中指）、“.”（用无名指）、9（用无名指）、4（用食指），录入动作要连贯。

（四）应用举例

1. 一步运算。此类运算直接按算式顺序输入。

例 1　加法运算：16＋8＝24

操作顺序：[C]　16　[＋]　8　[＝]

显示结果：24

例 2　减法运算：28－14＝14

操作顺序：[C]　28　[-]　14　[=]

显示结果：14

例 3　乘法运算：$22 \times 8 = 176$

操作顺序：[C]　22　[×]　8　[=]

显示结果：176

例 4　除法运算：$84 \div 14 = 6$

操作顺序：[C]　84　[×]　14　[=]

显示结果：6

2. 多步混合运算。此类运算需考虑输入顺序。

例 5　加减运算：$35 + 25 - 17.5 = 42.5$

按算式顺序输入。

操作顺序：[C]　35　[+]　25　[-]　17.5　[=]

显示结果：42.5

例 6　乘除运算：$16 \times 4 \div 2 = 32$

按算式顺序输入。

操作顺序：[C]　16　[×]　4　[÷]　2　[=]

显示结果：32

例 7　加减乘除运算：$18 + 8 \times 7 = 74$

先乘除后加减。

操作顺序：[C]　8　[×]　7　[+]　18　[=]

显示结果：74

例 8　加减乘除运算：$7 \times (14 - 7) = 49$

先括号内后括号外。

操作顺序：[C]　14　[-]　7　[×]　7　[=]

显示结果：49

3. 改错。

例 9　将算式 $132 + 24$ 改为：$132 + 33 = 165$

操作顺序：[C]　132　[+]　24　[CE]　33　[=]

显示结果：165

4. 方根运算。

例 10　方根运算：$\sqrt{72} = 8.485281374$

操作顺序：[C]　72　$\sqrt{}$　[=]

显示结果：8.485281374

5. 幂的运算。

计算 a^n，则输入 $n-1$ 次"等号"键。

例 11　幂的运算：$7^2 = 49$

操作顺序：[C] 7 [×] 7 [=]

显示结果：49

例 12 幂的运算：$8^7=2,097,152$

操作顺序：[C] 8 [×][=][=][=][=][=][=]

显示结果：2,097,152

6. 倒数运算类。

例 13 $\frac{1}{(4+6)\times 2}=0.05$

操作顺序：[C] 4 [+] 6 [×] [=][1/X]

显示结果：0.05

7. 百分比运算。

例 14 百分比运算：320×46%＝147.2

操作顺序：[C] 320 [×] 46 [%]

显示结果：147.2

例 15 百分比运算：720÷200%＝360

操作顺序：[C] 720 [÷] 200 [%]

显示结果：360

8. 加成运算。

例 16 加成运算 148＋148×25%＝185

操作顺序：[C] 148 [+] 25 [%]

显示结果：185

9. 折扣运算。

例 17 折扣运算 148－148×25%＝111

操作顺序：[C] 148 [−] 25 [%]

显示结果： 111

10. 累计与存储。

例 18 利用存储功能将下列三个算式的计算结果累计起来：

35＋68＝103、18×7＝126、－84÷14＝－6

操作顺序：[C] 35 [+] 68 [M+] 显示结果：M 103

18 [×] 7 [M+] 显示结果：M 126

84 [÷] 14 [M−] 显示结果：M 6

[MRC] 显示结果：M 223

例 19 累计与存储运算：(25＋10)×(54＋26)＝2800

操作顺序：[C] 25 [+] 10 [M+] 显示结果：M 35

54 [+] 26 [×] 显示结果：M 80

MRC　=　　　　显示结果：M　2800

例 20　超出显示位数的近似运算：74305821 + 78426902 = 152732723

操作顺序：　C　74305821　+　78426902　=

显示结果：1.52732723E（$E = 10^9$）（假设该计算器的有效数是 8 位）

（五）握笔方法

当利用电子计算器作为传票算、账表算等计算的工具、需要经常书写计算结果时，拇指握笔是一个非常重要的环节，这样做的好处是：节约计算结果的填写时间、加快运算速度。其方法是用右手的拇指结合掌心握笔，用拇指固定笔杆，如图 2－4 所示。

图 2－4　拇指握笔法

四、电子计算器的操作技巧

（一）电子计算器的摆放位置

在进行传票算等计算过程中，电子计算器的摆放位置应以右手操作方便、灵活为宜，一般摆放在桌子的右下角，放置一定要平稳，避免在计算中出现跳动或者晃动的现象，影响击键的操作。

（二）操作人员的姿势

操作电子计算器时，注意力要集中，坐姿要端正，眼睛俯视左边数据的同时，右手快速地把数字录入计算器中，如图 2－5 所示。录入结束，应快速查看显示屏上显示的录入结果是否正确，如果不正确，应灵活运用计算器清除键进行修正，并进行加、减等相应的指令操作。在整个操作过程中，身体都应保持端正、自然、放松的状态。

（三）手指击键的技巧

操作电子计算器时，手指击键力度要轻重适度，动作幅度不宜太大，手指击键应量贴近计算器的键面，击键过程先从单个手指开始，熟练以后多练习手指上下移动、对角移动、左右移动等。击键动作要做到轻、快、准。初学阶段可适当看着计算器键盘进行操作，熟练后应尽量少看键盘，多看显示屏的数字，尽早实现“盲打”。

五、电子计算器录入技能的训练

在财经工作中，电子计算器录入主要应用在传票算、账表算等工作环节，传票算和账表

图 2－5 用计算器翻打传票手势

算的显著特点是进行数字的连续相加求和或加减结合，故下面主要针对传票算的数字连续相加来说明电子计算器录入技能的训练方法及应注意的问题。

（一）手指按键的训练

1. 手指上下移动训练。将食指、中指、无名指放在数字键 4、5、6 上，向上移动，要落在数字键 7、8、9 上，然后回位，再向下移动，要落在数字键 1、2、3 上，然后再回位。这样反复进行三指连动或单指移动练习，直到手指能够上下移动自如、准确无误为止。

例 21 在计算器上录入单个数字：9、8、2、1、3、4、7、5、6、0。

2. 手指左右移动训练。将食指、中指放在数字键 7、4、1，2、5、8 上；中指、无名指在数字键 2、5、8，9、6、3 上；食指、无名指放在数字键 7、4、1，9、6、3 上进行左右移动，反复进训练。

例 22 在计算器上录入 12、45、78、89、56、23、13、46、79。

3. 手指对角移动训练。指食指、中指、无名指在数字键上进行对角的练习，在练习中，多做第一列和第三列、第二列和第三列的反复训练，直到熟练为止。

例 23 在计算器上录入 13、46、79、31、64、97、23、56、89、159、753、951、493、791、103、405、1089、10053、5071。

4. 组合训练。任选几组数字，开始时不要太快，动作一定要完整规范，反复练习，逐渐提高速度，直到手指能准确、快速键入数字为止。

例 24 在计算器上分别键入以下数字：6, 832、7, 931、5, 346、4, 003, 125、7, 498, 023、5, 583, 721、4, 851, 234、590, 692。

5. 连加训练。利用若干连加题进行连加练习，能够为进行综合性的传票算训练打下良好基础。

例 25 进行下列连加练习：

①78, 359, 024 + 7, 352 + 29, 402 + 480, 657 + 8, 693, 204 =

②30. 84 + 87, 460. 13 + 539. 62 + 93. 257. 68 + 19. 82 =

③91. 43 + 705. 43 + 50. 89 + 5, 601. 78 + 291, 375. 80 =

6. 传票算训练。传票算训练是财经工作的一种实战式训练，是通过翻打模拟传票来进行的，具体方法结合项目三《传票算和账表算技能训练》中的相关内容进行。

在运用各种方法进行训练的过程中，要认真准确地理解动作的操作要领，规范地进行训练。

（二）训练中应注意的问题

1. 以准为首，准中求快。传票算打得好的标准是准确与快速，准是必须达到的要求，快是全力争取的目标。进行传票算计算，快而不准毫无意义，准而不快达不到要求、完不成任务。所以，在训练中要正确处理好准与快的关系，不能只追求一样，要在保证正确率的情况下，提高速度。要达到这样的要求，必须坚持天天训练。

2. 加强手指分工的训练。在传票算训练中，以计算器作为计算工具，手指的分工与协调是一个重要的环节。初学阶段，手指一定要按照要求进行分工，要能做到一边进行看数，一边进行录入。在操作计算器时，一定要记准记住常用功能键的分布，形成脑像图，通过一段时间的训练后，争取达到盲打计算。

3. 训练要持之以恒。操作技能只能通过训练来获得，“熟能生巧”就是针对技能而言的，要想真正掌握一项技能，并达到一定的技能水平，不是一天或几天就能实现的，必须要靠学习者每天有计划地充分训练，最重要的是坚持，不能间断。

六、电子计算器的维护

（一）电子计算器的日常维护

在使用电子计算器前，首先应认真阅读使用说明书，详细了解其使用和维护相关内容，因为正确的使用和维护方法可以延长电子计算器的使用寿命。通常电子计算器对使用时的各项环境条件都有具体的要求，一般来讲需防水、防潮、防高温、防摔、防震、防压、防尘。在高粉尘的环境中使用电子计算器会因按键触点积尘而造成接触不良或失灵，而金属粉末及水等导电物的侵入，则可能引起短路，甚至造成电子计算器的损坏。

（二）电子计算器的能源维护

电子计算器是要由电能来驱动的，而电能则需由电池来提供。因此电池对于电子计算器来讲是很重要的，所以在使用时要了解所用电池的规格及性能，经常检查电池的电量是否充足，如果显示器上显示的符号较之以前有明显的变淡，显示速度变缓，则表明电池的电量不足，这时就应该更换电池了，否则有可能会造成计算的错误，更为严重的是过度放电的电池会漏液，腐蚀性的液体则将造成计算器的损坏。

更换电池的程序如下：

1. 并掉电源。

2. 打开机背的电池盖。

3. 全部换上新电池（注意规格、性能，正、负极）。

4. 换上新电池后，先按[OFF]然后再按[ON/C]开始操作。此时显示器就会出现“DEG 0”（如果显示器没有影像，或出现不正常符号，再按以上程序更换电池）。

【同步训练】

训练 1

用计算器计算下列各题

1. 14 +17 +104 +407 +1, 074 +4, 417 +4, 074 +7, 044 +1, 077 +7, 014 =
2. 52 +28 +8, 005 +2, 005 +5, 002 +2, 585 +8, 528 +5, 582 +2, 288 +2, 858 +88, 552 + 200, 058 =
3. 36 +39 +396 +936 +3, 669 +9, 663 +3, 663 +9, 369 +3. 66 +6. 99 =
4. 15 +42 +48 +18 +752 +158 +1, 058 +4, 201 +4, 087 +7, 081 =
5. 26 +53 +538 +269 +839 +20, 038 +50, 039 +80, 029 +30, 058 +2, 986 =
6. 2. 35 +1. 29 +10. 37 +50. 28 +43. 26 +86. 19 +57. 89 +19. 37 +26. 49 +30. 18 +3. 08 + 13. 08 +2. 67 +1. 02 +3210. 57 =
7. 792. 75 +72. 39 +18. 57 +23. 47 +92. 46 +86. 71 +91. 72 +903. 56 +72. 13 =
8. 8, 547. 01 +38, 470. 92 +74. 16 +83, 120. 69 +52. 41 +6, 578. 09 +369. 08 +72. 13 + 38, 917. 54 +7. 120. 69 =
9. 5, 831. 26 +807. 49 +63, 975. 12 +8, 321. 04 +47. 96 +53, 970. 81 +645. 02 +87. 59 + 1, 340. 62 +80, 124. 57 =
10. 263. 59 +4, 510. 78 +79, 032. 48 +17. 64 +90, 618. 32 +14. 25 +7, 059. 68 +390. 86 + 13. 72 +74, 589. 31 =
11. 204. 56 +2, 165. 38 +980. 47 +12, 965. 73 +3, 402. 81 +98, 315. 07 +645. 20 +97. 58 + 3, 024. 16 +326. 75 =
12. 1, 578. 04 +82, 493. 07 +17. 46 +30, 289. 16 +51. 24 +8, 590. 67 +308. 96 +13. 27 + 37, 514. 89 +605. 42 =
13. 1, 862. 35 +870. 94 +15, 237. 69 +4, 812. 03 +69. 47 +10, 859. 73 +640. 52 +57. 98 + 3, 426. 01 +596. 32 =
14. 390. 25 +7, 982. 10 +348. 26 +2, 167. 39 +49, 013. 28 +7, 596. 13 +42. 08 +1, 034. 69 +706. 38 +4, 580. 93 +30, 675. 21 =
15. 91, 603. 54 +98, 201. 57 +40, 265. 79 +8, 536. 71 +93, 740. 68 +96. 52 +104. 25 + 78. 34 +76. 04 +76, 983. 45 +19, 038. 25 =
16. 893. 62 +532. 74 +1, 720. 36 +67, 019. 85 +90, 687. 35 +827. 04 +41. 50 +4, 316. 78 + 9, 534. 12 +507. 91 +15, 063. 97 +4, 371. 60 +582. 14 =
17. 70. 86 +53, 674. 01 +480. 36 +5, 704. 81 +21, 385. 60 +304. 69 +96. 23 +47. 68 + 83, 062. 74 +108. 64 +7, 982. 43 +415. 60 =
18. 36. 02 +943. 68 +8, 069. 43 +91, 687. 20 +51. 36 +84, 670. 92 +52. 71 +21, 506. 97 + 396. 15 +62. 04 +350. 69 +17. 03 +9, 024. 87 =
19. 49. 52 +49, 208. 36 +1, 394. 85 +932. 61 +19. 33 +135. 72 +4, 765. 82 +962. 53 + 10. 38 +293. 45 +49, 238. 61 +180. 97 +75. 32 =
20. 6, 109. 37 +21. 85 +72, 865. 34 +4, 180. 96 +823. 07 +407. 68 +90. 63 +958. 27 + 8, 724. 15 +25, 687. 40 +71. 58 +68. 40 +5, 104. 72 =

任务2 计算机小键盘录入技能训练

一、计算机小键盘结构和功能

小键盘指电子计算机的数字键盘，也称副键盘或数字/光标移动键盘，其主要作用是进行数字符号的快速输入。在小键盘中，各个数字符号键的分布紧凑、合理，适于单手操作，在录入内容为纯数字符号的文本时，使用数字键盘将比使用主键盘更方便，更有利于提高输入速度，特别适用于财经工作中的数字及运算指令录入。

计算机的小键盘区有10个数字键，是向计算机输入数字的重要输入设备，可主要用于大量数字的输入。该区的大部分按键具有双重功能，一是代表数字和小数点，二是代表某种编辑功能。利用该区左角的“NumLock”数字锁定键，可在两种功能之间进行转换，如图2－6所示。

图2－6　计算机小键盘区

数字锁定键“NumLock”用来控制数字键区的数字/光标控制键的状态。这是一个反复键，按下该键，键盘上的“NumLock”灯亮，此时小键盘上的数字键输入数字；再按一次“NumLock”键，该指示灯灭，数字键作为光标移动键使用，故数字锁定键又称“数字/光标移动”转换键。

各输入键用于输入各种数字、符号，它是电子计算机小键盘上使用频率最高的功能键，一般由以下几部分组成：

数字键“0、1、2、……9”，用于输入计算所需要的数字，输入顺序从最高位依次到最低位。每按压一个（次）键，就输入一位数字。

小数点键“.”，用于输入小数点。

符号键“＋/－”，用于输入数字的正、负号或使输入的数字改变正负。输入负数时，先输入数字的绝对值（显示屏显示一个正数），然后按压一次符号键即得负数，若再按一次符号键则负号消除得正数。符号键不是必备键，有的小键盘没有设置该键。

运算功能键，是进行加、减、乘、除等各种运算的按钮。

加法键“+”，在进行加法运算时，输入加号。

减法键“-”，在进行减法运算时，输入减号。

乘法键“×”，在进行乘法运算时，输入乘号。

除法键“÷”，在进行除法运算时，输入除号。

在运算过程中，加、减、乘、除键都可以代替等号键。

二、计算机小键盘的操作方法

计算机小键盘是向计算机下达输入数字及其基本计算命令的重要设备，是银行、财会部门工作人员必不可少的录入工具，所以掌握小键盘的操作方法非常重要。计算机小键盘各输入键的排列方式与电子计算器各输入键的排列方式基本相同，所以，计算机小键盘的操作方法与电子计算器的操作方法也大同小异。

（一）计算机小键盘操作指法

在进行小键盘操作时，按键的手指动作应是敲击键，手指与键接触时间要短，通常只用右手进行操作就可以了。与计算器操作有所不同的是，操作小键盘需要右手的拇指、食指、中指、无名指、小指5个手指的分工合作，在计算机小键盘上数字键的基准键是“4”、“5”、“6”三个键，“5”键上一般有个小凸点。

（二）手指分工

与电子计算器录入操作一样，为了提高录入速度，在基准按键的基础上，通常将小键盘划分为几个纵向区域，每个区域由一个手指负责，5个手指明确分工，如图2-7所示。

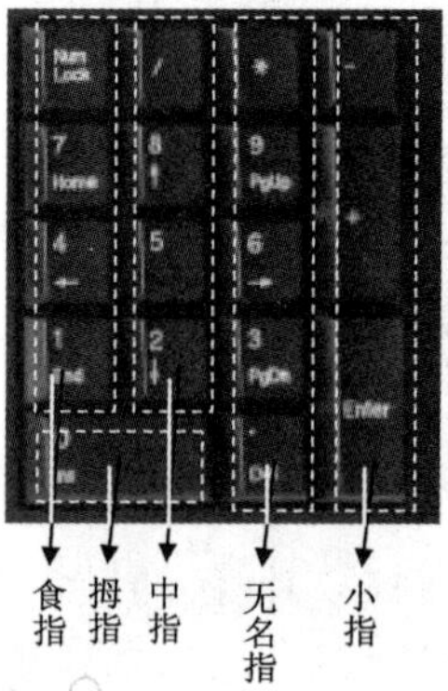

图2-7　小键盘操作的手指分工

1. 右手的拇指：主要负责小键盘中“0”键。

2. 右手的食指：在计算机小键盘分区中主要负责“NumLock”、“7”、“4”、“1”四个键。

3. 右手的中指：在计算机小键盘分区中主要负责“8”、“5”、“2”、“/”四个键。

4. 右手的无名指：在计算机小键盘分区中主要负责“9”、“6”、“3”、“*”和小数点五个键。

5. 右手小指：在计算机小键盘分区中主要负责“－”、“＋”、“Enter”三个键。

在计算过程中，除了严格按照手指分工外，食指、中指、无名指还应在敲击完其他键后迅速回到基准键数字“4”、“5”、“6”键上。

四、计算机小键盘的操作技巧

（一）操作人员的姿势

在进行计算机小键盘操作时，操作人员需全身自然放松，腰背挺直，上臂自然下垂，手臂不宜张开太大，手指略向内弯曲，自然虚放在对应键位上，击键要做到轻、快、准，如图 2－8 所示。

图 2－8　小键盘操作姿势

（二）击键技巧

击键前，两手放松，食指、中指、无名指、小指均自然弯曲，依次轻放于各基本键位，大拇指停留在“0”键上方，手掌与键面基本平行，击键时，以第一指指关节的指肚前端击键，力度适中，切忌用指甲击键。

（三）动作要领

计算机键盘与计算器不同，其格式、形态相对固定，因此在刚开始学习时，动作的养成非常重要，操作小键盘时，主要的用力部位是指关节，而不是手腕，待练到提高阶段，手指敏感度增强，再以指力与腕力相结合操作小键盘。

五、计算机小键盘录入技能的训练方法

（一）基本数字键训练

初学者应先进行基本数字键练习，可以三个数字键为一组训练输入整数，然后再训练输入小数，训练应以手指对数字键击键正确为准。

例 26　用食指输入 417、147、741，用中指输入 258、582、852，用无名指输入 369、693、963

例 27　用食指、无名指输入 4.17、1.47、7.14，用中指、无名指输入 2.58、5.28、

8.52，用无名指输入3.69、6.39、9.63

（二）数字组合录入训练

数字组合录入训练一般在熟悉了计算机小键盘基本数字键操作要领的基础上进行。数字组合录入训练既能提高看数、记数的能力，又能提高数字录入的速度和准确性。数字组合录入训练既可以在日常学习和工作中自行组合，也可以利用计算机小键盘录入训练软件进行，如快打一组软件等。

例 28 录入 234,456.07、408,234.13、5,780.13、609,841.37、9,758,263.41、408,923.61

（三）小键盘录入技能应用训练

在实际工作中，小键盘录入技能主要应用在两个方面，一是将经济活动发生的经济业务数据录入管理系统中，二是专门进行数据录入与计算。第一个方面的应用训练可采取数字组合录入训练的方法来进行，第二个方面的应用与电子计算器在传票算中的应用类似，可参照电子计算器打传票算的方式进行训练。

（四）小键盘录入技能考核训练

小键盘录入技能考核训练是为快速提高小键盘录入技能水平而专门进行的针对性训练，需按照要求进行大量的习题测试，并根据测试成绩不断突破。考核训练主要借助于小键盘考试器作为考核工具进行，考核方式和标准可以根据实际要求进行选择。

【同步训练】

训练 2

用计算机小键盘计算下列各题。

1. 104 + 410 + 7,100 + 4,710 + 7,001 + 4,007 + 4,700 + 1,007 + 7,040 + 1,407 =
2. 205 + 520 + 8,520 + 5,002 + 2,008 + 2,800 + 5,008 + 5,820 + 2,850 + 8,002 =
3. 306 + 906 + 6,003 + 3,009 + 6,009 + 3,060 + 9,063 + 3,069 + 6,039 + 3,960 =
4. 20,058 + 30,058 + 70,041 + 50,089 + 10,067 + 50,017 + 80,043 + 3,0079 + 30,047 + 80,053 + 30,017 + 90,073 =
5. 807.41 + 405.97 + 53.10 + 10.62 + 430.91 + 580.21 + 806.57 + 107.29 + 30.12 + 706.15 + 805.31 + 105.31 + 204.18 =
6. 41.70 + 250.46 + 96.30 + 5,901.42 + 958.20 + 83.09 + 924.50 + 80.92 + 10.56 + 907.38 + 1,730.86 + 3,506.17 =
7. 710.35 + 807.41 + 13.69 + 41,628.73 + 8,239.14 + 4,926.78 + 29,764.35 + 8,270.54 + 405.97 + 57.60 + 53.10 + 98.62 + 7,953.84 =
8. 1,457.30 + 72,941.86 + 10.62 + 736.41 + 34.26 + 85,129.60 + 3,467.08 + 30.26 + 351.26 + 580.21 + 1,905.87 + 654.75 + 91.25 =
9. 371.08 + 187.34 + 24.76 + 85,602.47 + 1,367.94 + 9,467.52 + 45,609.27 + 8,913.27 + 174.93 + 82.50 + 78.15 =
10. 94.06 + 140.72 + 2,789.14 + 54,093.87 + 35,629.40 + 8,215.73 + 46,357.98 + 30.56

+476. 21 +8, 793. 04 +79. 85 +97, 508. 61 =

11. 9, 467. 38 + 612. 45 + 201. 56 + 3, 046. 12 + 265. 34 + 51. 20 + 70, 539. 68 + 60. 18 + 70, 539. 68 +21. 34 +84, 960. 37 +502. 69 +79. 80 =

12. 36, 490. 75 +21. 34 + 12. 65 +41, 638. 67 +5, 421. 53 +215. 86 +5, 867. 90 +8, 546. 79 +89, 725. 03 +3, 867. 19 +521. 94 +59. 63 =

13. 103. 92 + 916. 92 + 52. 40 + 28, 609. 67 + 1, 478. 02 + 81, 462. 35 + 91. 45 + 928. 07 + 4, 756. 89 +92, 804. 13 +87. 20 +6, 203. 78 =

14. 34, 695. 21 +12. 03 +726. 59 +157. 34 +5, 380. 27 +806. 59 +10, 947. 85 +7, 206. 89 + 49. 61 +10, 734. 82 +9, 120. 38 =

15. 682. 03 + 60. 41 + 38, 624. 09 + 82. 36 + 807. 95 + 4, 298. 50 + 42, 397. 58 + 875. 10 + 5, 109. 74 +23, 068. 41 +71. 36 =

16. 9, 814. 35 +281. 73 +93. 28 +51, 934. 82 +8, 467. 19 +703. 62 +14, 960. 35 +7, 651. 40 +176. 03 +30. 25 +35. 16 +8, 406. 92 =

17. 21, 340. 79 + 97. 54 + 15, 302 + 84, 910. 27 + 53. 71 + 836. 15 + 2, 004, 304. 68 + 43, 618. 97 +174. 65 +725. 46 +87. 04 +76, 240. 19 =

18. 8, 501. 37 +9, 207. 83 +90, 871. 34 +1, 539. 62 +457. 83 +904. 26 +805. 32 +34. 58 + 751. 43 +9, 478. 01 +76, 245. 19 +71, 460. 95 =

19. 6, 019. 27 +82, 694. 70 +32. 61 +430. 78 +9, 504. 83 +86. 95 +94, 260. 58 +5, 794. 20 +128. 60 +4, 307. 12 +615. 73 +81. 36 +16, 043. 57 =

20. 51, 260. 47 +524. 68 +76. 23 +12, 963. 75 +57. 92 +83. 96 +59, 670. 31 +1, 408. 59 + 956. 04 +4, 361. 80 +9, 357. 01 +28, 069. 53 =

项目三　传票算与账表算技能训练

【学习目标】

1. 知道传票算的基本要领。
2. 掌握传票算和账表算的计算方法。
3. 能快速、准确地进行传票算和账表算。
4. 知道传票算技能的考核方法。

【项目导航】

在实际财经工作中，需要进行大量的财经数据的计算。财经数据的计算比较集中的体现在两个方面，即传票算和账表算。

传票是对各种原始单据和核算凭证的总称，它记录着经济业务发生或完成情况的原始数据和其他相关信息，是进行会计核算和其他经济核算的原始依据与基础。传票算是指在经济活动和核算过程中，对各种原始单据和核算凭证上的数据进行汇总的计算，也叫凭证算。简单地说，传票算就是对传票上所记载的数据进行的汇总计算。传票算一般只需进行加减运算，凭借电子计算器、计算机小键盘或算盘等作为计算工具，采用独特的翻页打法，手脑并用，操作方便。其广泛地应用在银行和商店的营业柜台、收银、出纳等业务人员进行业绩汇总、稽核人员对传票数据进行稽核审查和会计、统计等专业人员进行经济核算业务，（如审核、记账、结账、核对、统计、分析等）等等。

账表算中的“账”是指各种账簿，“表”是指各种表格，账表算又称表册算，是指对账页和表格中的数据进行纵横加减计算，要求纵横两栏总额轧平的一种计算。在电子计算机还没有普及到财经工作中之前，账表算广泛地应用于会计和统计工作中，是会计、统计工作者日常结账和汇总数字的重要方法与技能。

进行传票算和账表算的基本要点主要包括两个方面，一是要能够熟练地运用计算工具，如电子计算器、计算机小键盘、算盘等；二是要掌握传票算和账表算的计算方法。本项目主要学习传票算和账表算的一些专门的计算方法，至于计算工具的运用，其中电子计算器和计算机小键盘的运用已经在项目二中进行了学习，算盘的运用将在项目五（珠算技能训练）中进行学习。

任务1　传票算技能训练

一、模拟传票的种类、规格和题型要求

（一）模拟传票的种类和规格

在实际工作中，按照装订与否，传票可分为订本式传票和活页式传票两种。订本式传票是在使用前就固定装订成册的传票，主要表现为传票存根，如发票存根、收据存根等。活页式传票主要是在相关岗位之间流转后汇集起来，定期装订成册的传票，如记账凭证等。实际工作中的传票种类和名称很多，反映的业务内容也各不相同，但却具有一个共同点，即都记载着经济业务的金额或实物数量，而传票算所要计算的就是这个金额或实物数量。所以，在训练、比赛等非实际工作场合所使用的模拟传票的内容通常都简化成了纯粹的金额数字。

模拟传票是仿照订本式传票制作的。根据计算内容的不同，模拟传票分为单式传票和复式传票两种。单式传票长 19 厘米、宽 9 厘米，每本 100 页，分为 A 面和 B 面，每页印有一行金额数字，以金额分位格形式排列，每笔金额数字最高 9 位数，最低 4 位数，其中 4 位数 16 页，5 ~8 位数各 17 页，9 位 16 页，要求 0 ~9 共 10 个数码均衡出现，如图 3 -1 所示。

图 3 -1　单式传票

图 3 -1 中，右上角表示页码，右下角金额分位格里是金额数字，这些数字根据传票题单的要求进行计算。

复式传票长 18 厘米，宽 8 厘米，每本 100 页，分为甲面和乙面，每页印有五行金额数字，金额数字最多 8 位数，最少 4 位数，每笔金额数字均带两位小数。每行行首从上到下依次标有表示行数的顺序号（一）、（二）、（三）、（四）、（五）。每页传票的形式和内容如表

3-1、表3-2所示。

表3-1　　复式传票甲

	甲4
(一)	48.27
(二)	7,436.48
(三)	367.42
(四)	70,926.54
(五)	9,135.01

表3-2　　复式传票乙

	乙4
(一)	98.56
(二)	6,456.52
(三)	48.12
(四)	78,856.21
(五)	4,745.23

表3-1和表3-2中，右上角“甲4”和“乙4”表示传票本的页码为甲面的第4页和乙面的第4页，传票上的金额数字按传票算题单的行数要求进行连加运算。

（二）模拟传票算的题型

目前，单式传票算是银行系统进行业务竞赛常用的比赛题型。具体方式有两种，一是采取“限量不限时”的方式，百页数字一次计算，或者将其中的1页、2页折起，计算98页、99页，最终计算结果填写在答题单上，以正确题量和所耗时间进行成绩认定，限量不限时比赛的答题单如表3-3所示；二是采取“限时不限量”的方式，在5分钟时间内，按题单的要求，每道题计算完填写在题单上，以正确题量进行成绩认定，限时不限量比赛的答题单如表3-4所示。

表3-3　　翻打百张单式传票答题单（1）

序号	所用时间	答案
1		
2		
3		
4		
5		
6		
……	……	……

表 3-4　　　　翻打百张单式传票答题单（2）

序号	起止页数	答案
一	9~23	
二	13~27	
三	2~16	
四	65~79	
五	50~64	
六	8~22	
……	……	……

复式传票的题型采用的是全国珠算比赛用题，有统一的格式和要求，传票题本分甲、乙两面，要根据题单上的要求来计算，是甲面的题就要对应传票题本甲面上的数字进行计算，是乙面的题就要对应传票题本乙面上的数字进行计算。每连续 20 页为一题，0~9 各数码均衡出现。每题计算的最终结果用阿拉伯数字书写在题单中答案的位置。复式传票算（甲面）的答题单如表 3-5 所示。

表 3-5　　　　复式传票答题单（甲）

完成题数	错题	对题	得分	评分	复核

序号	起止页数	行数	答案
一	9~28	（一）	
二	13~32	（五）	
三	2~21	（三）	
四	65~84	（四）	
五	50~69	（二）	
六	8~27	（一）	
……	……	……	……

在表 3-5 中，“序号”表示第几道题，“起止页数”表示每道题从第几页开始计算到第几页截止，“行数”表示该题每页所加第几行的数字，“答案”为该题计算结果的书写位置。

以表 3-5 传票算题（甲）第一题为例，“9~28（一）”的含义是：“9~28”表示从第 9 页开始加，加第 10 页………一直加到第 28 页为止，共 20 页；“（一）”表示第一行数相加，总的含义就是第 9 页至第 28 页的第一行数相加。最后结果书写在第一题答案处，再分别进行第二题、第三题……的计算，中间不得有跳题。

二、传票算的基本要领

（一）传票算前的准备工作

根据传票算的运算特点，计算工具可用算盘或电子计算器，也可以使用计算机小键盘。实际工作中，为了方便操作和提高传票算的速度，计算工具不限，但需科学合理地摆放计算工具、传票本和答题单。

1. 计算工具、传票本和答题单的摆放。

（1）采用电子计算器作为计算工具时，传票本宜放在左边，答题单放在中间，计算器放在右边或右上方，以数入录入方便为宜。为了节约答案书写时间，提高运算速度，在进行计算时应握笔按键。如图 3－2 所示。

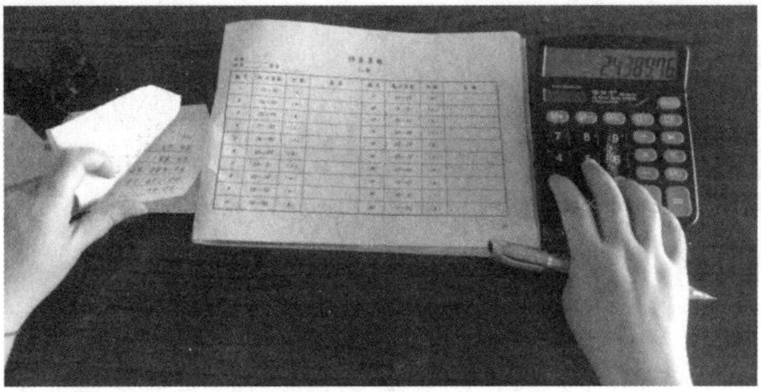

图 3－2　传票本、答题单、计算器的位置与握笔按键

（2）采用小键盘作为计算工具时，传票本和答题单的摆放位置与用电子计算器作为计算工具时基本相同。

（3）采用算盘作为计算工具时，传票本可摆放在算盘的左下方，具体位置以看数和计数方便为宜，算盘放在右上方，答题单放在算盘的下方，以拨珠方便为宜。为了节约答案书写时间，提高运算速度，运算时应采用握笔拨珠的方法。如图 3－3 所示。

图 3－3　传票本、答题单、算盘的位置与握笔拨珠

2. 查页。为了保证计算准确，提高运算速度，加快翻打的连续动作，在进行传票运算之前，先要认真检查传票本是否有漏页、缺页、破页、重页、空白页、错写或数字不清晰等现象。

（二）传票算过程中的动作要领

左手翻传票本与右手拨珠或按键盘计算合起来就是翻打传票。翻打传票时要求左右手协调配合，各个环节要衔接紧凑，从而提高计算速度。其各个具体环节的动作要领如下：

1. 整理传票。在进行传票算运算前，首先是整理传票，即将传票捻成扇型，其方法是：左手拿住传票本的左上角，右手拿住传票本的右下角，两手大拇指放在封面上，其他四个手指在下，以左手为轴，右手轻轻向前转动，将传票捻成扇面形状，扇形的大小要以上页的右下方稍突出下面一页为最佳，不宜过大或过小，扇面距离 5 ~7 厘米左右，如图 3 -4 所示。

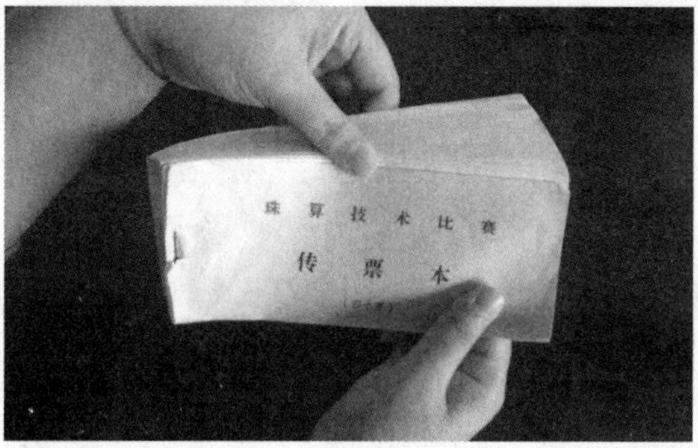

图 3 -4　将传票捻成扇型

扇型捻好后用夹子将传票左上角夹住，再用另一个较小的夹子夹住传票本右下角底页，这样就把将要计算的页码突出来方便运算时翻页，也可以使接近 100 页的页码容易找到，如图 3 -5 所示。

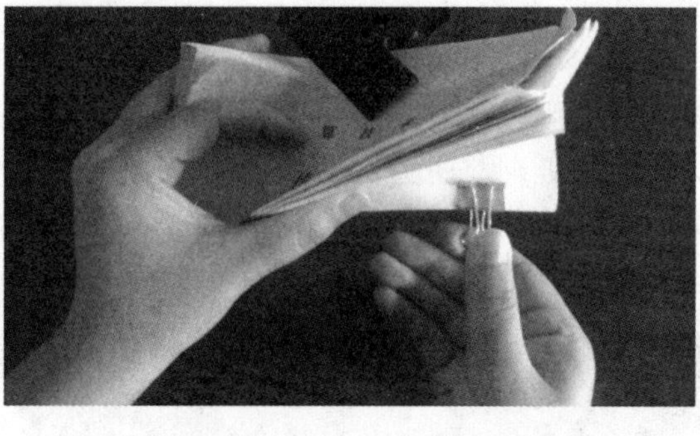

图 3 -5　用夹子夹住捻成扇型的传票

2. 找页。在实际工作中进行传票算通常都是按照传票的自然页数逐页连续进行的，训练和比赛中的传票算却不是全部按照传票的自然页数进行运算的，而是每一道题都有起止页数，每计算完一道题都需要查找下一道题的起始页码，即找页。找页是传票算训练和比赛中一个非常重要的环节。找页既要快又要准，找页时要求翻动传票两、三次就要找到。为了节省时间，每计算完一道题，右手在抄写答数的同时，左手就要借助眼睛的余光迅速进行下一道题起始页的查找。虽然一边集中注意力抄写答数一边找页是很困难的，但起码要快速确定下一题是顺向找页还是逆向找页，左手要做出顺翻或逆翻的动作。找页动作的快慢和准确与否，直接影响传票算的速度。

找页方法的训练可分为两步，即先找整页再找零页，在经过一段时间找整页的反复练习之后，做到凭手感一次能准确摸翻 10 页、20 页……90 页，在此基础上，再训练找零页，即传票算题的起始页。练习时，可以任意念一个页码，凭手感翻到其整数页，然后根据整数页再调整页数找到其起始页，如念 72 页，凭手感找 70 页的厚度，再向前加翻 2 页，迅速用左手向前（或后）稍调整一下页码，就可很快找到 72 页。一般应做到翻三次传票就要找到所要找的页码，熟练者能根据手感一次就能找到每一题传票算的起始页。

3. 翻页。传票算的翻页也是非常重要的环节，翻页通常由左手进行，按照每次所翻页码的多少，翻页的方法分为一翻一页、一翻二页和一翻多页等几种方法。

（1）一翻一页的方法。首先用左手的小指、无名指，中指弯曲放在传票本的封面或起始页的中部或中部稍左，然后用左手拇指突出部位翻页，用拇指翻起每一页传票后，食指很快放进刚翻起的一页传票下面，将这页传票隔开。左手翻页和右手拨珠或录入计算要同时进行，每翻动一页，都要迅速将数拨入或录入计算工具。翻页时票页不宜掀得过高，角度越小越好，以能看清金额数字为宜。一翻一页的方法如图 3 - 6 所示。

图 3 - 6　一翻一页

（2）一翻二页的方法。首先用左手的小指、无名指弯曲放在传票本的封面或起始页，用拇指翻起每两页传票后，食指放进翻起两页传票的中间，中指将已计算的传票隔开，翻页动作要连贯，心算相加两页数字的结果后，右手快速拨入或录入计算工具。翻页时票页不宜掀得过高，以能看清金额数字为宜。一翻二页的方法如图 3 - 7 所示。

图 3 - 7　一翻二页

（3）一翻多页的方法。首先用左手的小指弯曲放在传票本的封面或起始页，用拇指翻起多页传票后，无名指、中指、食指分别放进翻起多页传票的中间，将掀起的传票每页隔开，然后用心算相加多页传票的结果后，右手快速拨入或录入计算工具。翻页时动作要连贯协调，所翻页与页之间的间隔也以能看清金额数字为宜。一翻多页的方法如图 3－8 所示。

图 3－8　一翻多页

4. 记页。为了避免打过页或打错页，应采取记页（数页）的方法。记页，就是在运算中记住终止页，当估计快要运算完毕时，用眼睛余光扫视传票的页码，以防过页。数页就是边运算边默念已打过的页数。一般情况是在计算时打一页记一页，默记到 20 页，再核对该题的起止页码，如正确无误，写上答案。如果采用的是一目两行的打法则每题只数十次，方法是：打前两页时默记 1，打次两页时默记 2……默念到 10 时，核对该题的起止页数，如无误，立即书写答案。

记页在边翻页边运算中较难记住，所以平时要加强训练，在训练过程中，运算的数据不要默念，只要凭数字的字形直接用手指拨入或录入计算工具，心里只需默记页数，如此反复练习，就会熟练记页了。

三、传票算的计算方法

进行传票算时，首先将捻成扇面的传票，翻到要计算的开始页，然后左手一边翻页，右手一边拨入或录入计算工具，直至计算录入完毕得出结果。由于在计算过程中翻页和计算的具体操作上的不同，形成了多种基本的计算方法。

（一）一翻一页计算法

一翻一页计算法也叫一翻一页的打法，是一次翻起一页后，把需要计算的数字直接拨入或录入计算工具，然后再翻起另一页，继续进行拨加，直到一道题计算完为止。这种翻打方法一般是从高位数字开始，依次拨入，要求大拇指翻传票要快，本页数字拨加完毕以后，要迅速用食指夹住，大拇指继续翻下页。一翻一页计算法是最基本的方法。

例 1　根据表 3－6 的题单采用一翻一页的打法计算各题。

表 3-6　　复式传票题单甲

序号	起止页数	行数	答案
一	13～32	（五）	
二	2～21	（三）	
三	6～25	（二）	
…	…	…	

假设第一题的数字如下：第 13 页第（五）行为 7,056.40，第 14 页第（五）行为 841.52，……第 31 页第（五）行为 45,124.86，第 32 页第（五）行为 9,311.72，采用一翻一页的打法计算第一题的运算步骤与方法如图 3-9 所示。其余各题的计算与此相同。

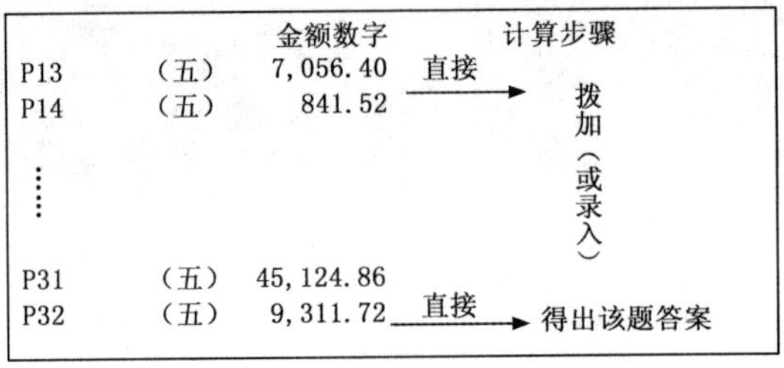

图 3-9　一翻一页计算法

（二）一翻二页计算法

一翻二页计算法也叫一翻二页的打法，是将左手的小指、无名指弯曲放在传票本的封面或起始页的中部或中部偏左的部位，用拇指翻起两页传票，食指放在两页传票的中间，中指将传票卡住，心算两页同一行数字结果，将结果一次拨入或录入计算工具，同时，左手手指迅速将计算过的传票页翻过，用左手掌外边压住，继续进行第二轮二页的计算，直至计算结束。

一翻二页计算法是结合心算进行的，不但可以节约计算时间，还能够充分训练思维能力和心算能力。

例 2　根据前述例 1 的资料采用一翻二页的打法计算各题。

根据前述例 1 资料采用一翻二页的打法计算第一题的运算步骤与方法如图 3-10 所示。其余各题的计算与此相同。

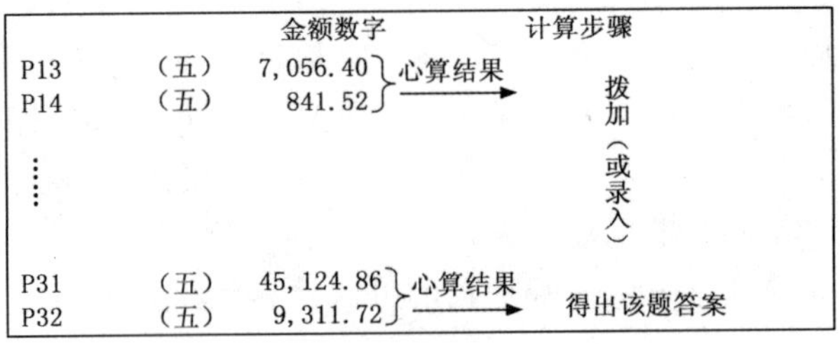

图 3-10　一翻二页计算法

（三）一翻多页计算法

一翻多页计算法也叫一翻多页打法，根据一次翻起的页数不同，又包括一翻三页计算法、一翻四页计算法和一翻五页计算法。

1. 一翻三页计算法。一翻三页计算法也叫一翻三页的打法，是将左手的小指和无名指压住传票本的封面或起始页，用中指挑起起始页，食指挑起第二页，拇指挑起第三页，使三页之间均有一定间隙，用一目三行心算法求出三页同一行金额数字结果，将结果一次拨入或录入计算工具，同时，左手手指迅速将计算过的传票页翻过，用左手掌外边压住，继续进行第二轮三页的计算，直至计算结束。

例 3　根据表 3 - 7 的题单采用一翻三页的打法计算各题。

表 3 - 7　　**复式传票题甲**

序号	起止页数	行数	答案
一	2 ~ 21	（三）	
二	13 ~ 32	（二）	
三	30 ~ 49	（四）	
…	…	…	

假设第一题的数字如下：第 2 页第（三）行为 5,423.22，第 3 页第（三）行为 85,508.66，第 4 页第（三）行为 21,412.09，……第 20 页第（三）行为 6,108.06，第 21 页第（三）行为 4,521.82，采用一翻三页的打法计算第一题的运算步骤与方法如图 3 - 11 所示。其余各题的计算与此相同。

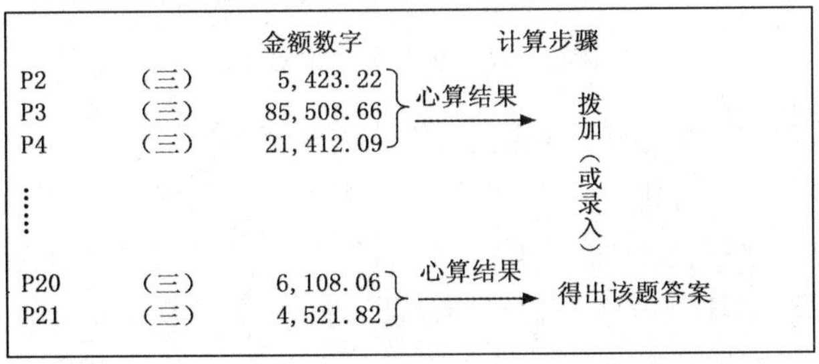

图 3 - 11　一翻三页计算法

2. 一翻四页计算法。一翻四页计算法也叫一翻四页的打法，是用左手的小指弯曲放在传票本的封面或起始页，用无名指、中指、食指分别把各页挑起，其中，无名指挑起起始页，中指挑起第二页，食指挑起第三页，拇指挑起第四页，各页之间保持适当的高度（以看清金额数字为宜），用一目四行心算法求出四页同一行的结果，将结果一次拨入或录入计算工具，同时，左手手指迅速将计算过的传票页翻过，用左手掌外边压住，继续进行第二轮四页的计算，直至计算结束。

例 4　根据表 3 - 8 的题单采用一翻四页的打法计算各题。

表 3-8 **复式传票题单甲**

序号	起止页数	行数	答案
一	65～84	（四）	
二	45～64	（一）	
三	12～31	（二）	
…	…	…	

假设第一题的数字如下：第 65 页第（四）行为 541,789.25，第 66 页第（四）行为 8,159.36，第 67 页第（四）行为 467.84，第 68 页第（四）行为 19.38，……第 81 页第（四）行为 72,501.47，第 82 页第（四）行为 258.97，第 83 页第（四）行为 643.01，第 84 页第（四）行为 5,482.07，采用一翻四页的打法计算第一题的运算步骤与方法如图 3-12 所示。其余各题的计算与此相同。

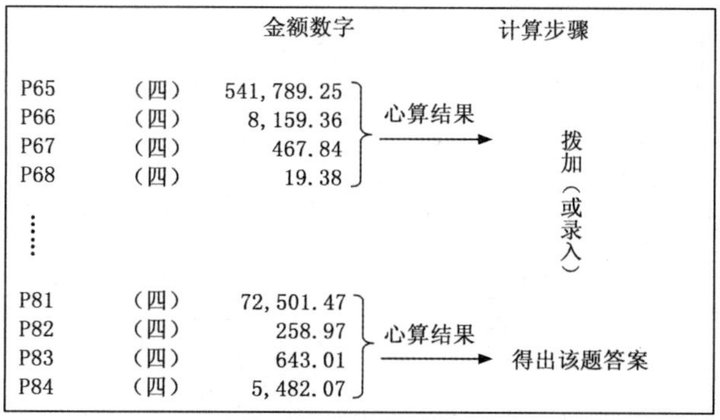

图 3-12 一翻四页计算法

3. 一翻五页计算法。一翻五页计算法也叫一翻五页的打法，是将左手的小指、无名指、中指、食指分别把各页挑起，其中，小指挑起起始页、无名指挑起第二页、中指挑起第三页、食指挑起第四页、拇指挑起第五页，各页之间保持适当的高度（以看清金额数字为宜），用一目五行心算法求出五页同一行的结果，将结果一次拨入或录入计算工具，同时，左手手指迅速将计算过的传票页翻过，用左手掌外边压住，继续进行第二轮五页的计算，直至计算结束。

例 5 根据表 3-9 的题单采用一翻五页的打法计算各题。

表 3-9 **复式传票题单乙**

序号	起止页数	行数	答案
一	35～54	（二）	
二	17～36	（三）	
三	23～42	（五）	
…	…	…	…

假设第一题的数字如下：第 35 页第（二）行为 235.25，第 36 页第（二）行为 482,726.01，第 37 页第（二）行为 934.27，第 38 页第（二）行为 655.82，第 39 页第（二）行为 8,531.74，第 50 页第（二）行为 43.05，第 51 页第（二）行为 753.69，第 52 页第（二）行为 83,715.67，第 53 页第（二）行为 1,054.25，第 54 页第（二）行为 748.28，采用一翻五页的打法计算第一题的运算步骤与方法如图 3－13 所示。其余各题的计算与此相同。

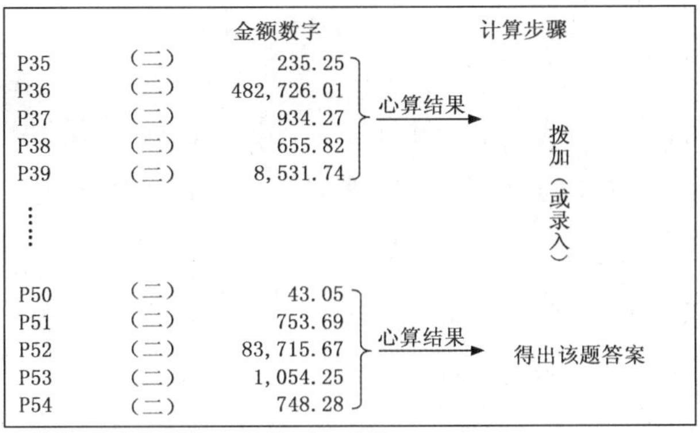

图 3－13　一翻五页计算法

（四）穿梭迭加计算法

穿梭迭加计算法也叫穿梭迭加打法，是将金额数字“穿梭”、“迭加”结合起来的一种计算方法。穿梭迭加打法适用于算盘作为计算工具的传票算。“穿梭”是指采用前述方法找到起始页后，先从高位到低位拨数入盘，翻到次页后，再从低位到高位拨数入盘，如此来回往复运转进行计算。“迭加”是指在穿梭的基础上，将本页最末一位数字或两位数字与下页最末一位数字或两位数字通过心算求和，把心算之和直接拨入算盘。穿梭与迭加相结合，就是穿梭迭加打法。这种方法不仅能够节省时间，而且翻页准、计算快。

例 6　根据表 3－10 的题单采用穿梭迭加打法计算各题。

表 3－10　　　　**复式传票题单乙**

序号	起止页数	行数	答案
一	7～26	（二）	
二	13～32	（五）	
三	43～62	（三）	
…	…	…	

假设第一题的数字如下：第 7 页第（二）行为 524.96，第 8 页第（二）行为 8,206.63，第 9 页第（二）行为 1,45.21，第 10 页第（二）行为 71,967.95，第 26 页第（二）行为 3,408.21，采用穿梭迭加打法计算第一题的运算步骤与方法如图 3－14 所示。其余各题的计算与此相同。

该题在计算时首页第二行数 524.96 从左向右拨入算盘，当到 6 时与下页（第 8 页）的第二行数的最末位数字 3 相加之和一次拨入，然后把第 8 页的 8,206.6 从右至左依次拨入。

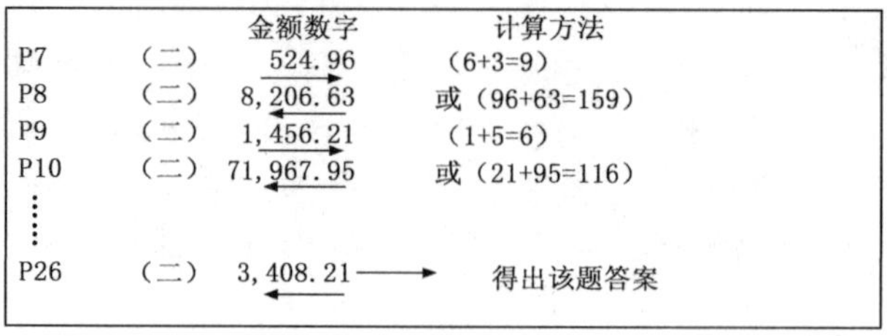

图 3－14　穿梭迭加计算法

也可以同时进行两位数字的迭加：即首页（第 7 页）第二行数 524 从左向右拨入算盘，把后两位数字 96 与下页的第二行数的后两位数字 63 相加的结果 159 一次拨入，再把第 8 页的 8,206 从右至左依次拨入。依次类推，直至本题计算完得出答案为止。这种方法减少了上盘次数，能够加快运算的速度。

四、传票算技能的考核方法

（一）单式传票算技能的考核方法

根据传票算的运算特点，各大商业银行对单式传票算技能等级进行考核的方式主要有限时不限量和限量不限时两种。限时不限量是指限时计算，规定传票 N 页为一道题，在规定的时间内完成，以正确结果的题数进行计分评判，如：合格标准为 5 分钟正确完成 5 题，四级标准为 5 分钟正确完成 6 题，三级标准为 5 分钟正确完成 7 题，二级标准为 5 分钟正确完成 8 题，一级标准为 5 分钟正确完成 9 题或者 9 题以上。限量不限时是指限量计算，规定从传票本的第一页计算到最后一页，在计算结果全部正确的情况下，以用时来计算成绩，如：合格标准为 200 秒，四级标准为 180 秒，三级标准为 160 秒，二级标准为 140 秒，一级标准为 120 秒。

（二）复式传票算技能的考核方法

复式传票算技能的考核可以参照上述单式传票算技能的考核办法，也可采用全国珠算比赛（传票算）的考核办法。全国珠算（传票算）比赛统一使用全国珠算技术比赛百页传票本和传票算题单，采用限时不限量的办法，每场 10 分钟，根据所完成的计算题的题数计分，每对一题为 15 分或 10 分，中间不得跳题，每跳一题在所得分数中倒扣 15 分或者 10 分。答案中的分节号也是计分因素，漏打分节号要扣 1 分，错打分节号该题不计分，答案字迹潦草难以辨认的不计分，未标出小数点按作错答案处理，按照上述标准和要求计分评判。

五、传票算的训练技巧

传票算技能是计算工具操作技能与传票算计算方法以及找页、翻页、记页等方法相结合的技能，需要眼、手、脑并用，要求反应快，协调性强，因此必须加强训练。传票算训练可循序渐进，分步进行。在进行传票算训练时，除了要准确、熟练地操作计算工具以外，还需要掌握传票算训练的一些小技巧，以提高训练效果。

1. 循序渐进，先易后难，先单项再综合。是由若干个单项技能点和环节相连贯而成的综合型技能，宜采取循序渐进，先易后难，先单项再综合的训练策略。比如，在进行复式传票算训练时，可先练习第五行数字的计算，因为第五行数字在传票算的最下方，便于看数、记数，不容易出错，待第五行数字的计算达到一定的熟练程度后，计算的行次再逐步上移。再如，一目两页、一目三页的打法，翻页、心算难度都比较大，可先练翻页再练心算。练翻页时应注意左手各指的动作应协调配合，幅度适当，切实到位。翻页和心算单独练习到一定的熟练程度后，再与拨数或录数结合进行综合计算练习。

2. 熟练翻页的动作和找页的方法。翻页和找页在传票算中是一项非常重要的基本功，其快慢准否直接影响打传票算的速度。因此，在平时的练习中，应加强对翻页和找页的练习，达到计算时能一次完成翻页和找页，不出现多余的动作。

3. 计算时分节看数，看算结合。打传票算要想既准又快，就要眼、手，脑协调配合。看数既准又快是打传票算既准又快的前提。初学者刚开始打传票时，训练看数与录数的配合是很重要的，应尽可能达到在看数的一瞬间就要把数录入。将一个金额数字分节来看，可以很好地分清数字的位数，很快看准、记住和录入数字。通过分节看数、看算结合的练习，实现脑、手有机结合，协调一致。

4. 加强手指分工的训练。在传票算训练中，不论是以计算器、小键盘还是算盘作为计算工具，手指的分工与协调都是非常重要的。从初学开始，手指就一定要按照要求进行分工，养成良好的习惯。在采用计算器、小键盘作为计算工具时，一定要记准记住常用功能键的分布，形成脑像图，通过一段时间的训练后，争取达到盲打计算。

5. 训练一定要做到持之以恒。传票算是操作技能，要真正掌握这门技术，并达到一定的技能水平，必须要坚持每天有计划地限时训练，持之以恒，不断提高技能水平。

【同步训练】

训练 1

一、复式传票算训练（甲面）

采用一翻一页的计算方法运算下列各题。

题号	起止页数	行数	答　数	题号	起止页数	行数	答　数
1	55 ~ 74	(二)		21	5 ~ 24	(五)	
2	23 ~ 42	(三)		22	57 ~ 76	(一)	
3	25 ~ 44	(四)		23	27 ~ 46	(二)	
4	30 ~ 49	(一)		24	1 ~ 20	(四)	
5	17 ~ 36	(五)		25	38 ~ 57	(三)	
6	12 ~ 31	(三)		26	52 ~ 71	(二)	
7	32 ~ 51	(二)		27	24 ~ 43	(五)	
8	7 ~ 26	(一)		28	66 ~ 85	(一)	
9	56 ~ 75	(四)		29	58 ~ 77	(四)	
10	3 ~ 22	(五)		30	2 ~ 21	(三)	

续表

题号	起止页数	行数	答　数	题号	起止页数	行数	答　数
11	15～34	(三)		31	59～78	(二)	
12	41～60	(二)		32	9～28	(一)	
13	70～89	(四)		33	72～91	(四)	
14	21～40	(一)		34	6～25	(五)	
15	29～48	(五)		35	47～66	(三)	
16	46～65	(三)		36	4～23	(一)	
17	26～45	(二)		37	28～47	(三)	
18	18～37	(五)		38	33～52	(二)	
19	69～88	(四)		39	42～61	(五)	
20	62～81	(一)		40	20～39	(四)	

二、复式传票算训练（乙面）

分别采用一翻一页、一翻二页和一翻多页的计算方法运算下列各题。

题号	起止页数	行数	答　数	题号	起止页数	行数	答　数
1	5～24	(三)		21	4～23	(四)	
2	27～46	(二)		22	28～47	(二)	
3	49～68	(一)		23	33～52	(一)	
4	71～90	(四)		24	42～61	(三)	
5	55～74	(五)		25	22～41	(五)	
6	12～31	(四)		26	68～87	(一)	
7	29～48	(三)		27	76～95	(四)	
8	20～39	(五)		28	65～84	(五)	
9	53～72	(二)		29	19～38	(二)	
10	63～82	(一)		30	54～73	(三)	
11	37～56	(一)		31	62～81	(一)	
12	15～34	(三)		32	81～100	(二)	
13	59～78	(四)		33	25～44	(四)	
14	80～99	(五)		34	34～53	(三)	
15	17～36	(二)		35	66～85	(五)	
16	36～55	(四)		36	9～28	(一)	
17	40～59	(二)		37	11～30	(五)	
18	8～27	(三)		38	41～60	(二)	
19	75～94	(一)		39	79～98	(三)	
20	14～33	(五)		40	56～75	(四)	

训练 2

翻打百张单式传票题

计算传算题本 A 组答案

序　号	测试时间	答案
1		
2		
3		
4		
5		
6		
7		
8		
9		
10		
11		
12		
13		
14		
15		
16		
17		
18		
19		
20		

翻打百张单式传票题

用一翻一页计算下列各题。

题　号	起止页数	答　数
1	10 ~ 24	
2	44 ~ 58	
3	45 ~ 59	
4	25 ~ 39	
5	38 ~ 52	
6	54 ~ 68	
7	68 ~ 82	
8	80 ~ 94	
9	60 ~ 74	
10	8 ~ 22	
11	21 ~ 35	
12	31 ~ 45	
13	61 ~ 75	
14	20 ~ 34	
15	67 ~ 81	
16	68 ~ 92	
17	40 ~ 54	
18	30 ~ 44	
19	81 ~ 95	
20	80 ~ 94	

任务2 账表算技能训练

一、账表算训练、比赛的题型与记分办法

为了学习、训练和掌握账表算技能，相关机构专门设计制作了账表算训练和比赛题，专供学习、训练或比赛之用。

（一）账表算的题型

标准账表算题由五列二十行组成，即纵向五个算题，横向二十个算题，各行数字最多8位数，最少4位数。纵向每题120个数码，由4至8位数组成；横向每题30个数码，由4至8位数组成，均为整数。纵向第四题和第五题中各有两笔减数题，如表3-11所示。

表3-11　　账表算题型

纵向题			横向题			轧平加分	总分数	评分	复核
作题	对题	分数	作题	对题	分数				

题序 行次	一	二	三	四	五	合计
一	9, 152, 186	75, 523, 869	87, 756	87, 543	49, 027	
二	75, 613	4, 421	602, 738	7, 416, 805	30, 584, 129	
三	9521, 405	6, 335	9, 836, 207	-491, 335	793, 260	
四	3, 758, 452	6, 786	1, 282, 519	526, 642	258, 541	
五	41, 796	9, 862, 156	3, 509, 746	61, 203	930, 485	
六	153, 558	744, 053	374, 182	577, 430	172, 134	
七	6, 125	4, 139, 870	54, 827	80, 645, 739	103, 692	
八	4, 279, 813	79, 123, 056	432, 568	7, 980	64, 051	
九	390, 478	8, 624	3, 645, 901	-50, 172	-27, 816, 539	
十	843, 967	18, 654, 702	2, 516, 039	91, 825	7, 304	
十一	2, 684, 703	5, 381	65, 429, 178	142, 903	50, 796	
十二	93, 417, 250	30, 129	895, 604	6, 578	8, 271, 463	

题序 行次	一	二	三	四	五	合计
十三	59,861	794,206	1,327	8,437,650	95,123,098	
十四	1,025	6,483,957	34,780	27,901,364	682,815	
十五	785,109	2,509,683	7,841	42,036	31,965,472	
十六	69,810,752	7,318	4,179,256	365,402	40,938,186,054	
十七	7,532,946	45,261,730	93,082	7,891	-8,751,602	
十八	4,263	18,479	32,905	19,830,547	7,239	
十九	81,304	952,064	57,836,140	6,198,725	67,592,840	
二十	3,782	86,013	910,254	5,769,431	9,825,413	
合计						

（二）账表算的记分方法

每张账表算表格纵向五题，每题计 14 分，五个算题共 70 分；横向二十题，每题计 4 分，二十个算题共 80 分；纵横计算完全正确计 150 分，“轧平”（纵横合计数相加的结果相等）再加计 50 分，一张账表算表格算平共计 200 分。

账表算准确性非常重要。因为不论是在横向运算中，还是在纵栏运算中，算错一题就不能轧平，不仅 150 分得不到，还必须从 150 分中减去错题分数。账表算在运算时，还要求按顺序进行计算，前表不计算完，后表不计分。

二、账表算的计算方法

账表算分为纵向计算和横向计算两个方面，其计算方法相应地分为纵向计算的方法和横向计算的方法。下面对计算方法的讲述主要以算盘作为计算工具，当采用电子计算器或者小键盘作为计算工具时可参照进行操作。

（一）账表算的纵向计算方法

账表算纵向计算方法是计算账、表纵栏数字合计数的方法，通常是从左边第一栏开始从上往下逐栏进行计算。

1. 一目一行直加的计算方法。一目一行直加法的操作要点是：将纵栏第一笔数从高位到低位拨入盘上，再加第二笔数，依此类推，直至第二十笔数加完得出答案为止。

2. 一目二（多）行的计算方法。为了提高计算速度，纵向打题应采用一目二行或一目多行的方法进行加减计算，将心算和珠算相结合。采用算盘作为计算工具时，其操作要点是：把账表放在算盘的左下面，左手指数，将纵向二行或多行数相加一次拨入算盘，每计算完一次左手往上推，使其计算的行数尽量与盘面的距离接近，以便快速看数，快速抄写答数。

（二）账表算的横向计算方法

账表算横向计算方法是计算账、表横行数字合计数的方法，通常是从上边第一行开始从左往右逐行进行计算。

1. 一目一行的计算方法。账表算一目一行计算法的操作要点是：将横行第一笔数从高位到低位拨入盘上，再加第二笔数，依此类推，直至第五笔数加完得出答案为止。

2. 穿梭迭加的计算方法。账表算穿梭迭加计算法的操作要点是：将横行第一笔数按从左到右顺序拨入盘上，在拨最后一位（或两位）数时与第二笔数的最后一位（或两位）迭加后将和一次入盘，随后将第二数剩余部分从右至左拨入盘内，再从左至右将第三笔拨入盘……，直至该行计算完得出答案为止。

例 7　某统计表某行数字如下，以算盘为计算工具，采用穿梭迭加法进行计算：13,672　4,068　65,729　93,425……

第一步：1367 拨入盘（从正 5 位拨入）。

第二步：尾数 2 与第二笔数尾数 8 相加之和 10 拨入（个位档加 0，十位档加 1）。

第三步：再加上 406（按从右至左的顺序为 604，从正 2 位开始，加到正 4 位）。

第四步：加上 6572（从正 5 位加）。

第五步：尾数 9 与第四笔数尾数 5 相加之和 14 拨入（个位档加 4，十位档加 1）。

第六步：加上 9342（按从右至左的顺序为 2439，从正 2 位开始，加到正 5 位）。以此类推，直至该行计算完为止。

3. 一目多行的计算方法。

（1）一目二行计算法。

在掌握了一目一行计算法的基础上，可采用一目二行心算横行相邻两数同数位上对应数字之和，将其和一次拨入盘内。

例 8　某统计表某行相邻两数为 980,712 和 27,542，以算盘为计算工具，采用一目二行打法心算其相加之和。心算过程及其入盘情况如图 3－15 所示。

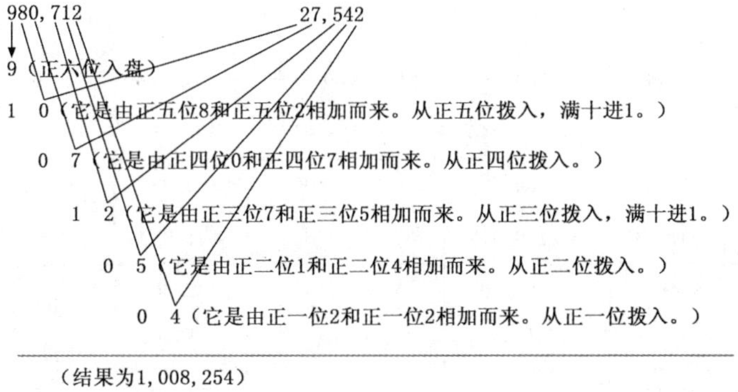

图 3－15　例 8 的心算过程及其入盘情况

（2）一目三行计算法。

一目三行计算法和一目二行计算法基本相同，在运算时心算横行相邻三个数同数位上对应数字之和，将其一次拨入盘内。此法最大的难点是横向对应数位相加，要求运算者横向对位心算相加要达到一定的水平。

例 9　某统计表某行相邻三个数为 721,569、508,523 和 74,485，以算盘为计算工具，采用一目三行计算法心算其相加之和。心算过程及其入盘情况如图 3－16 所示。

721, 569　　508, 523　　74, 485

1　2（它是由正六位7和正六位5相加而来。从正六位拨入，满十进1。）

0　9（它是由第1个数正五位2和第2个数正五位0、第3个数正五位7相加而来。从正五位拨入，满十进1。）

1　3（它是由第1个数正四位1和第2个数正四位8、第3个数正四位4相加而来。从正四位拨入，满十进1。）

1　4（它是由第1个数正三位5和第2个数正三位5、第3个数正三位4相加而来。从正三位拨入，满十进1。）

1　6（它是由第1个数正二位6和第2个数正二位2、第3个数正二位8相加而来。从正二位拨入，满十进1。）

1　7（它是由第1个数正一位9和第2个数正一位3、第3个数正一位5相加而来。从正五位拨入，满十进1。）

（结果为1, 304, 577）

图 3－16　例 9 的心算过程及其入盘情况

【同步训练】

训练 3

进行下列账表算训练，方法自选。

账表算训练题（一）

题序 / 行次	一	二	三	四	五	合计
一	729, 140	1, 503, 862	25, 138, 607	4, 589	96, 734	
二	87, 594	37, 956, 240	1, 839	602, 173	2, 415, 068	
三	3, 865	84, 197	746, 250	2, 160, 934	58, 907, 312	
四	4, 053	64, 129, 375	280, 596	－71, 089	7, 638, 214	
五	15, 932	468, 701	4, 801, 379	95, 342, 867	2, 506	
六	24, 896, 570	3, 612, 804	67, 052	3, 591	－841, 739	
七	671, 289	95, 078	4, 731	1, 436, 205	45, 962, 380	
八	3, 167, 804	3, 259	81, 649, 325	824, 670	10, 957	
九	9, 168	20, 845	583, 476	47, 952, 031	6, 301, 729	
十	5, 812, 376	984, 603	30, 754	6, 219	90, 427, 581	
十一	754, 023	79, 306, 184	2, 910	－5, 169, 872	38, 453	
十二	40, 589	6, 517, 932	78, 194, 263	845, 307	1, 602	
十三	34, 926, 107	1, 725	9, 618, 502	34, 068	893, 745	
十四	67, 801, 425	4, 593	1, 329, 847	80, 635	－206, 179	

题序 / 行次	一	二	三	四	五	合计
十五	8, 360, 291	73, 142	895, 624	1, 750	34, 589, 067	
十六	95, 374	807, 261	96, 581, 302	2, 479, 016	5, 483	
十七	1, 543	52, 698, 710	54, 067	926, 834	1, 318, 290	
十八	287, 069	9, 356, 408	3, 710	74, 835, 129	41, 526	
十九	84, 639, 201	268, 049	9, 342, 175	51, 768	5, 307	
二十	5, 071, 632	5, 371	60, 984	38, 497, 205	682, 491	
合计						

账表算训练题（二）

题序 / 行次	一	二	三	四	五	合计
一	649, 837	5, 412	66, 451, 421	974, 568	620, 930	
二	9, 621, 305	3, 561, 401	2, 215	51, 465	1, 258, 643	
三	83, 290	7, 856, 452	2, 286, 296	842, 185	81, 926	
四	510, 647	528, 458	4, 125	9, 967, 321	1, 837, 446	
五	4, 836, 912	72, 186	24, 756	512, 465	6, 786, 691	
六	17, 051	9, 741, 862	3, 806, 129	766, 248	48, 114	
七	97, 482, 563	469, 529	8, 529, 263	35, 485	5, 621	
八	47, 458, 162	53, 015	521, 156	15, 569	-324, 957	
九	80, 593, 674	4, 698	105, 703	-816, 586	112, 421	
十	1, 482, 715	516, 476	706, 862	41, 258	396, 312	
十一	56, 039	347, 087	946, 724	257, 124	6, 923, 130	
十二	5, 486, 759	17, 965	863, 482	521, 256	502, 496	
十三	264, 748	165, 428	475, 385	736, 821	-495, 556	
十四	59, 842	15, 185, 856	643, 258	5, 405	2, 245, 956	
十五	4, 583, 708	12, 152	6, 417, 815	132, 055	38, 622	
十六	9, 536, 856	38, 945	567, 424	-296, 853	809, 778	
十七	3, 856	2, 759, 412	8, 215, 176	8, 469	81, 640, 157	
十八	55, 423, 123	2, 158, 642	89, 376	149, 679	6, 023	
十九	8, 523, 416	5, 856	26, 845	1, 430, 582	4, 856, 348	
二十	7, 156, 703	5, 490, 520	152, 012	2, 178	123, 616	
合计						

项目四　点钞验钞技能训练

【学习目标】

1. 能够规范地运用手持式、手按式各种方法点钞，并在此基础上能够运用 1 至 2 种方法快速地点钞。
2. 能够快速、规范地手工捆扎钞票。
3. 能够快速地进行机器点钞。
4. 知道硬币的整点程序与方法。
5. 能够准确地识别人民币的各种防伪特征。

【项目导航】

在现实生活中，几乎所有人都要与现金打交道；特别是在财经工作中，银行前台柜员、各经营单位收银员、各单位财务部门出纳员及相关工作人员更是要经常地、大量地从事现金的收入、付出和保管工作。进行现金的收入、付出和保管工作就必须对现金进行整理和清点，对现金进行整理和清点就是广义上的点钞。广义的点钞包括了狭义的点钞，狭义的点钞仅指对现金进行清点，即点数，不包括对现金进行的整理等内容。手持式、手按式、单指单张、多指多张等点钞方法中的“点钞”就是指的狭义的点钞。点钞是财经工作人员必须熟练掌握的基本功之一，点钞技能水平的高低和速度的快慢直接影响着工作的效率和质量。同时，由于假钞的存在，从事现金收入、付出和保管工作的财经人员不但要熟练地掌握点钞技能，还必须具备识别真假钞票即验钞的能力，熟练掌握验钞技能。因此，学习财经专业的学生必须十分重视点钞这一基本技能的学习和训练。

点钞验钞可分为手工点钞验钞和机器点钞验钞，其中手工点钞从操作手式上可分为单指单张、多指多张等多种方法，而且每种方法又可细分为多种方式。虽然点钞技术的具体操作方式多种多样，但只要能下苦功夫进行训练，都能掌握一手过硬的点钞验钞本领和技巧，为胜任财经工作打下坚实的基础。本项目主要学习点钞验钞的基本知识和基本方法。

任务1　手工点钞技能训练

一、点钞基本知识

（一）钞票的基本知识

1. 钞票的正面和背面（反面）。每一种钞票都包括正面和背面，各由不同的图案、标记和要素构成。人民币纸币印有毛泽东头像和汉字“中国人民银行”字样的一面为正面，另一面为背面。人民币2005年版100元券的正面与背面如图4－1和图4－2所示。

图4－1　人民币2005年版100元券的正面

图4－2　人民币2005年版100元券的背面

2. 钞票的四边。纸币正面面向自己横放时，其四边分别规定为上、下、左、右。人民币 2005 年版 100 元券的上、下、左、右边如图 4－3 所示。

图 4－3　2005 年版 100 元券的四边

（二）点钞常用的手指部位

1. 手指的内、外侧。双手掌心面对自己时，左手手指的左侧、右手手指的右侧为手指的外侧；反之，左手手指的右侧、右手手指的左侧则为手指的内侧，如图 4－4 所示。

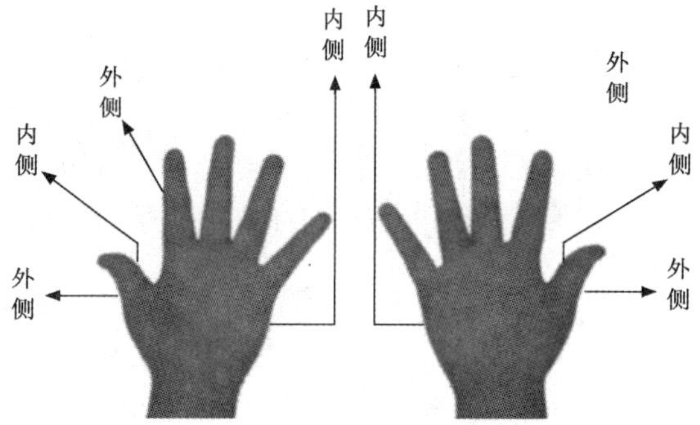

图 4－4　手指部位

2. 手指指肚与指关节。手指的顶端称为指尖，指尖下部内、外侧之间的部位称为指肚（掌）。从指尖至手指与手掌连接的活动关节顺次称为第一关节、第二关节和第三关节，其中拇指只有第一关节和第二关节。

（三）点钞的基本操作流程

在这里，点钞的基本操作流程指广义点钞的基本流程。在银行出纳工作中，点钞主要包括核实性点钞和业务性点钞两种情况。核实性点钞是指对库存捆扎好的钞票进行清点核实，业务性点钞是指在日常业务活动中对收入、付出的钞票进行清点和整理。这两种情况点钞的操作流程是不相同的。

核实性点钞的操作流程主要包括以下几个基本环节：

1. 拆把。拆把是指把待核实数量的成把钞票的封条拆掉，同时做好点数的准备。

2. 点数。点数是指清点钞票的数量。点数有手工点数和机器点数之分，即手工点钞和机器点钞。手工点钞由人工完成，手中点数，脑中记数，点准一百张钞票。机器点钞由点钞机完成。

3. 扎把。扎把是指将核实无误的一百张（或不足百张）的钞票礅齐后，用腰条（捆钱条）重新扎紧。

4. 盖章。盖章是指在扎好的腰条（捆钱条）上加盖经办人名章，以明确责任。

5. 封捆。封捆是指将扎好的10把钞票用绳子打成一捆，并贴上封签。与核实性点钞的操作流程相比，业务性点钞的操作流程减少了“拆把”的环节而增加了“整理”环节，即主要包括点数、整理、扎把、盖章和封捆等几个基本环节。整理是指将清点无误的钞票清理整齐，将折叠的钞票抚平和将钞票上、下、左、右礅齐。同时，在“扎把”环节，如果有不足一百张的钞票，扎把时要在腰条（捆钱条）上写出实点数量和金额。一百张一把的钞票则不用标注数量和金额。

（四）点钞的基本要求

在现金的收付和整点中，要把混乱不齐、折损不一的钞票进行整理，使之整齐美观。

1. 钞票的整理和封捆的相关要求。现金的收付和整点，是一项技术性很强的工作，它要求经办人员掌握一整套过硬的本领。在办理现金的收付和整点工作时，应做到准确、快速。

（1）钞票的整理。票币的整理是为了保护国家货币和消费者的利益。办理现金收付、整点票币有以下要求：

①平铺整齐，边角无折；

②同券一起，不能混淆；

③券面同向，不能颠倒；

④验查真伪，去伪存真；

⑤剔除残币，完残分放；

⑥百张一把，十把一捆；

⑦扎把捆紧，经办盖章；

⑧清点结账，复核入库。

在点钞（一般是在业务工作中的点钞）过程中，如果发现残破钞票应按规定挑剔出来，符合相关标准的要收集起来退出流通。根据2004年1月1日实施的《不宜流通人民币挑剔标准》等规定要求，有下列情况的货币不宜再在市场流通，各金融机构应予以兑换、挑剔与回收。

一是纸币票面缺少面积在20平方毫米以上的。

二是纸币票面裂口2处以上，长度每处超过5毫米的；裂口1处，长度超过去10毫米。

三是纸币票面有纸质较绵软、起皱较明显、脱色、变色、变形、不能保持其票面防伪功能等情形之一的。

四是纸币票面污渍、涂写字迹面积超过2平方厘米的；不超过2平方厘米，但遮盖了防伪特征之一。

五是硬币有穿孔，裂口，变形，磨损，氧化，文字、面额数字、图案模糊不清等情形之一的。

（2）票币的封捆。票币的封捆是指对经过整理后的票币依据一定的方法，按照标准规范进行点数。点数后，纸币按券别平铺，每一百张用腰条（捆钱条）捆扎一把；十把为一捆，以麻线等绳具按双十字法捆扎。硬币百枚为卷（50枚为卷也可）用纸包卷，10卷为一捆用绳具捆扎。在银行等金融机构，成捆票币应在绳头接扣处贴封签，注明行名、券别、金额、日期，并加盖封包员、复核员名章；整捆损伤票应在封底签上加盖“损伤”字要，以便识别；在非银行单位，可根据实际情况适当减少操作程序。

2. 点钞技术和程序方面的相关要求。对人工点钞法有三个基本要求，即：指法正确、准确率高和速度快。首先是要指法正确，操作规范，只有掌握了正确的点钞方法，才能迅速提高点钞的准确率和速度。其次是要准确率高，点钞的意义在于正确的点数钞票的张数，因此点钞的准确率要求为100%。第三是要速度快，点钞只有达到一定的速度才能充分显示点钞技能的重要意义。为了使点钞质量达到“准”、“快”、“好”的要求，应做到以下几点：

（1）坐姿端正。点钞的坐姿会直接影响点钞技术的发挥和点钞速度的提高。正确坐姿应该是直腰挺胸，全身自然，肌肉放松，双肘自然放在桌上，持票的左手腕部接触桌面，右手腕部稍抬起，整点货币轻松持久，活动自如。

（2）操作定型，用具定位。操作定型，用具定位是指点钞时使用的算盘、印泥、图章、海绵壶、点钞机、捆钱条等器具用品要按使用顺序固定放好，以便点钞时使用顺手。如：将未整点的款项放在左侧，海绵壶放在中间，捆钱条放在右侧上部，整点完的款项放在右侧等。这样，摆放紧凑、方位得当、距离适宜，便于操作。另外机器点钞还要注意款项、用具要固定，各个环节要紧凑，两手动作要协调，做到操作过程连贯统一，干净利索。

（3）点数准确。点钞技术的关键是一个“准”字，清点和记数的准确性是点钞的基本要求。点数不准不仅影响日常工作的质量，而且会产生差错，造成损失。在点数前要做好思想准备、款项准备和工具准备。点数时一是要精力集中；二是要坚持定型操作，坚持复核；三是要双手点钞，眼睛看钞，脑子记数，手、眼、脑三位一体，协调配合。只有这样，才能达到点数准确的效果。

（4）钞票礅齐。点完一把钞票后，要把钞票礅齐后才能扎把。钞票礅齐的要求是四条边呈水平状，不露头，卷角处要拉平，不能呈梯形错开。

（5）扇面均匀。人工点钞时，不论采取哪一种点钞方法，都需要把钞票打成扇面或微扇形，使钞票均匀错开，便于清点。扇面均匀，是指打开扇面后，扇面上每张钞票的间隔距离要均匀，不能宽窄不一，参差不齐。由于扇面开的均匀与否，直接影响着钞票清点的速度与准确度，因此，在进行手工点钞时，开出的扇面一定要均匀。

（6）扎把牢固。钞票捆扎应尽量牢固，以钞票不散把、抽不出为准。扎小把时，将第一张钞票轻轻向上方提拉，以不被抽出为准。扎大把时，按“#”字形捆扎大捆，以用力推不变型，抽不出票为准。

（7）盖章清晰。腰条（捆钱条）上的名章，是分清责任的标志。整点后要在腰条（捆钱条）上加盖清点人名章，图章要清晰可辨，不能模糊。

（8）动作连贯。动作连贯是保证点钞质量和提高效率的必要条件。它包括两层含义：一是点钞过程的各个环节必须衔接紧密，动作协调，环环相扣，即将拆把、清点、礅齐、扎把、盖章等环节紧密配合。如点完100张钞票，礅齐钞票的同时左手持票，右手取腰条（捆钱条），随即左手的钞票跟上去迅速扎好小把，在左手放钞票的同时，右手取另一把钞票，等等，这就是扎把与持钞的连贯性。二是指清点时动作要连贯，即点钞时，双手动作要协调，清点速度要均匀，切忌忽快忽慢。

二、手工点钞

这里的点钞指的是狭义的点钞，即点数。点钞分为手工点钞和机器点钞两类，其中，手工点钞的方法比较多，一般分为手持式点钞法、手按式点钞法和清点硬币等，如图 4－5 所示。本任务主要学习手持式和手按式点钞的几种具体方法，硬币的整点与封装将在下一个任务中进行学习。

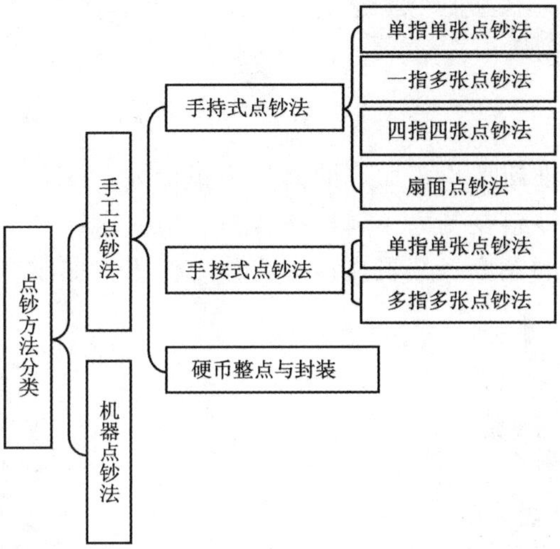

图 4－5　点钞方法的分类

（一）手持式点钞法

手持式点钞法根据指法不同又分为手持式单指单张点钞法、手持式一指多张点钞法、手持式四指拨动点钞法和手持式扇面点钞法等几种具体方法。

1. 手持式单指单张点钞法。手持式单指单张点钞法是一种适用范围较广的点钞方法，可用于收款、付款、整点各种新、旧、大、小钞票。使用这种点钞技术，由于持票所占的票面小，能看到票面的 3/4，所以较容易发现残缺券及假票。其操作要领如下：

（1）持币。

①左手手心朝向自己，中指、无名指分开，票面正面朝下，左边约 1/2 处夹在中指、无名指之间，如图 4－6 所示。

图 4－6　左手中指和无名指夹住票币左边约 1/2 处

②中指、无名指向内屈指，夹住票币，如图 4 -7 所示。

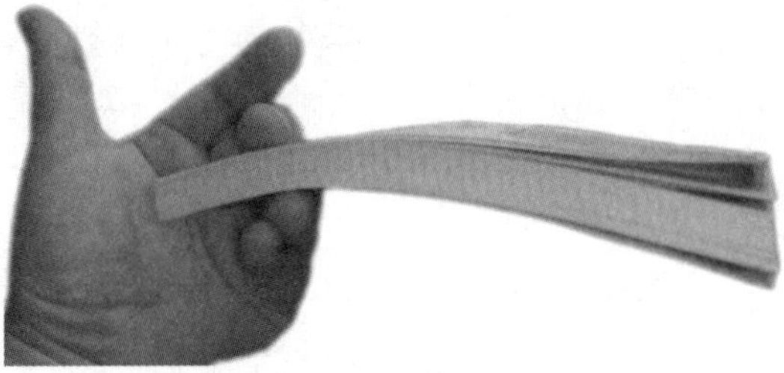

图 4 -7　夹住票币的中指和无名指向内屈指

③右手拇指轻轻向后推压票币正面，同时左手拇指在左侧向后压推票币，食指在后拦腰托住，使钞票成反弓形，钞票左侧为小扇面状，左下角要求在一个点上。这时左手拇指完成推压动作并轻轻挡着钞票的左侧，起阻挡钞票前移的作用，如图 4 -8、4 -9 所示。

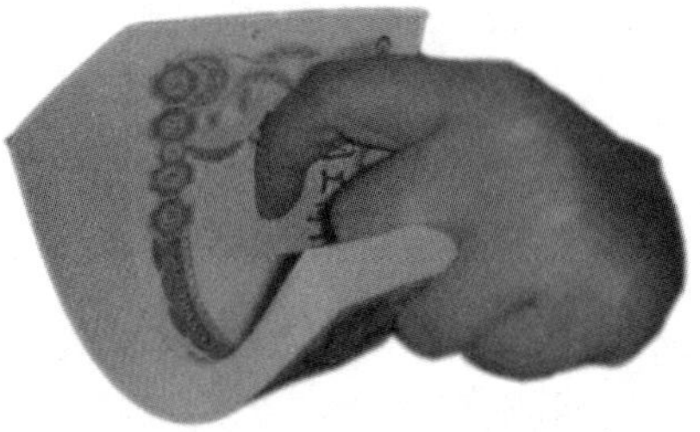

图 4 -8　钞票成反弓形

图 4 -9　钞票左侧为小扇面状

④右手拇指指尖外侧轻轻放在右上角，食指、中指托在右上角的后面，无名指和小指自然弯曲，如图 4 -10 所示。

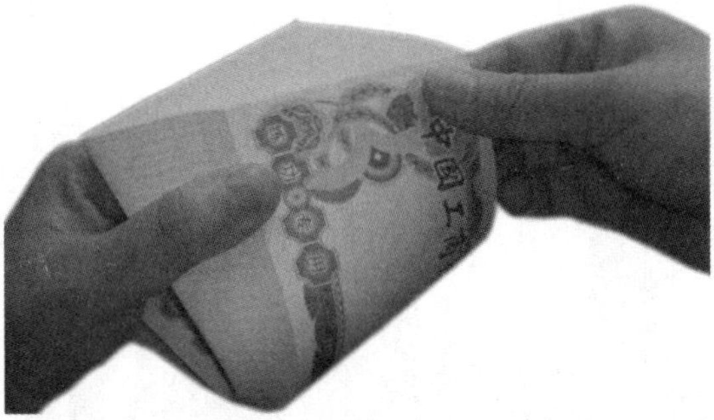

图 4 -10　手持式单指单张点数开始前的手势

手持式单指单张法持币的注意事项：

①左手中指与无名指夹票币的点，可根据需要调整，为了节约时间，提高速度，夹币点可在中间，为了挑残破券，识别假币夹币点可在左下角处。

②要注意姿势，身体正直，两肩要平，两臂肘关节放在桌上，持币的左手手腕贴桌面，手心向内，右手手腕抬起，两臂角度约 120 度，眼离票面 20 厘米左右，做好点钞准备。

（2）点数。

①右手拇指指尖外侧轻轻捻钞票的右上角，食指、中指在钞票背面配合拇指捻动，将票币向右下 45 度角的方向捻出一个边缘，票币背面形成一个小弧度，如图 4－11 所示。

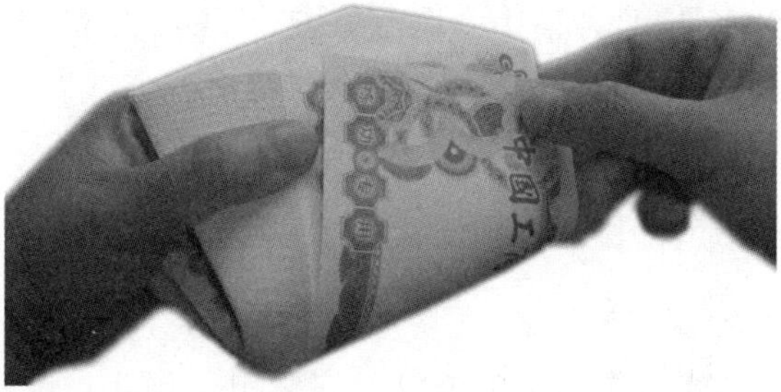

图 4－11　手持式单指单张开始点数的手势①

②无名指指尖将钞票向怀内弹出，同时右手拇指微微抬起，并迅速移回右上角，捻第二张票币，左手拇指随着票币的捻动向后移动，当点到最后只剩余三、四张票币时，右手拇指和食指将票币捻开清点张数，然后再用无名指将票币同时弹出，将票币点完，如图 4－12、4－13 所示。

图 4－12　手持式单指单张开始点数的手势②

图 4－13　手持式单指单张点数过程中的手势

手持式单指单张法点数的注意事项：

①右手拇指每一张捻动的位置相同，拇指接触票币的面积越小，速度越快。

②钞票的左下角要求在一个点上，左手的中指、无名指夹紧票币。两指的第二指关节在一个平面上，以防票币随着捻动而散把。

③钞票左侧推出的小扇面要求每张的距离要匀称。

（3）记数。记数与清点同时进行，采用单数分组记数法记数。把 10 作“1”记，表示已经点完 10 张；把 20 记作“2”，表示已经点完 20 张，即 1、2、3、4、5、6、7、8、9、“1”（10），1、2、3、4，5、7、8、9、“2”（20），以此类推……当数到 1、2、3、4、5、6、7，8、9、“10”（100）时即为整 100 张（一把）或者为 1（10）、2、3、4、5、6、7、8、9、0；2（20）、2、3、4，5、7、8、9、0，以此类推……。当数到 10（100）、2、3、4、5、6、7、8、9、0 时就是 100 张了。采用这种记数法记数的优点，既简单快捷，又省力好记。但在记数时要用脑记、默记，不要发出声，手、眼、脑密切配合，这样才能达到既快又准的效果。

2. 手持式一指多张点钞法。手持式一指多张点钞法，是在手持式单指单张点钞法的基础上发展而来的一指可两张或两张以上的方法。它适用于收款、付款和整点工作。其优点是记数简单、省力，点钞效率高；但是由于一指捻下多张钞票，中间几张只能看到较小的票面，因此，不易发现残破面和假票。

手持式一指多张点钞法与手持式单指单张点钞法大体相同，它是在熟练掌握单指单张点钞法基础上发展起来的。其操作方法如下：

（1）持币。一指多张点钞法左手的持币动作同单指单张点钞法的持币动作相同，而右手的准备动作与单指单张点钞法准备动作则有所不同，其主要区别是：右手拇指用指肚轻轻按在钞票的右上角，拇指指尖超出票面，如图 4－14 所示。

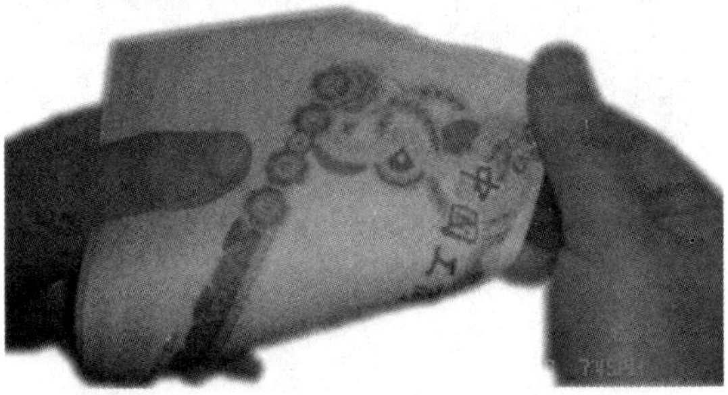

图 4－14　手持式一指多张点数开始前的手势

（2）点数。点两张时，拇指肚捻第一张，拇指尖紧跟往下捻第二张，点三张以上时拇指均匀用力，捻的幅度不能太大，食指、中指在票后配合捻动，无名指往怀里弹，弹的速度要快，点数时眼睛从左侧看，这样看的幅度大，看得比较清楚，如图 4－15 所示。

（3）记数。采用分组记数法。点双数，两张为一组记一个数，50 组就是 100 张；点三张，每三张为一组，记一个数，数到 33 组最后剩下 1 张，就是 100 张。点四张时以每四张为一组，记一个数，数到 25 组就是 100 张。

3. 手持式四指拨动点钞法（四指四张点钞法）。四指拨动点钞法又叫四指四张点钞法，即用四个手指依次各点一张一次清点四张钞票。它适用于收款、付款和整点工作的初点和复点。其优点是记数省力、省脑、效率高。由于每指点一张，每张在清点过程中都看得比较清楚，还能逐张识别真假钞票和挑剔损伤券。其操作方法如下：

图 4－15　手持式一指多张点数过程中的手势

（1）持币。

①右手握住钞票右端，票币正面向外，如图 4－16 所示。

图 4－16　右手握住钞票的右端

②左手手心面向自己，中指在前，食指、无名指和小指在后卡住钞票左端，如图 4－17、4－18 所示。

图 4－17　左手卡住钞票最左端（A 面）

③左手中指用力伸直，食指、无名指和小指弯曲向手心方向用力将钞票左端卡成一个“瓦形”，如图 4－19 所示。

④左手拇指在钞票上边边缘将钞票向外推出一个小扇面，同时将钞票右端竖起，如图 4－20 所示。

⑤钞票按顺时针方向旋转 90 度，这时手腕向外，钞票右下角向自己一侧抬起，如图 4－21 所示。

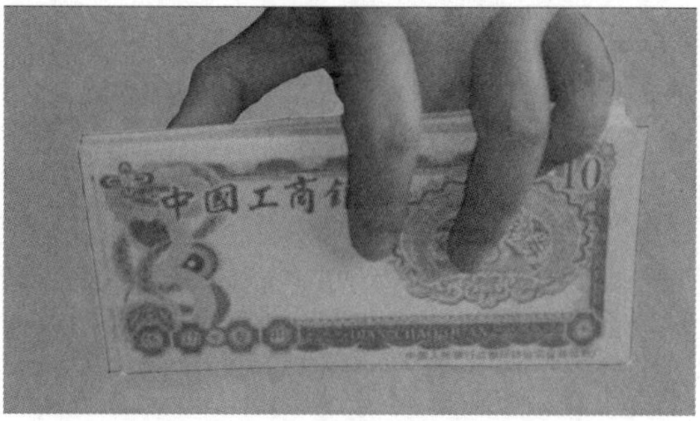

图 4－18　左手卡住钞票最左端（B 面）

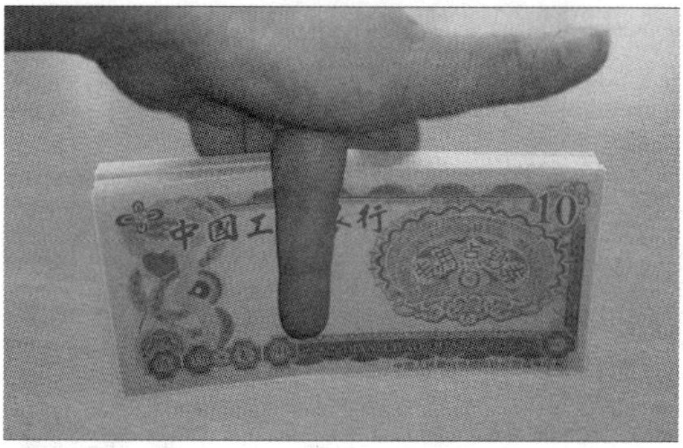

图 4－19　左手中指用力伸直卡“瓦形”

图 4－20　将钞票向外推出的小扇面

⑥右手拇指轻轻贴在钞票抬起的右上角的下面，食指、中指、无名指和小指弯曲，手心向下，小指指肚上部点在钞票右上角端点上，如图 4－22 所示。

（2）点数。

①右手小指指肚上部点在钞票的右上角端点上的同时，通过第一指关节向手心弯曲，使指肚上部至指尖部快速向下（偏向手心方向）捻动钞票。

②当小指将第一张钞票向下错出大约一指宽的票边时，将右手无名指指肚上部迅速点在钞票的右上角端点上，通过第一指关节向手心弯曲，使指肚上部至指尖部快速向下（偏向手心方向）捻动钞票，五指继续沿原方向向下带票。

图 4－21　钞票右下角向自己一侧抬起

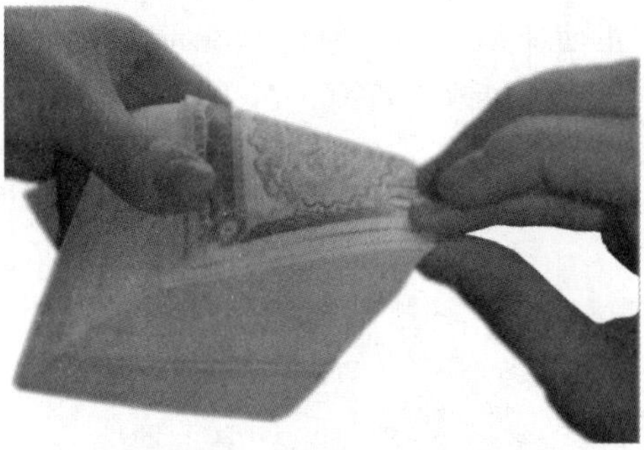

图 4－22　四指拨动点数前的手势

③中指、食指动作同无名指顺次捻票，如图 4－23 所示。

图 4－23　四指拨动点数过程中的手势

④当右手食指、中指、无名指和小指四个手指各点捻到一张钞票时，这四个手指同时用力向手心方向继续作捻票动作，当第四张钞票捻出两指宽时轻抬一下手腕，使已点数过的四张钞票下垂，与未点票明显分开。接着开始点捻钞票的第二次循环，如此反复点捻钞票，直至点完为止。

（3）记数。采用分组记数法，每捻四张为一组，数至 25 组为 100 张，即：1、2、3、4 “1” 为一组；1、2、3、4 “2” 为二组，记满 25 组为 100 张。

【同步训练】

训练1

用点钞纸（有条件的直接用钞票）进行手持式单指单张、一指多张和四指拨动等方法的训练，并从中选择一种适合自己的方法进行强化训练。

4. 手持式扇面点钞法。手持式扇面点钞通常叫做扇面式点钞，是一种工作效率较高的点钞技术，最适用于整点新票及复点工作。但由于这种点钞方法清点时只能看到票边，看不到票面，因此不便挑剔残破券和鉴别真假钞票，不适用于整点新、旧、破混合的钞票。其操作过程和方法如下：

（1）持币。票币竖拿，正面朝内，左手的拇指在前，食指、中指在后握住票币下端的中心，无名指、小指放松，自然放在钞票后面，右手拇指放在票币右侧边的1/3处，其余四指托在钞票的后面，如图4－24所示。

图4－24　扇面式点钞的持币方法

（2）捻成扇面。捻成扇面时，以左手的拇指、食指、中指的持币点为轴，右手拇指向左侧推票币的右边，同时食指、中指在票币的后面，将票币的右侧向左下方压，压出一个弧型时，食指、中指由后向前，向右侧推拉票币的背面，使票币左右边缘稍错开。如此反复操作，将票币打开成扇面状，如图4－25、4－26所示。

图4－25　捻扇面①

图4－26　捻扇面②

（3）点数。扇面式点钞法的点数主要有一指点数和两指点数两种方法。

①一指点数。右手食指、中指等四指轻轻托住票币的背面，眼睛看准张数，拇指指肚从前面卡数票币并下压，食指迅速前移卡住已点过的票币，拇指回位继续向下点数票币。如此反复操作，直至将票币点完为止，如图 4－27、4－28 所示。

图 4－27　一指点数①

图 4－28　一指点数②

②两指点数。右手中指、无名指等三指轻轻托住票币的背面，眼睛看准张数，先用拇指指肚卡数票币的前五张，拇指完成卡数的同时，食指卡数后五张，已点过的票币用中指卡住，如此反复操作，将票币点完，如图 4－29、4－30 所示。

图 4－29　两指点数①

图 4－30　两指点数②

（4）记数。扇面式点钞记数时，要注意手眼的配合，用分组记数法，一按五张（或三张、四张都可），即每五张为一组，每一组记一个数，记满 20 组为 100 张（一按三张时每三张为一组，记满 33 组＋1 为 100 张；一按四张时每四张为一组，记满 25 组为 100 张）。

【同步训练】

训练 2

用点钞纸（有条件的直接用钞票）进行扇面式点钞训练。如果你喜欢这种方法则进行强化训练。

（二）手按式点钞法

手按式点钞是一种应用较广的点钞方法，可分为单张点钞、双张点钞、三张点钞、四张点钞和四指拨动点钞等五种具体的方法。

1. 手按式单张点钞法。手按式单张点钞法适用于收、付款和整点各种新、旧、大、小钞票，尤其适用于不足100张零票的整点。由于使用这种点钞方法看到的票面较大，便于挑剔损伤券。因此，在整点辅币及残损券多的钞票时，常用这种方法。其操作程序和方法如下：

（1）放票。

①整点时，把钞票横放在桌面上，正面对着身体。

②用左手小指、无名指按住钞票的左上角，右手拇指托起部分钞票的右下角，以十到二十张左右为宜，如图4－31、4－32所示。

图4－31　左手小指和无名指按住钞票的左上角

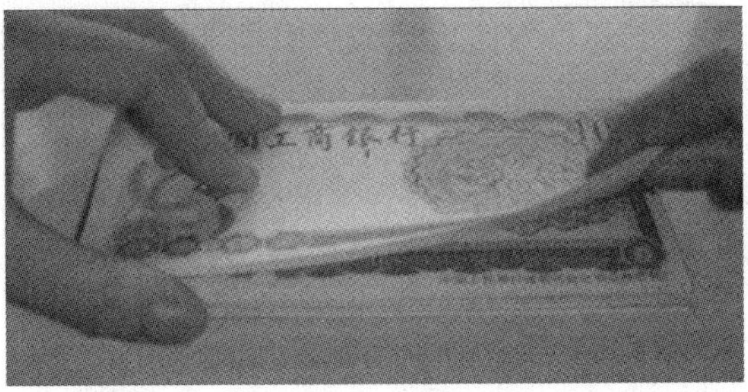

图4－32　右手拇指托起部分钞票的右下角

（2）点数。用右手食指捻动钞票，其余手指自然弯曲，每捻起一张，左手拇指便向上推动，送到左手食指与中指之间夹住，这样就完成了一次点钞动作，如图4－33、4－34所示。如此反复操作，直至点完为止。

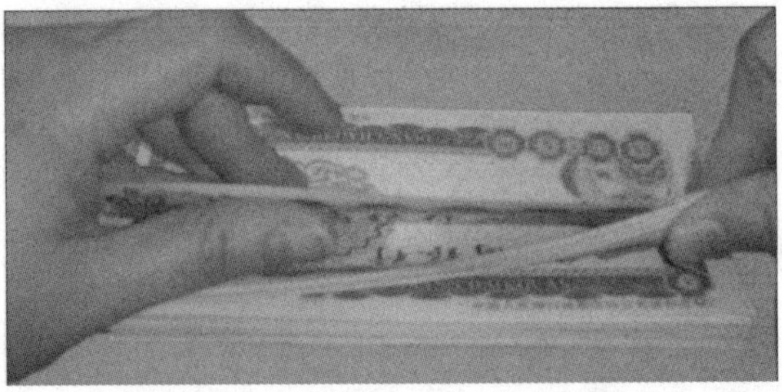

图4－33　手按式单张点钞开始点数时的手势

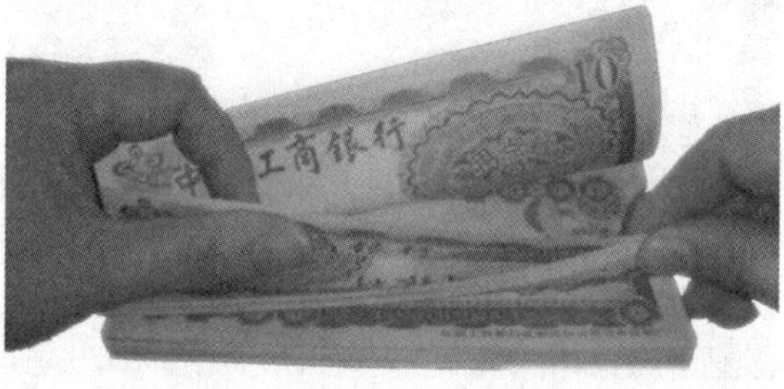

图 4－34　手按式单张点钞点数过程中的手势

手按式单张点钞法的注意事项：

在采用这种方法点钞时，右手拇指托起的钞票不要太多，也不能太少，否则都会影响清点速度，一般一次 20 张左右为宜。

（3）记数方法。点一张，默记一张，记法为：1、2、3、……7、8、9（1）；1、2、3、……7、8、9（2）；……1、2、3、……7、8、9（10）。

2. 手按式双张点钞法。这种点钞法与手按式单张点钞法的步骤相同，所不同的是清点与记数的操作方法，下面仅介绍手按式双张点钞的清点与记数方法。

①点钞时，把钞票正面向上斜放在桌面上，左手的小指、无名指压住钞票的左上方约 1/4 处，右手拇指、食指、中指沾白甘油后，随即用右手的拇指托起部分钞票的右下角，如图 4－35 所示。

图 4－35　手按式双张点钞点数前的手势

②左臂倾向左上方，用右手中指向上捻起第一张，随即用食指捻起第二张，捻起的两张钞票由左手拇指往上推送到左手食指、中指间夹住，与此同时，右手中指和食指旋即进行第二次点数。如此反复操作，直至点完为止。如图 4－36 所示。

③记数时采用分组计数法，2 张为一组，记满 50 组即为 100 张。

3. 手按式三张和四张点钞法。这两种方法适用于收付和整点多种新旧主币、角币。其优点是速度比单张、双张点钞都快，但由于清点时所能看到的票面部分除第一张较多外，其余各张所能看到的票面都较少，不宜整点残破券多的钞票。其操作程序和方法如下：

（1）放票。把钞票正面向上斜放在桌面上，使其右下角伸出桌面，坐的椅子要向右斜

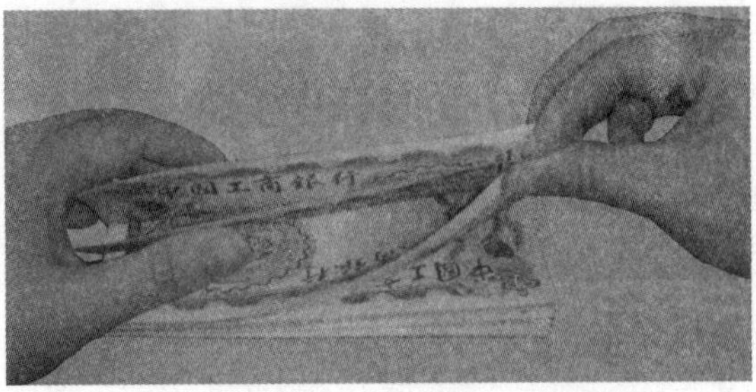

图 4－36　捻起两张钞票时的手势

摆，使身体与桌面形成一个三角形，便于右手肘部枕在桌面上，使操作时省力。同时，右手的食指、中指、无名指和小指沾白甘油准备清点。

（2）点数。

①以左手中指、无名指、小指按住钞票的左上角，右手肘部枕在桌面上，拇指托起部分钞票的右下角（以 20 张左右为宜），小指蜷曲。

②三张点钞是右手无名指先捻动第一张，随即以中指、食指依次各捻起一张，如图 4－37 所示。

图 4－37　手按式三张点钞点数过程中的手势

四张点钞是先用小指捻起第一张，随后无名指、中指、食指依次各捻起一张，捻起的四张钞票用左手拇指向上推送到左手的食指和中指间夹住，点数时注意手指不宜抬得过高，如图 4－38 所示。

（3）记数。采用分组记数法记数，三张点钞以每三张为一组，记一个数，数到 33 组最后剩一张，就是 100 张。四张点钞是以每四张为一组，记一个数，数到 25 组就是 100 张。

4. 手按式多指拨动点钞法。手按式多指拨动点钞法的适用范围及优缺点与手按式多张点钞法基本相同，其操作程序和方法如下：

（1）放票。钞票正面向上横放在桌上，以左手中指、无名指、小指压住钞票的左上角，同时右手食指、中指、无名指和小指沾白甘油等待清点。

（2）点数。手按式多指拨动点钞法的点数分为三指拨动和四指拨动两种具体方法。

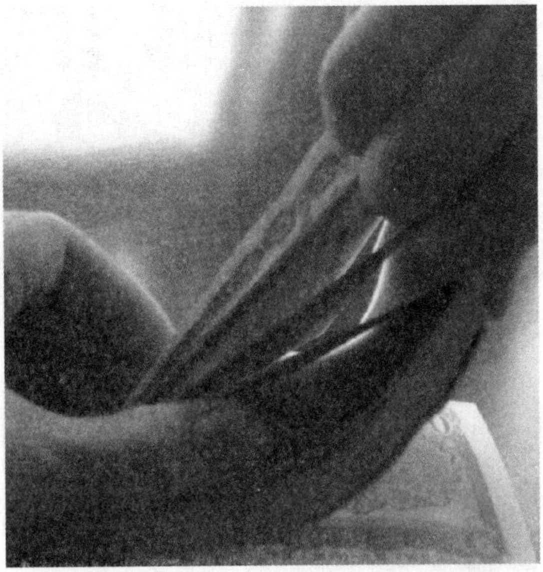

图 4－38　手按式四张点钞点数开始时的手势

①三指拨动点数。用右手食指从钞票右上角向胸前拨动第一张钞票，紧接着依次用中指、无名指分别拨起第二张、第三张钞票，如图 4－39 所示。

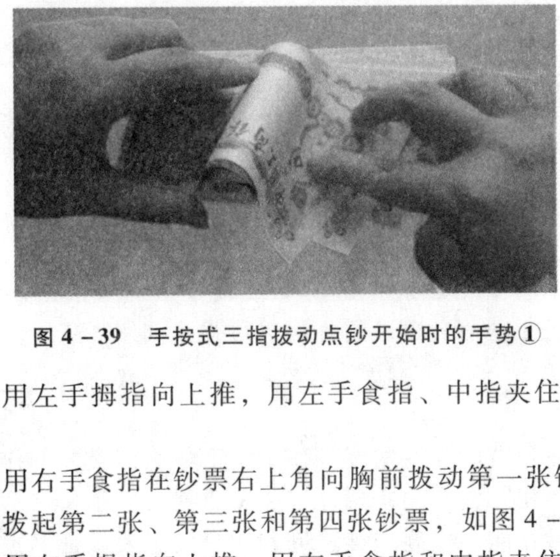

图 4－39　手按式三指拨动点钞开始时的手势①

每拨起三张钞票就用左手拇指向上推，用左手食指、中指夹住，这样就完成了一组动作，如图 4－40 所示。

②四指拨动点数。用右手食指在钞票右上角向胸前拨动第一张钞票，紧接着在用中指、无名指和小指依次分别拨起第二张、第三张和第四张钞票，如图 4－41 所示。

每拨起四张钞票就用左手拇指向上推，用左手食指和中指夹住，这样就完成了一组动作。

手按式多指拨动点钞需要注意的是点钞时，手臂和右手腕都固定在桌子上不动，只用手指拨动，手指用力要均衡。

（3）记数。记数时，采用分组记数法记数，三张点钞以每三张为一组，记一个数，数到 33 组最后剩一张，就是 100 张。四张点钞是以每四张为一组，记一个数，数到 25 组就是 100 张。

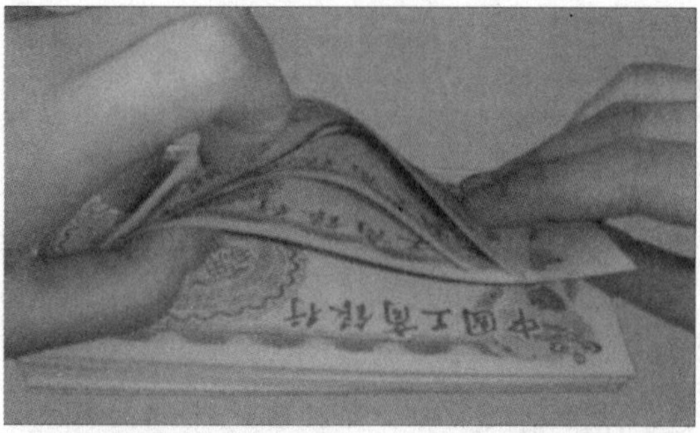

图 4－40　手按式三指拨动点钞开始时的手势②

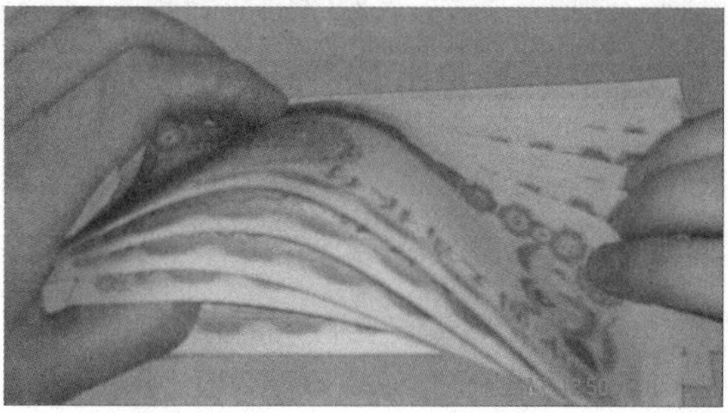

图 4－41　手按式四指拨动点钞开始时的手势

【同步训练】

训练 3

用点钞纸（有条件的直接用钞票）进行手按式单张、双张、三张、四张和多指拨动等方法的训练，并从中选择一种适合自己的方法进行强化训练。

三、点钞指法训练

手工点钞作为一项业务技能，在实际工作和生活中具有重要的作用。要掌握手工点钞技能，十个手指的灵活性和相互配合的协调性是至关重要的。手指灵活性和手指间协调性的提高，是迅速掌握手工点钞技能、提高点钞速度和质量的重要保证。点钞指法操就是为了提高手指的灵活性和协调性，综合点钞技能中较难掌握的动作而设计的点钞指法训练方法。

点钞指法操分为两套：第一套指法操主要是训练手指关节的灵活性。通过训练，达到大脑支配手指神经，使手部肌肉和指关节运动自如。第二套指法操主要是训练手指之间的协调配合。通过训练，使各手指之间能连续、迅速、协调、配合地做出动作。即当前一个手指运动时，后一个手指迅速准确地做出反应，其动作能及时与前一个手指的动作连续。

这两套指法操动作并不复杂，也不受场地、时间的限制，随时随地都可以进行训练。

（一）第一套指法操（训练手指灵活性的指法操）

1. 动作要领。双手平放于桌面，手指自然弯曲，十个手指的指尖轻点桌面，左右手同时有一个对称手指通过手指第三关节的运动，使手指迅速抬起，顺次食指、中指、无名指、小指（以相反顺序亦可）。

2. 基本要求。

（1）一个手指点击桌面时，其余 4 个手指指尖点住桌面不动（不能离开桌面）。

（2）手指尽量抬高，速度尽量加快。

（3）加强对无名指、小指的训练。

第一节：每个手指反复点击在桌面的同一个点上，如图 4 – 42 所示。

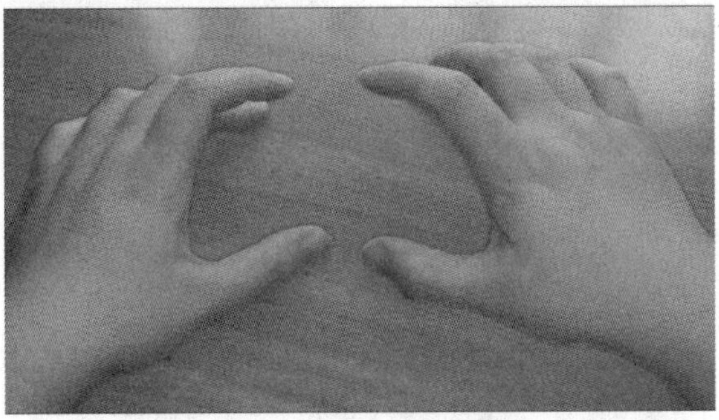

图 4 – 42 第一套指法操第一节

第二节：每个手指在反复点击桌面时，加上第三指关节左右方向的运动，使点击在左、右间隔 1 ~ 2 厘米的两个定点上，如图 4 – 43 所示。

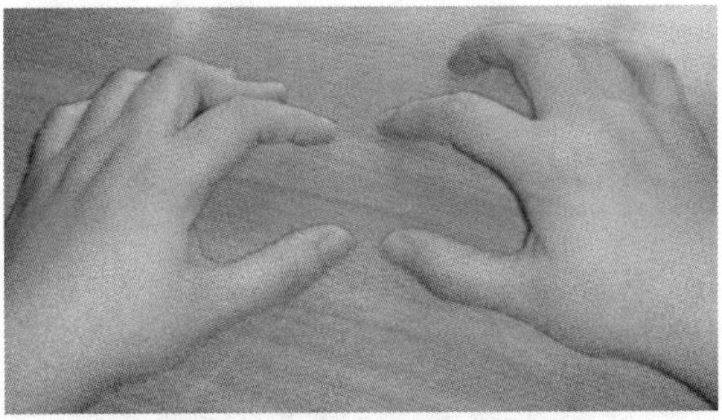

图 4 – 43 第一套指法操第二节

第三节：每个手指在反复快速点击桌面时，加上第一、第二指关节的屈伸运动，使点击在前后间隔大约 1 ~ 2 厘米的两个定点上，如图 4 – 44 所示。

第四节：每个手指在点击时，同时加上手指第一、第二指关节的屈伸动作和手指第三关节的左右运动，每个手指反复训练。

（二）第二套指法操（训练手及手指间协调配合的指法操）

1. 准备动作。双手平放于桌面，手指自然弯曲，食指、中指、无名指和小指稍稍抬起，如图 4 – 45 所示。

2. 动作要领。通过手指第三关节的运动，使左、右手的食指、中指、无名指和小指分别顺次连续快速抬起，落下，来完成点击桌面的动作，如图 4 – 46 所示。

3. 两手手指点击的顺序。

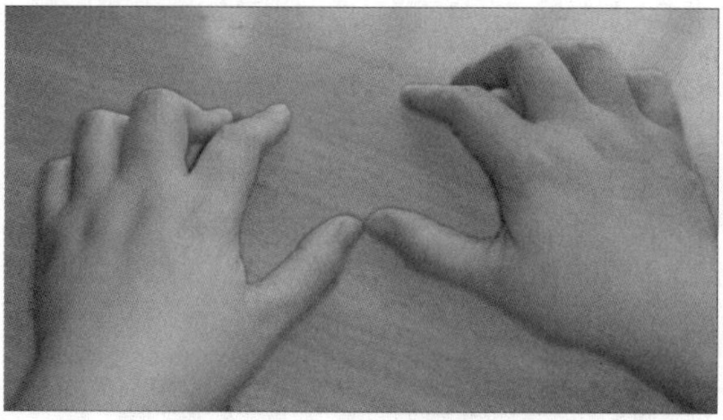

图 4－44　第一套指法操第三节

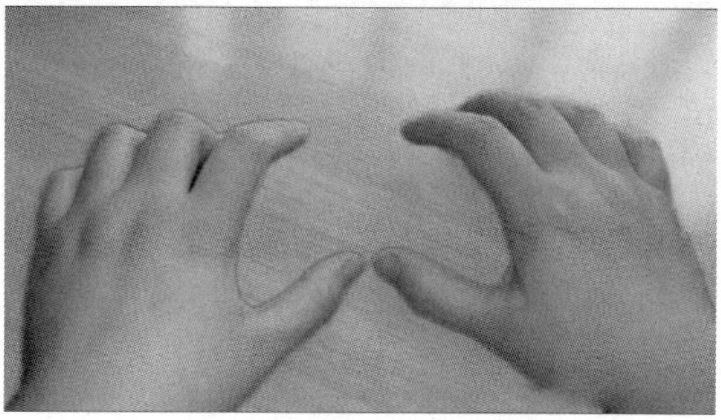

图 4－45　第二套指法操准备动作

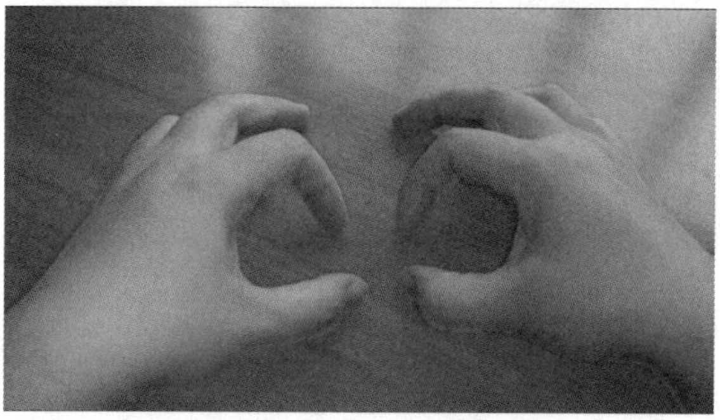

图 4－46　第二套指法操动作要领

（1）左手 4 个手指分别先点击后，右手 4 个手指迅速衔接，顺次点击；反之亦然。

（2）从食指开始依次点击至小指，反之亦然。

（3）左、右手衔接时，从食指或小指开始点击均可。

左右两手的 8 个手指在点击桌面时，有不同的衔接方法，无论哪种衔接顺序，都要求双手之间、手指之间衔接自如、协调；都需要反复练习。只有这样才有助于提高手指神经系统的灵活性和相互之间的协调性。

4. 基本要求。点击动作准确、连续、协调；点击声音均匀、平稳、清晰；一只手的食指（或小指）与另一只手的小指（或食指）的衔接要迅速自然。

第一节：通过手指第三关节的运动，双手食指、中指、无名指、小指等 8 个手指依次抬起，落下，来完成用指尖连续、快速点出桌面的动作，如图 4－47 所示。

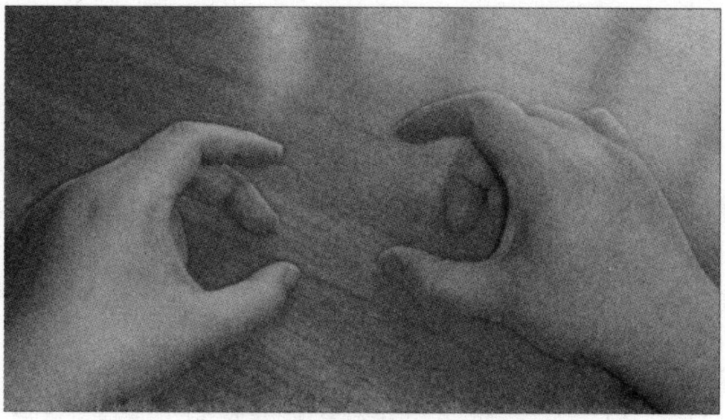

图 4－47　第二套指法操第一节

第二节：在第一节指法操的基础上，加上第一、第二指关节的运动，每个手指指尖点击桌面的瞬间，手指的第一、第二指关节迅速由弯曲状向伸直状运动，同时指尖有向前挫的动作，如图 4－48 所示。

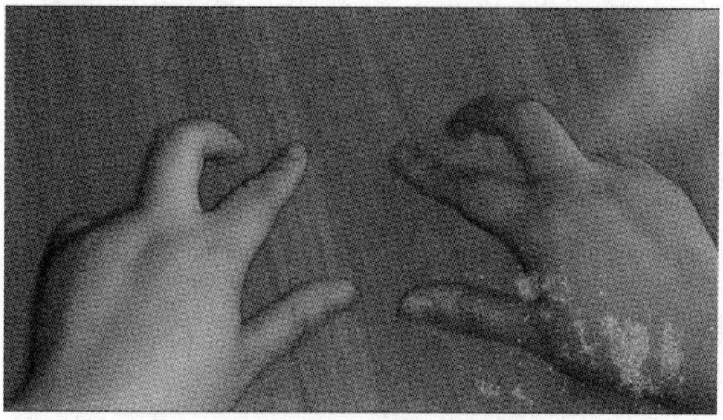

图 4－48　第二套指法操第二节

第三节：在第一节指法操的基础加上第一、第二指关节的运动，每个手指指尖点击桌面的瞬间，手指的第一、第二指关节由微弯曲状向手心运动为微握拳状，同时指尖点到桌面时，做向手心带的动作，如图 4－49 所示。

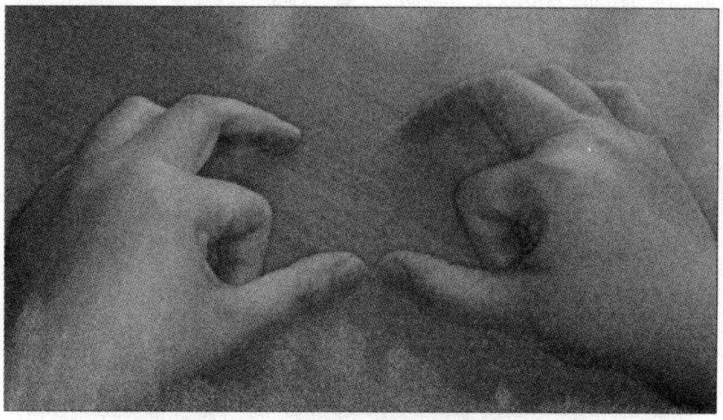

图 4－49　第二套指法操第三节

【同步训练】

训练 4

按照指法操进行点钞指法训练，提高手指的灵活性和协调性。

四、手工捆扎钞票

捆扎钞票是点钞过程中的一个重要环节，其捆扎速度对点钞的整体速度起着至关重要的作用。因此，必须明确钞票捆扎的基本要求和熟练掌握钞票的捆扎方法与技巧。

（一）手工捆扎钞票的基本要求

捆扎钞票以每百张为一把，经整点无误后用纸条在钞票中间捆扎牢固。对不足一百张的钞票则用纸条在钞票的三分之一处进行捆扎，并将钞票的张数、金额写在纸条的正面。

钞票捆扎完毕，应在侧面的纸条上加盖点钞人员的名章，以明确责任。每十把钞票必须用专用细绳以“双十”字形（“#”字形）捆扎为一捆，在顶端贴上封签，并加盖经手人名章。

（二）手工捆扎钞票的基本方法

手工捆扎钞票主要就是扎把，扎把的方法有拧扎法和缠绕折掖法两种，其中缠绕折掖法是在临柜收款时采用；拧扎法在考核、比赛时采用。下面分别介绍缠绕折掖法和拧扎法的操作方法与技巧。

1. 缠绕折掖法（缠绕捆扎法）。缠绕折掖法的基本操作程序是：首先，将整点准确的钞票蹾齐后横执，正面朝点钞者，左手拇指在内，其余四指在外握住钞票左端，并配合向身体方向用力，使钞票向内弯曲（弯度不要过大）。然后，左手食指将钞票上侧分开一条缝，右手持腰条一端插入钞票上侧缝中（或不将钞票开缝，直接将腰条一端贴在钞票背面，用左手食指、中指将腰条压住）。第三，右手拇指、食指和中指捏住腰条，由正面向下向外缠绕（一般绕 2 圈），绕至钞票上端时，右手腕向右侧翻转，使腰条末端向右反折，并以食指从右侧将其插入原腰条下面，同时用拇指将折角压平，以防松脱。

缠绕折掖法的具体操作步骤和方法如下：

（1）持币。将清点好并蹾齐的票币正面向内横立，左手拇指以票币的左侧 1/2 处提捏在票币的正面，其余四指捏在票面的背面，如图 4－50、图 4－51 所示。

图 4－50　左手拇指从左侧 1/2 处提捏在票币的正面

同时，左手的拇指向外，四指向内用力，将票面压成向内的一个弧度，如同瓦形，如图

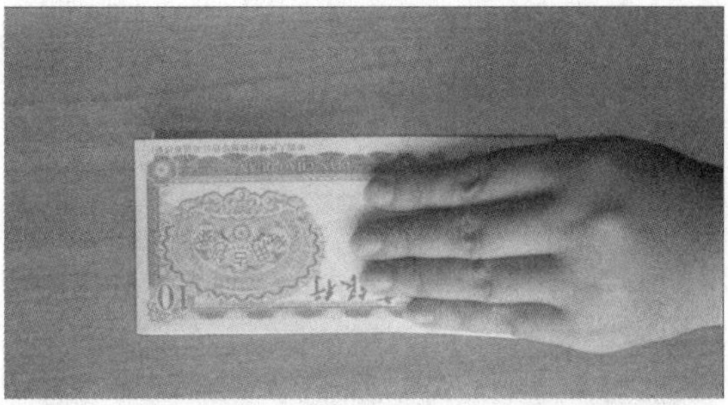

图 4－51　左手的其余四指捏在票面的背面

4－52 所示。

图 4－52　左手用力将票面压成向内的瓦形

（2）压条。压条方法通常有三种：

第一种压条方法叫做钞票后直接压条法，其操作要点是：左手食指、中指将腰条一端的 2～3 厘米，从上向下压在票币的背面 1/2 处，如图 4－53 所示。

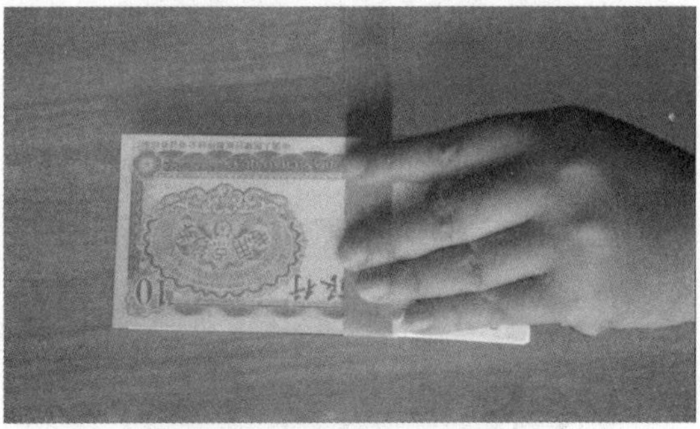

图 4－53　钞票后直接压条法

第二种压条方法叫做钞票后折叠压条法，其操作要点是：将腰条的一端，用左手食指横着压在票币背面 1/2 处，腰条的上边缘平齐票面的上边缘，如图 4－54 所示。

缠绕时右手将腰条向左手 90 度，左手食指、中指压在折角处，如图 4－55 所示。

第三种压条方法叫做中间夹条法，其操作要点是：左手持币，左手食指放在票币的上边缘，将票币从中间拨开一条缝，如图 4－56 所示。

然后，右手将腰条的一端夹在中间，如图 4－57 所示。

（3）扎把。扎把的基本操作方法是：

①左手持币，右手的拇指、食指、中指捏住腰条向内、向下、向外、向上缠绕，如图

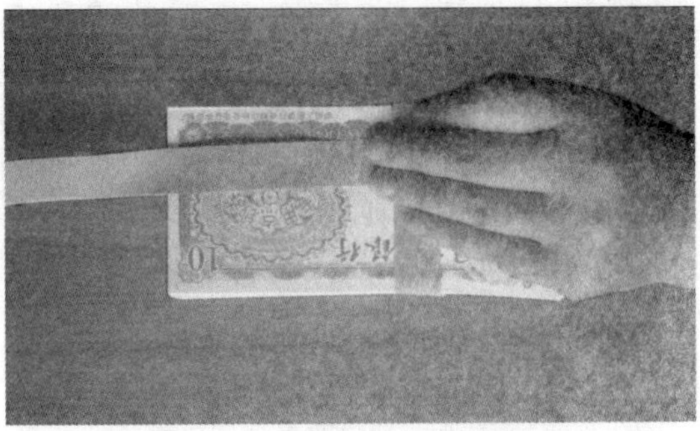

图 4－54　钞票后折叠压条法（1）

图 4－55　钞票后折叠压条法（2）

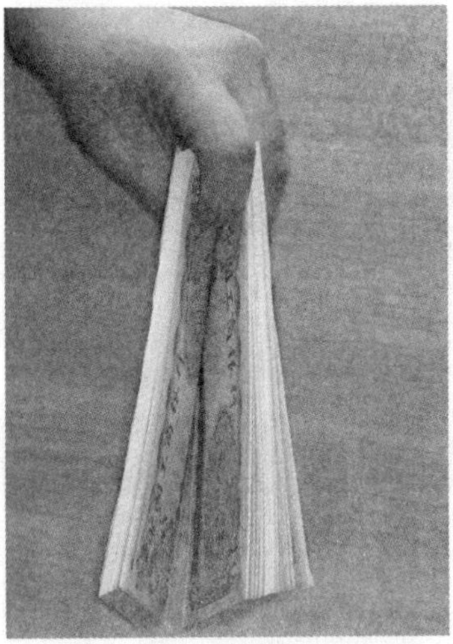

图 4－56　左手食指将票币从中间拨开一条缝

4－58、4－59 所示。

②腰条向上缠绕至与票币成垂直部位时，右手要有拉力，使腰条缠紧，往返缠绕，如图 4－60 所示。

③在缠绕时，右手有个倒手动作。当腰条缠绕剩 15 厘米左右时，右手拇指、食指、中指压住腰条，沿票币边缘向右折 90 度，如图 4－61 所示。

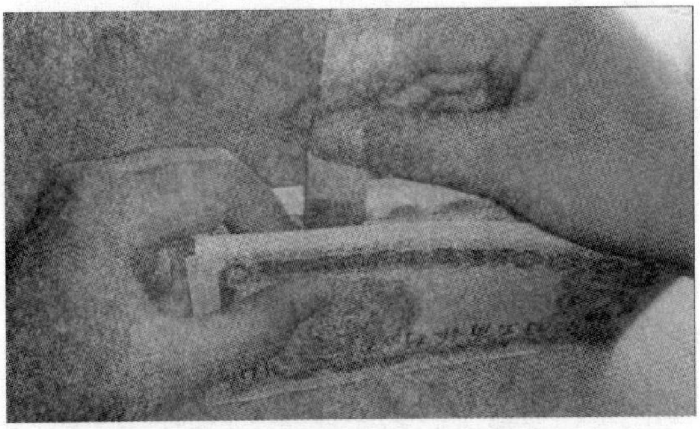

图 4－57　右手将腰条的一端夹在中间

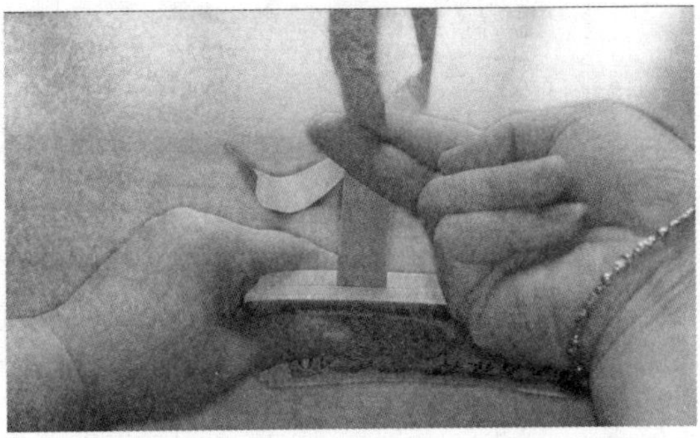

图 4－58　左手持币，右手捏住腰条

图 4－59　左手持币，右手捏住腰条进行缠绕

④右手拇指按住折角处，食指、中指将腰条头掖入票币与腰条之间的空隙中，并拉紧腰条，如图 4－62 所示。

⑤用双手将瓦形票币反向压平，最后在票币的侧面腰条处加盖名章。

百张扎把腰条缠绕在票币的中间，不足百张腰条缠绕在票币的左端一侧，如图 4－63、4－64 所示。

扎把是点钞的一道重要程序，有一定的技术要求和质量标准，即要扎得快，又要扎得紧。一般以每两秒钟扎一把为快，成把后以最上面的一张钞票用手自然提起抽不出为紧。

2. 拧扎法（半劲扎把法）。拧扎法的基本操作程序是：将清点准确的整把（100 张）钞票磁齐后，左手横执钞票，正面朝点钞者，拇指在前，中指、无名指和小指在后，食指伸直

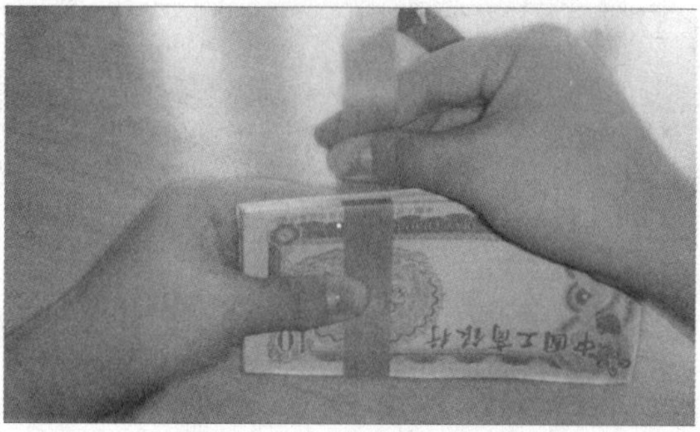

图 4－60　腰条要缠紧

图 4－61　腰条沿票币边缘向右折 90 度

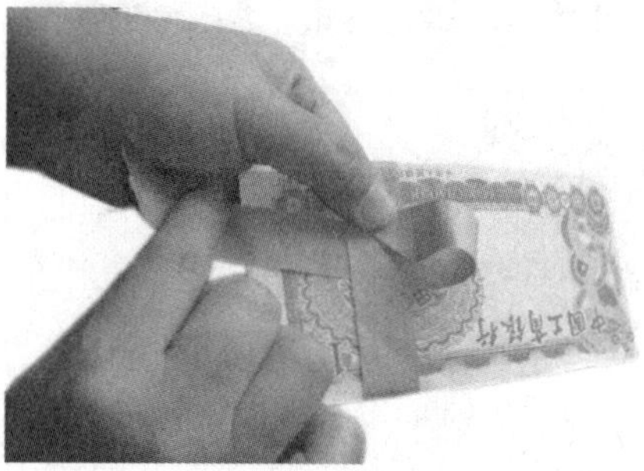

图 4－62　将腰条头掖入票币与腰条之间的空隙中并拉紧

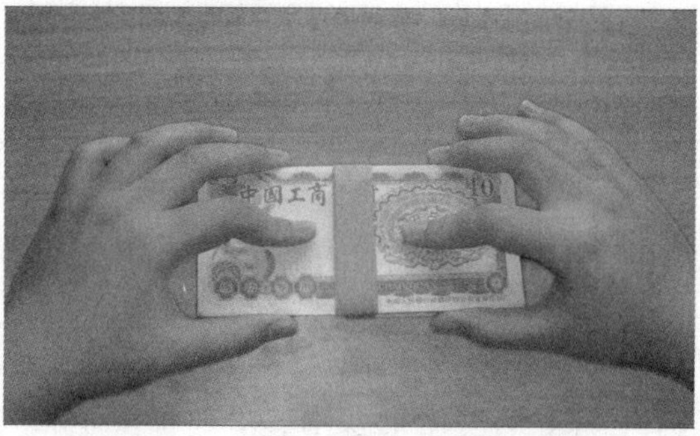

图 4－63　百张扎把腰条缠绕在票币的中间（A 面）

放在钞票的上侧，五指配合捏住钞票左端约三分之一处。右手取纸条，以纸条三分之一处搭

图 4－64　百张扎把腰条缠绕在票币的中间（B 面）

在钞票的背面，左手食指将纸条压住，右手拇指与食指捏住纸条较长的一端，从钞票的正面向下向外缠绕，在钞票背面将纸条两端并拢捏紧，然后左手稍用力握住钞票的正面将钞票捏成瓦形，右手拇指、食指、中指合捏住腰条，顺时针转 180 度的同时，左手逆时针转 180 度，将拇指和食指夹住的那一头（短的）从腰条与钞票之间绕过、打结，如图 4－65 所示。

图 4－65　拧扎法的基本操作汇集展示

【同步训练】

训练 5

采用缠绕折掖法和拧扎法进行钞票捆扎训练，并选择一种适合自己的方法加强训练。

任务2　机器点钞技能训练

顾名思义，机器点钞就是用点钞机进行钞票的清点。目前，机器点钞主要是指狭义的点钞，即点数钞票的数量，钞票的整理通常还是需要手工来完成。但点钞机一般都具有检验钞票真伪的功能，在点数钞票的数量同时进行验钞。机器点钞作为代替部分手工点钞的点钞方式，其速度一般是手工点钞的2~3倍。点钞机的使用，不但减轻了金融部门和各单位会计部门出纳人员的工作强度，而且大大提高了工作效率。目前点钞机已成为出纳人员的好帮手。但是，由于点钞机存在较大的局限性，因此，机器点钞一般用于票币的复点。

一、点钞机的基本结构与功能

1. 点钞机的外部基本结构。点钞机有许多不同的型号，不同型号的点钞机其外部结构也不尽相同。

点钞机通常包括显示器、送钞台、捻钞轮、防漏传感器、接钞台、外接显示屏连接插座、电源插座、保险管座、电源开关、调节螺钉、提手、复位键、功能键、预置键、外显示屏等构成部分，如图4-66所示。

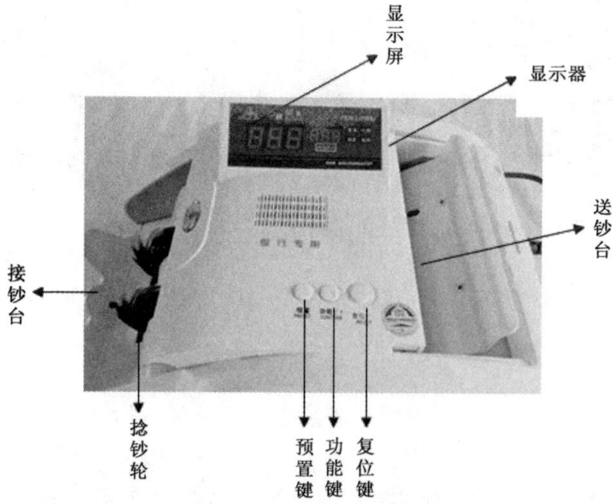

图4-66　点钞机的基本结构

显示器：显示点验钞票的数量。

送钞台：又称下钞口，在清点时用于放置钞票的位置。

捻钞轮：是将要清点的钞票逐张捻出的部件。

防漏传感器：主要是感应清点的钞票。

接钞台：接收点验后钞票的位置。

外接显示屏连接插座：连接外接显示屏的插口。

调节螺钉：是点钞机钞板调节机构，通过调节下钞板一边的固定螺钉，使下钞板两边平衡。

提手：又称提把、手提，是用来搬动点钞机的部件。

复位键：此键用于清除前次清点的计数结果。

功能键：此键用于钞票鉴伪功能的选择。

预置键：此键用于预置功能的设置。

外显示屏：对钞票清点的张数进行显示。

2. 点钞机的主要功能。不同型号的点钞机其功能也不尽相同。以 WJDFJ03C 型点钞机为例，其主要功能包括清零、紫光检伪、磁性检伪、数码检伪、安全线检伪、点验数量预置与累加、计数对比功能、开机故障自测等。

清零：点钞完毕后轻按“清零”按钮，若需累计显示，则不要按“清零”。累计显示达（999 +1）时，计数和显示屏自动回到“0”。

紫光检伪：按“紫光”键，指示灯亮表示打开，指示灯灭表示关闭。

磁性检伪：按“磁性”键，指示灯亮表示打开，指示灯灭表示关闭。

数码检伪：按“数码”键，指示灯亮表示打开，指示灯灭表示关闭。

安全线检伪：按“安全线”键，指示灯亮表示打开，指示灯灭表示关闭。

点验数量预置与累加：当需要定量点钞时，应使用预置功能。按一下“预置”键，指示灯亮，预置显示窗显示“100”，点钞机会自动进入预置点钞方式。当需要累计显示时，应按一下面板的“累加”键，指示灯亮，点钞机就在计数显示窗原显示数目的基础上进行累加计数。

计数对比功能：采用全数字化技术对纸币进行智能化识别，检测更精确可靠。

开机故障自测：点钞机开机后，会进行故障自诊断及信息提示。

3. 点钞机使用要点。

（1）使用按键。

功能键。按此键机器可以在光检、磁检、数码三种鉴伪功能之间进行选择，使用预置功能时按此键以递增形式用于预置数调整。

复位键。按此键可以清除前次清点的计数结果，使用预置功能时，按此键以递减的形式用于预置数调整。

预置键。按一下此键，机器进入预置功能状态。再按一下可以退出预置功能。

在清点过程中，遇到假币停机时，按上述任意一个键，将继续清点工作。

（2）送钞台板的上下调整。调节鉴别仪后部的调节螺钉（调节捻钞轮与送钞板上阻力橡皮相交相切的间隙），顺时针方向旋转调节螺钉，送钞台板前部上抬，分钞的能力增强，逆时针旋转调节螺钉时，送钞台板前部下沉，捻钞力降低。旋转调节螺钉至恰当的位置，直到点钞流畅准确为止。

（3）使用外接显示器。将外接显示器的插头插入外接显示器的插座中，在清点过程中，外接显示器与点钞机显示器同步显示。

（4）功能选择。按功能键，可以按顺序循环选择机器的工作状态。

按功能键→光检；按功能键→磁检、光检；按功能键→磁检、光检、数码；按功能键→光检（循环）。

（5）紫光、磁检、数码。开机自检结束后，机器自动进入磁检和光检功能状态，磁检和光检灯同时点亮，机器可以自动完成计数，磁性检伪、安全线检伪和紫光检伪工作。再按一下功能键，则磁检、光检、数码灯同时亮，机器进入数码检伪功能，此功能对 TU、PU 版等假钞有极强的识伪能力。同时可以清分新、旧版人民币。

再次按下功能键，光检灯亮，此时磁性及安全线检伪功能关闭。对第五版 5 元以上的纸币及第四版 50 元、100 元的纸币，因为增加了全息磁性开窗安全线、光变油墨面额数字两项防伪特征，单独使用紫光检伪一项功能验钞不准确，故禁止单独使用此功能检测。

（6）预置张数。按一下预置键选择预置灯亮，小数码管显示预置数为 100，再按功能键或复位键，设定所需要的数目，鉴别仪可按预置数进行分批处理。

4. 点钞机的操作要点。

（1）自动点钞。将欲清点的纸币整齐地放入送钞台，伪钞鉴别仪自动开始运行。送钞台内钞票清点完毕，机器自动停止，不需要人工干预。

大数码管显示本次清点的真钞张数，小数管显示前一次的清点结果，同一把钞票经过两次清点，可以在大、小数码管显示比较结果。

（2）清点过程中发现假币时，机器自动停止，蜂鸣器发出“嘟嘟嘟”报警信号，假币指示灯闪亮。

一般假币所在的物理位置，是接钞台中最上面的一张，取出后按任意键，清点继续进行，最后显示结果是所有的张数。

（3）自动清零和自动累加。钞票清点完毕，拿走接钞台上全部钞票，当进行下一次清点时，显示器自动清零，计数从零开始，不需要人工干预。钞票清点完毕，不拿走接钞台上的钞票，机器会继续进行清点，计数结算。

二、机器点钞

（一）机器点钞前的准备工作

1. 点钞机放于操作人员的正前方，接通电源，打开电源开关，使机器运转，并观察荧光屏数码显示应为“00”。

2. 对点钞机进行调试，力求转速均匀，点钞准确，下钞流畅，落钞整齐。

3. 钞票和捆扎用腰条摆放在合适的位置，钞票按大面额票券放在前，小面额票券放在后的顺序排列。

（二）机器点钞的操作要点

机器点钞主要指狭义的点钞，即清点数量，其操作要点如下：

1. 放钞。打开点钞机的电源开关和记数器开关后，取过钞票，右手横握钞票，将钞票捻成前低后高的坡形状，然后横放在点钞板上，形成自然的斜度，如图 4 – 67 所示。放钞方法一定要正确，如果放钞方法不正确就会影响点钞机的正常清点。

图 4－67　放钞

如果是复点原已捆扎好的钞票，取过钞票后，应左手握住钞票左半部，拇指在正前，其余四指在背面，掌心稍向下用力，使钞票向内有一定的弯度，顺着用左手将腰条从左侧拖出，右手横握钞票按上述方法放票。

2. 点数。钞票进入机器后，点数由机器自动完成。此时，眼睛要迅速跟着输钞带看，检查是否有夹杂券、破损券、假钞或其他异物混杂在里面。如果是复点原已捆扎好的钞票，点数的同时，左手按照上述方法取出第二把钞票的封条，右手握住钞票准备放钞。

3. 取钞。钞票全部下到积钞台后，看清显示器上的数字是否正确，无误后用左手食指、中指将钞票取出。如果是复点原已捆扎好的钞票，则右手立即投入第二把，然后把钞票磁齐，进行扎把，眼睛仍应盯住机器跑道上钞票的票面。扎完把后左手把钞票放到机器左侧时，启开桌上第三把钞票的封条，按以上顺序循环进行。

三、机器捆扎钞票

机器捆扎钞票的基本要求与手工捆扎钞票的基本要求大致相同，其基本程序和方法如下：

（一）做好捆钞前的准备工作

使用捆钞机前，首先要仔细检查捆钞机各部位是否正常，手动捆钞机要检查手柄、齿轮上下运动是否自如，电动和液压捆钞机在捆钞前要打开开关各转一次，检查马达和液压装置是否正常。检查完毕，调整机器螺丝，使之适合所捆券别的松紧程度，然后固定螺丝。

（二）放绳

将绳拧成麻花扣。按“#”字形放置在捆钞机底面平台的凹槽内，绳两头留的长度要一致。

（三）放钞

两手各取 5 把钞票，并在一起墩齐，然后将 10 把钞票叠起，正面朝上，放在捆钞机的放钞台上，下面放好切去一角的垫纸。

（四）压钞

合上活动夹板，用右手扳下压力扶手（如是电动捆钞机则按下“紧”开关），使钞票压到已调好的松紧度。放钞和压钞如图 4－68 所示。

（五）系绳

两手分别捏住绳子的两头，从上端绳套穿过，双手拉紧，从两侧把绳子绕到钞票的正

图 4-68　放钞和压钞

面，使绳子的两端合拢拧麻花扣。然后左手按住交叉点，右手捏住绳子的一头从钞票上面竖线穿过系上活扣，在垫纸上贴上封签，加盖日戳、点钞者和捆钞者名章。

任务3 硬币的整点与封装

硬币的整点方法与票币的整点方法在类型上基本相同，即包括手工整点和工具整点两类，但在具体操作上却有所不同。在日常业务工作中，由于硬币使用较少，较为普遍的是采用手工整点，大批硬币整点则采用工具整点。在实际工作中，无论手工整点还是工具整点，都需要人工进行操作，才能完成清点工作。下面分别介绍这两种方法的基本操作过程。

一、硬币的手工整点与封装

硬币整点包括两个不同工作环节上的整点，一是对营业前准备使用的原已封装好的硬币拆卷后进行复核整点，二是营业后对散币进行整点。这两个不同工作环节上的硬币整点概括起来，可以将手工整点硬币划分为拆卷、清点、记数、包封、盖章等五个操作环节，现分述如下：

（一）拆卷

在每天营业前需要预备若干硬币以备业务过程中找零使用，如果零散硬币不够，就需要对原已封装好的硬币进行拆封，即拆卷。拆卷时，右手持硬币卷的1/3处，放在工作台面上，左手撕开硬币包装纸的一头，然后用右手拇指向下从左至右端压开包装纸，把纸压开后左手食指平压硬币，右手抽出已压开的包装纸。这时，便可开始进行复核清点，如图4－69、4－70所示。

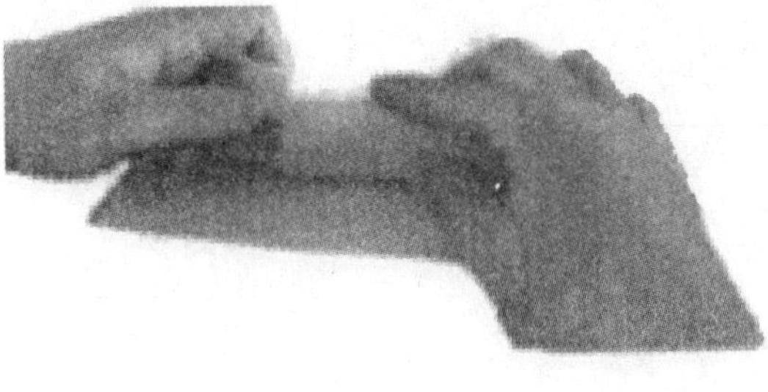

图4－69 拆卷（1）

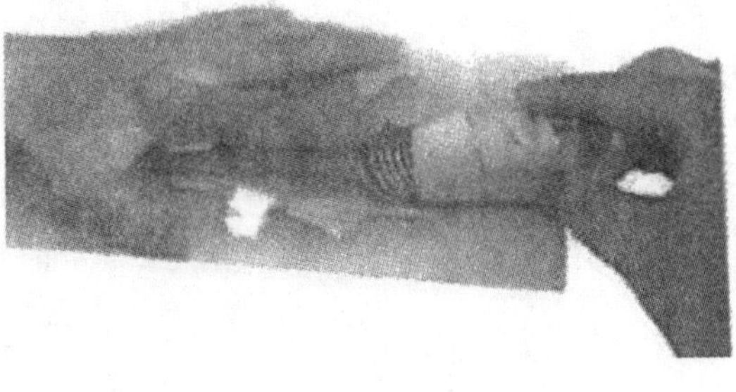

图4－70 拆卷（2）

（二）清点

对拆卷后的硬币进行清点时，一般由右向左进行分组清点。清点时，以右手拇指和食指持币分组清点，为保证准确，用中指从每组中间分开查看，如一次清点为16枚，即从中间分开一边8枚，如一次点18枚为一组，则一边为9枚。

对散币进行封装前的清点时，先将散币整理整齐，每 100 枚按拆卷后的硬币式样摆放，然后可采用上述方法进行清点。

（三）记数

采用分组记数，一组为一次，每次的枚数相同，如一组 12 枚，则记 8 次余 4 枚即为 100 枚。

（四）包封

包装纸常用的有两种形式：直角梯形和燕尾形。包装纸成角状，可以使包封紧实、不易开卷。包封前将纸沿底边一寸左右处（图中折痕、虚线处）折叠一下，折叠后的纸可以挡住排列整齐的硬币，能确保硬币不散乱，如图 4－71、4－72 所示。

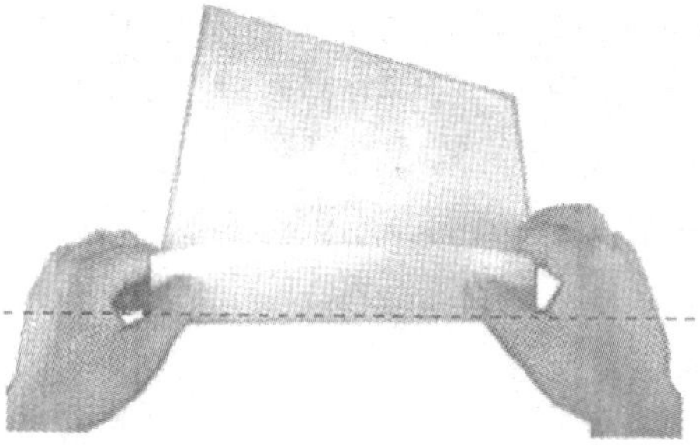

图 4－71 折叠直角梯形包装纸

图 4－72 折叠燕尾形包装纸

将清点好的硬币放在包装纸上进行包封，方法如下：

1. 双手的无名指、小指顶住硬币的两端，用双手拇指与食指捏住折叠部分的纸，紧紧包住硬币，在桌面上往身体部位将币卷拉一下，同时双手中指压住前面的纸，让纸紧紧裹住币卷，一边向前滚动币卷，一边用双手的中指、食指将折叠部分的纸边沿硬币卷掖压一下，硬币卷顺势往前滚动，将纸边压住裹进，裹时双手拇指顶住卷的后面，如图 4－73 所示。

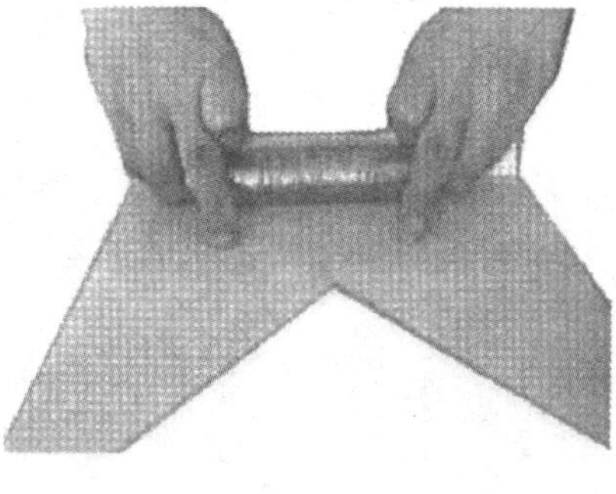

图 4－73 包封（1）

2. 左手的拇指同时掖压左面的包封纸边，使币卷左端面固定下来。左手从指尖到掌心在桌面上向前搓动硬币卷，同时，右手的前拇指、食指、中指掖压封纸到硬币卷里面去，右边的封口就封好了，如图 4－74 所示。

3. 将硬币卷攥在右手中，开始封左面的封口，先从纸角边处用左手的拇指、食指转着掖好左端封口，如图 4－75 所示。

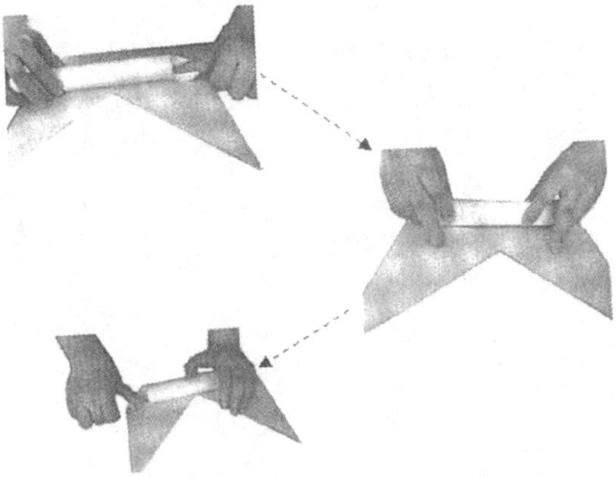

图 4－74　包封（2）

封口时也可以边搓左右手同时边掖封纸。也可以先搓成卷，然后左右手同时掖压封端的纸边。

图 4－75　包封（3）

（五）盖章

硬币包装完毕后，用左手掌心推动硬币向前滚动，右手将图章按在硬币的右端，同时顺势滑动，使印章又快又清晰。

二、工具整点硬币

与手工整点硬币相同，工具整点硬币也可分为两个工作环节的整点，大致包括拆卷、点数、包装和盖章等技术要点。分别介绍如下：

（一）拆卷

工具整点硬币的拆卷主要有两种方法：一种叫震裂法，另一种叫刀划法。

1. 震裂法拆卷是以双手的拇指和食指、中指捏住硬币的两端向下震动，震动的同时左手稍向里扭动，右手稍向外扭动。用力要适度，不要使硬币震散。包装纸震裂后，取出震裂的包装纸准备清点。

2. 刀划法拆卷，首先要在硬币整点器的右端安装一个刀刃向上的刀片，拆卷时双手的拇指、食指、中指捏住硬币的两端，从左端向右端在刀刃上划过，这样使包装纸被刀刃划开一道口子，硬币进入整点器盘内，然后把被划开的包装纸取出准备清点。

（二）清点

硬币放入整点器内进行清点，用双手食指抚在整点器的两端，拇指推动弹簧轴，眼睛从左端看到右端，看清每格内是否为5枚，一次看清，如有氧化变形及伪币随时剔除，如数补充后准备包装。

（三）包装

工具整点硬币包装方法与手工整点硬币包装方法相同，不再赘述。

任务4　验钞技能训练

一、人民币及其防伪特征

人民币作为我国的法定货币，是国家政权的象征之一，在我国社会主义经济建设中发挥着重要作用。

随着市场经济的不断发展，国内一些不法分子和海外犯罪集团，利用现代化的伪造手段，使假钞更加逼真，欺骗性更大。为此，金融部门和从事钞票收、付和管理工作的专业人员，以及每一个人都应当加强防范假钞的意识，掌握识别真假钞票的基本要领，不断提高鉴别假钞票的能力。

鉴别真假钞票，最基本的要求是要熟悉真钞的防伪特征，掌握必要的鉴别技术。

（一）人民币的种类与设计特点

1. 人民币的种类。目前，在市面上流通的人民币主要是第五套人民币。第五套人民币是根据1999年6月30日中华人民共和国第268号国务院令，由中国人民银行于2000年10月16日起在全国发行的，即1999年版第五套人民币，其券别为纸币100元、50元、20元、10元，硬币1元和1角。2005年8月31日，又发行了2005年版第五套人民币100元、50元、20元、10元、5元纸币和1角硬币。目前，市面上流通的主要是2005年版的第五套人民币。下面以2005年版的第五套人民币为主讲述人民币的设计特点和防伪特征。

2. 第五套人民币的设计特征。1999年版第五套人民币的研制开发在质量和可靠程度上提高了技术含量。在雕刻人像上重点突出人像的层次；安全线上增加了缩微文字和磁性；雕刻凹版印刷突出其凹印手感等等。同时第五套人民币还应用了多项成熟的具有国际先进水平的防伪技术。如光变油墨印刷图案、隐形面额数字、横竖双号码、双色横号码、阴阳互补对印图案、胶印缩微文字、红蓝彩色纤维、白水印等多项防伪技术。此外，还有多项专家防伪技术。与第四套人民币相比，在防伪技术上一项重要的突破是增加了机读技术，便于现代化机器清分处理。2005年版人民币在1999年版的基础上又对一些防伪特征进行了调整和改进。

（二）第五套人民币的防伪特征

1. 100元券的防伪特征。第五套人民币2005年版100元券共有固定人像水印、全息磁性开窗安全线、手工雕刻头像、胶印微缩文字、光变油墨面额数字、阴阳互补对印图案、雕刻凹版印刷、双色异形横号码、隐形面额数字、白水印和凹印手感线共计11项防伪特征，1999年版100元券共有固定人像水印、全息磁性开窗安全线、手工雕刻头像、胶印微缩文字、光变油墨面额数字、阴阳互补对印图案、雕刻凹版印刷、双色异形横号码、隐形面额数字、红蓝色纤维 10 项防伪特征。

2005 年版人民币 100 元券的票样、防伪特征的分布和票面特征如图 4－76、4－77 所示。

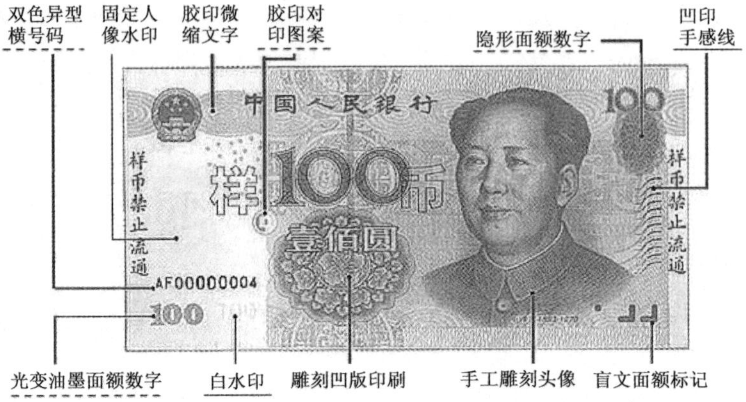

图 4－76　2005 年版人民币 100 元券（正面）票样

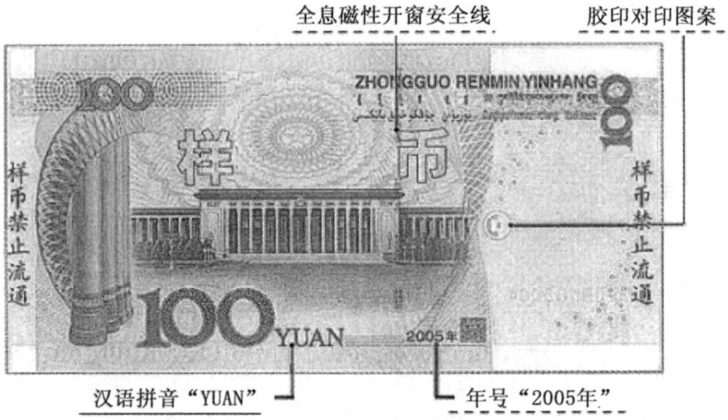

图 4－77　2005 年版人民币 100 元券（背面）票样

在上述图 4－76 和 4－77 中，标示文字有下划虚线者为两版人民币都有但不完全相同的防伪特征及年号，有下划实线者为 1999 年版没有的防伪特征或票面特征。下面 50 元券、20 元券和 10 元券图示中标示文字下划虚线、实线的含义与此相同。

（1）固定人像水印：票面正面左侧空白处，迎光透视，可见与主景人像相同，立体感很强的毛泽东头像水印。真币固定人像水印嵌于纸张内部，层次丰富，而假币在正面印刷水印状图案，层次较差。

（2）全息磁性开窗安全线：位于票面背面中间偏右，上下贯通，开窗部分可以看到由缩微字符“￥100”组成的全息图案，仪器检测有磁性。1999 年版磁性微缩文字安全线为非开窗式，全部嵌入钞票纸中，迎光透视，可见“RMB100”微小文字，真币有突出于票面的浮雕感，而假币无浮雕感。

（3）手工雕刻头像：票面正面主景毛泽东头像，采用手工雕刻凹版印刷工艺，形象逼真、传神，凹凸感强，易于识别。真币图象清晰，而假币图象模糊。

（4）胶印微缩文字：票面正面上方椭圆形图案中，多处印有微缩文字，在放大镜下可看到“RMB100”字样。真币缩微文字嵌于纸张内部，层次丰富，字迹清晰，而假币是在正面印刷水印状图案，层次较差，字迹模糊。

（5）光变油墨面额数字：票面正面左下角“100”字样，以垂直角度观察为绿色，倾斜一定角度则变为蓝色。真币有突出于票面的浮雕感，而假币无浮雕感。

（6）阴阳互补对印图案：票面正面主景图案左侧中部和背面主景图案右侧中部均有一圆形局部图案，迎光观察，正面和背面的图案重合并组成一个完整的古钱币图案。真币的图案清晰，而假币图案模糊。1999 年版的阴阳互补对印图案的位置约在 2005 年版的光变油墨面额数字“100”字样处。

（7）雕刻凹版印刷：票面正面主景毛泽东头像、中国人民银行行名、盲文及背面主景人民大会堂等均采用雕刻凹版印刷，真币嵌于纸张内部，层次丰富，字迹、图象清晰，用手指触摸有明显的凹凸感。而假币是在正面印刷水印状图案，层次较差，字迹、图象模糊。

（8）双色异形横号码：票面正面左下角印有双色异形横号码，左侧部分为暗红色，右侧部分为黑色。字符由中间向左右两边逐渐变小。1999 年版为横竖双号码，非异形，横号码为黑色，位于正面左下方，竖号码位为蓝色，位于右侧偏下部位，真币号码字迹清晰，颜色纯正，假币号码字迹模糊，颜色与真币有差异。

（9）隐形面额数字：票面正面右上方有一装饰性图案，将票面置于与眼睛接近平行的位置，面对光源做上下倾斜晃动，可以看到面额数字“100”字样。1999 年版的观察方法为面对光源作水平旋转 45 度或者 90 度角，可看到面额“100”的字样。真币的字形清晰，而假币无隐形效果。

（10）白水印：正面双色异形横号码下方，迎光透视，可以看到透光性很强的水印“100”字样。

（11）凹印手感线：正面主景图案右侧，有一组自上而下规则排列的线纹，采用雕刻凹版印刷工艺印制，用手指触摸，有极强的凹凸感。

1999 年版 100 元券没有白水印和凹印手感线防伪特征，但有红蓝色纤维防伪特征。红色和蓝色纤维嵌于纸张中，在票面上可看到。真币嵌于纸张内部有浮雕感，而假币则印刷在纸张表面，无浮雕感。此外，1999 年版背面没有人民币单位元的汉语拼音“YUAN”。

2. 50 元券的防伪特征。第五套人民币 2005 年版 50 元券的防伪特征与 100 元券一样，也是 11 项，而且每一项防伪特征及其与 1999 年版的联系与 100 元券也完全相同，50 元券与 100 元券的不同之处主要有面额、色调、图案等，这里不再一一介绍。2005 年版第五套人民币 50 元券的票样及防伪特征的分布和票面特征如图 4－78、4－79 所示。

3. 20 元券的防伪特征。第五套人民币 2005 年版 20 元券的防伪特征为 10 项，1999 年版则为 8 项。与 2005 年版 100 元券和 50 元券相对照，2005 年版 20 元券少光变油墨面额数字一项防伪特征，固定水印为花卉（荷花）、号码为非异形的双色横号码，胶印微缩文字和全息磁性开窗安全线中的数字及隐形面额数字均为“20”等。2005 年版第五套人民币 20 元券的票样及防伪特征的分布和票面特征如图 4－80、4－81 所示。

4. 10 元券的防伪特征。第五套人民币 2005 年版 10 元券与 1999 年版 10 元券的防伪特征均为 10 项，但 2005 年版取消了 1999 年版的红蓝色彩纤维防伪特征而增加了凹印手感线防伪特征。2005 年版 10 元券的 10 项防伪特征与 2005 年版 20 元券的 10 项防伪特征基本相

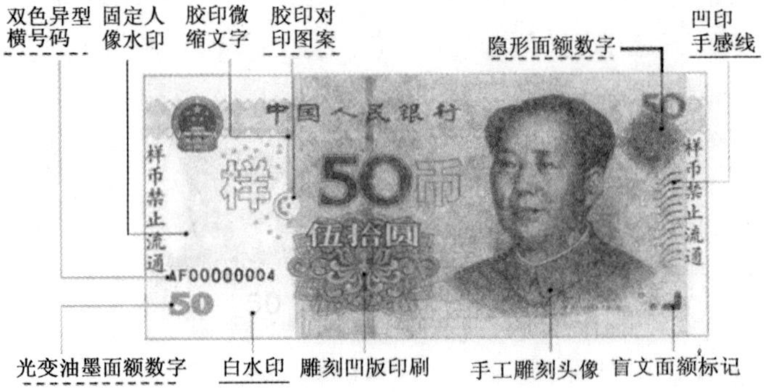

图 4-78　2005 年版人民币 50 元券（正面）票样

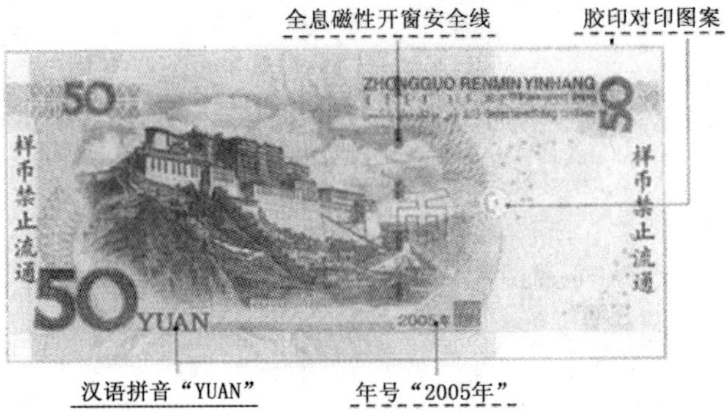

图 4-79　2005 年版人民币 50 元券（背面）票样

图 4-80　2005 年版人民币 20 元券（正面）票样

同，只是固定花卉水印的花卉由荷花改为了月季花，防伪特征中的数字相应地改变为了“10”。2005 年版第五套人民币 10 元券的票样及防伪特征的分布和票面特征如图 4-82、4-83 所示。

二、假钞及其鉴别技术

（一）假钞的种类和特征

1. 假钞的种类。目前在流通中见到的假钞主要有两种，一种是机制假钞，另一种是变

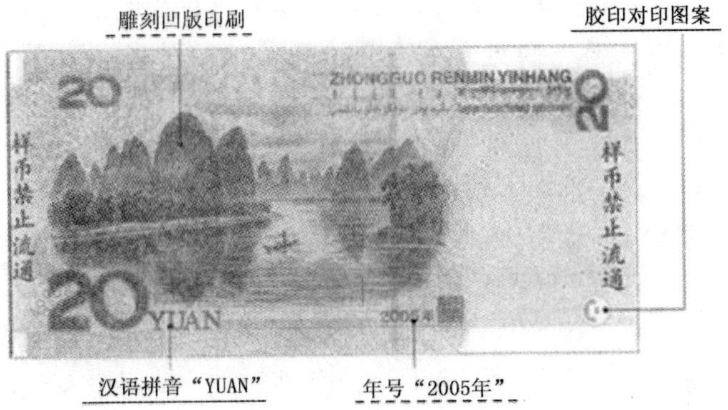

图 4－81　2005 年版人民币 20 元券（背面）票样

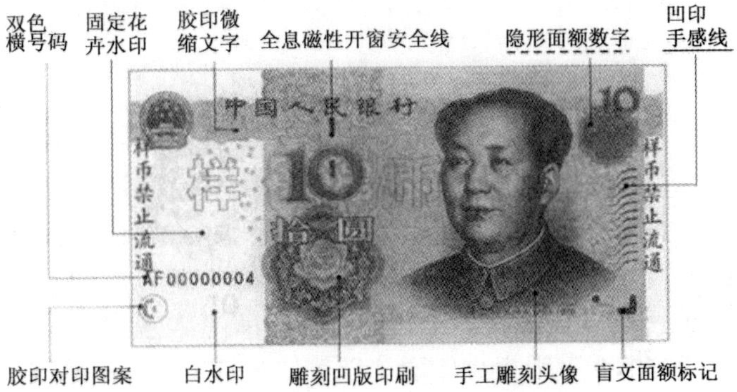

图 4－82　2005 年版人民币 10 元券（正面）票样

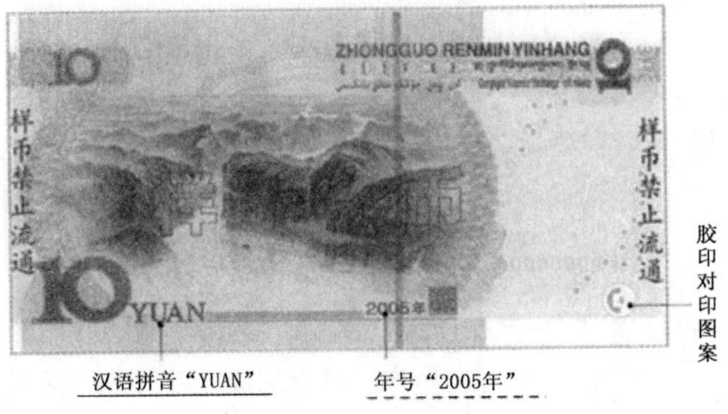

图 4－83　2005 年版人民币 10 元券（背面）票样

造假钞。

（1）机制假钞。机制假钞是模仿真票币的形象，非法印刷、影印、描画、加工制作的假票币。

（2）变造假钞。变造假钞是采用将票券正面或反面揭开，剪割拼凑、挖补制皮、涂改面额等手段，以一张钞票或多张钞票经过分割拼凑，以达到多兑钞票、以少变多、以小变大的目的而制成的变形假票币。

2. 假钞的特征。从目前我国发现的假钞来看，主要是机制的伪造假钞，而且以100元和50元的大面额券为主。但随着人们对大面额假币的警惕，犯罪分子又开始转向制作10元、5元的小面额假币，所以人们在收付和使用小面额票币时也应当注意鉴别真伪。

（1）机制假钞的一般特征。

①假币的水印大部分是在纸张夹层中涂抹白色浆料，层次较差，图像模糊；有的是在纸张表面描绘成水印的图案，冒充水印。

②假币的纸张在紫外光源下，多数有强烈的荧光反应。

③假币的正反面均采用全胶印（四色网点）方式印刷，大多墨色深浅不一，有的版面颜色偏深，有的版面颜色偏浅，有的偏向于一种颜色。而且凹印图文平滑，无浮雕感。

④制作假币的纸张，一般是普通纸，与印钞纸相比手感比较平滑、绵软，厚薄不均匀，票面没有凹凸感。

⑤假币的安全线是在纸张夹层中放置，纸与线有分离感。有些假币则在正反两面各印刷一个条状图案，仔细观察便能看出破绽。

（2）变造假钞的一般特征。变造假钞是在真币的基础上，经过人为加工变形而成的。多采用将票券正面或反面揭开，剪割拼凑、挖补制皮、涂改面额等手段，人为痕迹比较明显，比机制假钞易于辨认。如果是拼凑的假钞，是经人为分割破坏后，再进行拼凑，以少拼多，达到多换的目的。揭面假钞也是经过人为地揭去一面后，用其他纸张进行粘贴而成。

（二）假钞的鉴别

1. 机制假钞的鉴别。机制假钞按照其印刷技术、设备及质量可分为普通假钞和精致假钞两种。普通假钞使用的纸张、油墨、印刷技术等较为低劣，假钞的线纹、纸张、油墨均有明显的缺欠，容易鉴别。精致假钞使用的纸张、油墨、印刷技术等较为高级，假钞的线纹、纸张、油墨均与真钞接近，仿制逼真，其外观与真钞难以辨认。但由于假钞使用的制版、印刷等方法不同于真钞，还存在许多漏洞和伪造痕迹，因此假钞是可以鉴别的。

（1）感官鉴别法。真假币鉴别的依据是票币的防伪特征，要准确地鉴别出真币与假币，其关键是要熟知真币的防伪特征。真假币感官鉴别的常用方法是一看、二摸、三听、四比。

①钞票纸质。真钞票纸质优良、耐磨，手感厚实，不易撕断撕裂。假钞纸质绵软、单薄易撕断撕裂。

②印刷效果。真钞币以凹版印刷为主，制版复杂，版纹深，油层厚，钞票涩手，有明显的凹凸感，有较好的防伪性能。而假钞用平版印刷，票面平滑，图像、花纹容易模糊，光泽度差，没有凹凸感，容易鉴别。

③颜色图案。真钞采用手工雕刻的方法，制作票版，全部图案是由点线组合的版纹构成，结构精巧，图案复杂，颜色清晰，花纹纹络清楚。假钞制版不可能和原版点线组合的版纹完全相同；印出的钞票颜色灰暗不匀，颜色偏深，图案不清，底纹模糊无立体感。

④水印的识别。面额拾元以上的人民币左侧均有水印的人头像或花卉，2005年版都增加了白水印，立体感很强，迎光透照即可看清。假钞看来也有图像，但非水印，在光下一照，图像模糊不清或消失无影。

⑤安全线识别。第五套人民币纸币大多采用磁性微缩文字安全线，2005年版全部采用了全息磁性开窗安全线，可以通过白光透视鉴别是否具备上述防伪特征特性。假币的水印和安全线多是采用印刷方式仿造的，透过白光即可发现破绽。

⑥磁性油墨识别。真钞采用磁性油墨，在紫外光照射下发出强烈的荧光。而假钞在紫外光照射下没有荧光。

⑦凹印手感线识别。用手指触摸，真币凹印手感线有极强的凹凸感。

⑧其他防伪特征识别。除上述感受和防伪特征鉴别外，还可以通过胶印对印图案、隐形面额数字、双色异型横号码或双色号码等防伪特征来鉴别。

（2）借助于放大镜等简易工具进行鉴别。当用感观鉴别不能加以肯定时，就要借助于放大镜等简易工具，按照真钞的主要防伪特征仔细核对识别，如平印、隔色、套印、对印等是否准确。有比较才能有鉴别，只要抓住几项特点认真加以比较，即使境外流进的机制假钞，也不可能达到和真钞完全相同的程度。

（3）利用先进的检验仪器进行鉴别。如果经过以上两个方法都不能准确判定真假时，那就要借助于先进的检验仪器。常见的检验仪器有对比显微镜、磁性油墨检测仪、紫外光荧光墨检测仪、多功能工作仪，假钞自动鉴别仪、静态自动鉴别仪、动态自动鉴别仪等。如：利用精密的对比显微镜，可以将真钞和假钞的局部花纹放大对比，以判明真假。自动鉴伪点钞机，采用先进的微电脑技术、运用紫外光、磁性红外线穿透等三重鉴伪技术，并设识读版安全线，不仅能识别有荧光反应的假钞，对无荧光反应的大额假钞也能准确加以鉴别。

2. 变造假钞的鉴别。经过变造的假币，只能涂改钞票的一小部分，被改动的数码、文字与周边的图案不协调；改动的数码、文字的字形和色泽与真币不一致；面额数字与真钞的正面人物、背面图案不一致。所以要仔细鉴别票币破损、断裂处是否自然，拼贴后的花纹、线条能否衔接，有无短缺，排列整体是否属于同一张。对变造假钞的鉴别，应从版面、局部与全部、正面与反面进行分析对比。另外拼凑的变造钞票与真钞最大不同之处是尺寸大小不同，一般假钞会略短一些。

三、发现假币的处理

1. 个人发现假币应主动交付银行收缴，不得继续流通使用。

2. 金融机构在办理业务时发现假币一般是按照以下处理方式进行处理：

（1）由发现假币的金融机构两名以上业务人员当面予以收缴，并向客户出具假币收缴凭证。

（2）对假人民币纸币，应当面加盖“假币”字样的戳记。

（3）收缴假币的金融机构向持有出具中国人民银行统一印制的假币收缴凭证时，应告知持有人如对被收缴的货币真伪有异议，可向中国人民银行当地分支机构或中国人民银行授权的当地鉴定机构申请鉴定。

（4）收缴的假币不得再交持有人。

四、国家有关法律规定

《中华人民共和国中国人民银行法》规定：伪造、变造人民币、出售伪造、变造的人民币或者明知是伪造、变造的人民币而运输，构成犯罪的，依法追究刑事责任；尚不构成犯罪的，由公安机关处十五日以下拘留、一万元以下罚款；购买伪造、变造的人民币或者明知是伪造、变造的人民币而持有、使用，构成犯罪的，依法追究刑事责任；尚不构成犯罪的，由公安机关处十五日以下拘留、一万元以下罚款。

【同步训练】

训练 6

通过看、摸、听、比等方式训练对人民币防伪特征的识别。

项目五　珠算技能训练

【学习目标】

1. 知道珠算的意义、作用和算盘的结构与种类。
2. 能熟练掌握珠算的基础技能。
3. 能准确快速地进行无诀加减法、复杂加减法和简捷加减法的珠算运算。
4. 能准确地进行基本乘法、简捷乘法和基本除法的珠算运算。

【项目导航】

从事财经与管理工作要进行大量的实物数量和金额数字的计算，在20世纪七八十年代电子计算机还没有普及到财经工作中之前，算盘是主要的计算工具，珠算的应用非常普及。在企事业单位的财会部门，在银行和商店的柜台，以及在其他需要进行财经数据和交易金额计算的地方，工作人员面前几乎人人都摆着一把算盘，用来进行实物数量和金额等财经数据的计算。

珠算是以算盘为计算工具，以数学运算规律为基础，用手指拨珠的方式来进行数值运算的一门计算技术。

珠算具有悠久的历史，是我国古代劳动人民在长期社会实践中创造发明的宝贵文化遗产。

算盘是以“珠”计算的一种古老的计算工具。这种计算工具的出现，体现了我国古代劳动人民的聪明才智。据史书记载，北宋时期出现了“珠算板”一词，南宋时期已有珠算歌诀。珠算自产生之日到现在已有上千年的历史。

珠算起源于珠。算盘上的珠和档相互结合，运算简捷直观、出神入化、变化万千。千百年来，珠算为人类社会的进步和社会经济的发展作出了不可磨灭的贡献。

随着生产力的发展和科学技术的进步，时代赋予了珠算新的历史使命，广大的科研教育工作者创造了口算、笔算和珠算相结合的三算，并在此基础上发展起来了珠心算。因其方法简捷，形象直观，计算神速，它的发展必将使珠算教育功能和启智功能进一步发扬光大。随着经济、文化和科学技术的高速发展，珠算的内涵将得到进一步发展，将更好地为社会服务，为人类造福。

任务1　珠算基础技能训练

一、认识算盘

（一）算盘的结构

算盘一般呈长方形，主要由框（边）、梁、档、珠四个部分组成。此外，通常还有记位点、清盘器、座垫等。

1. 框（边）。框，指算盘四周的框架。算盘的框包括四边，分别叫做上边、下边、左边和右边。

2. 梁。梁，指连接算盘左右两边，位于框中间偏上的横梁。它将算盘分为上、下两部分，使梁上珠、梁下珠分别表示不同的数值。在运算过程中，靠梁的珠表示有效数值。

3. 档。档，指串穿算珠、贯穿横梁，两端分别与框的上边、下边相衔接的直杆。档的作用主要表现在两个方面：一方面是表示数位，空档表示“0”；另一方面是将算珠串穿起来，便于拨珠运算。

4. 珠。珠，指算珠，就是被串穿在算盘档上的珠子，用来表示数的。算珠以梁为界，梁上边的珠叫做上珠，梁下边的珠叫做下珠。根据中国式算盘的“上一为五，下一为一”的传统规则，上珠每珠代表“5”；下珠每珠代表“1”。

5. 记位点。记位点，指梁的表面从左至右每隔三个档位，在档与档之间镶嵌的金属点。它与阿拉伯数字书写时的三位分节号是相对应的，便于认定数位。记位点有利于提高运算速度和准确性。年代久远一些的老式算盘可能没有确定记位点，使用者在运算时可以自己确定。

6. 清盘器。清盘器，指算盘上边靠左的一个按钮带动的使算珠靠边的连动机关装置。清盘器安装在算盘横梁的底面，运算前只要轻轻按动按钮，便可使靠梁的珠码全部快速地离梁靠边，节约清盘时间，提高运算速度。老式算盘没有清盘器，运算时需要使用者采用手指拨珠、甩盘等方式清盘。

7. 座垫。座垫，指算盘左、右两边的底部用来支垫算盘、保持算盘稳定的三点式（通常是左一点右两点）橡胶垫。

上述算盘的基本结构如图 5 – 1 所示。

（二）算盘的种类

算盘的种类很多，目前我国常用的算盘有以下几种：

1. 圆珠大算盘。算珠为圆形，珠数（珠码）为上二下五的七珠大算盘，如图 5 – 2 所

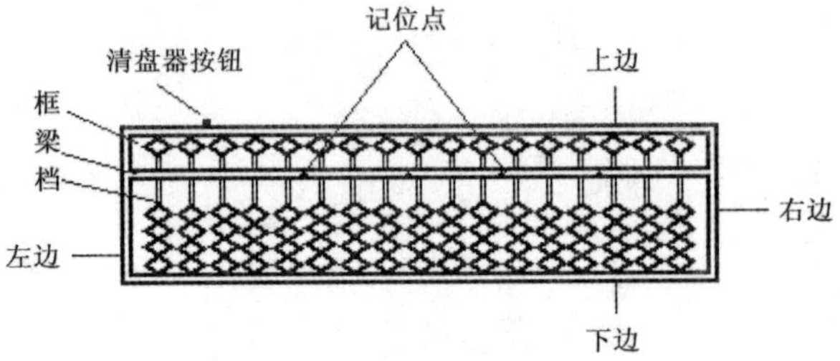

图 5－1　算盘的基本结构

示。

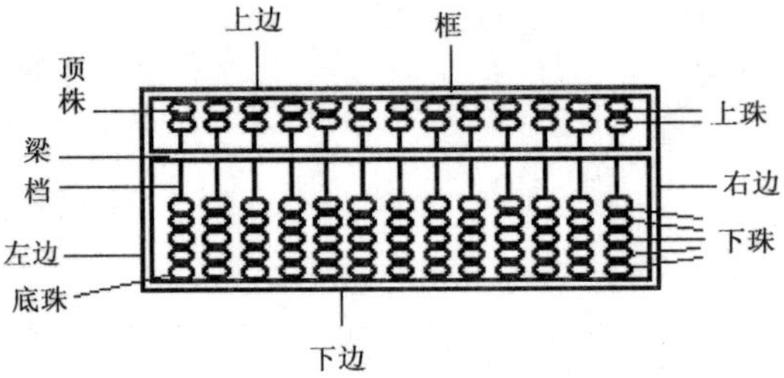

图 5－2　圆珠大算盘

2. 菱珠小算盘。算珠为菱形，珠数一般分为两种，一种是上一下四的五珠小算盘，一种是上一下五的六珠小算盘。五珠菱珠小算盘如图 5－3 所示。

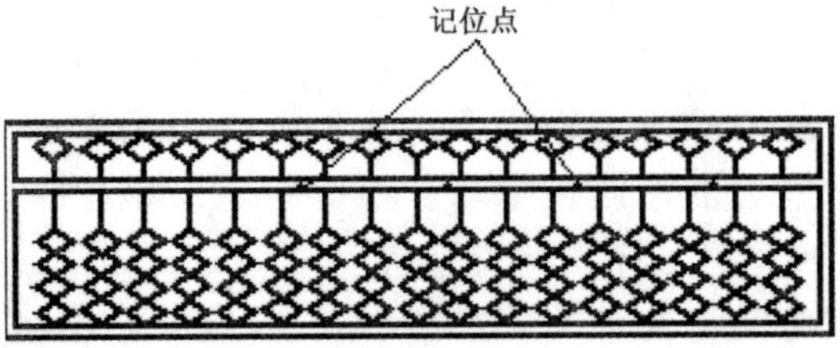

图 5－3　菱珠算盘

3. 中型清盘器算盘。算珠为菱形，珠数为上一下四的五珠、安装有清盘器装置的算盘，如图 5－4 所示。这种类型的算盘目前使用比较广泛，本教程主要以这种算盘为基础来进行珠算知识和运算方法的介绍。

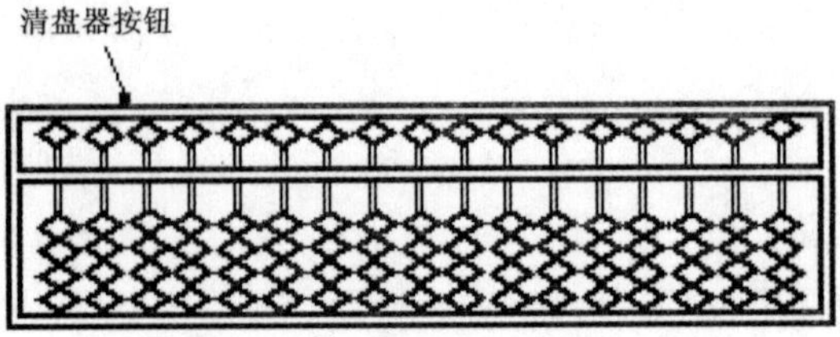

图 5－4　带清盘器的菱珠算盘

二、算盘的记数方法

在算盘上用算珠表示数，是以靠梁的算珠结合档位来进行的。

(一) 数的组成

在算盘上用算珠表示数，采用“五升十进制”。按照“上一为五、下一为一”规则，上珠每颗珠表示“5”，下珠每颗珠表示“1”。“1～4”分别用下珠一至四颗珠表示，下珠够5升为一颗上珠，同一档的上珠和下珠合起来，够十就向前一档位进一。图5-5所示之数为“9”。

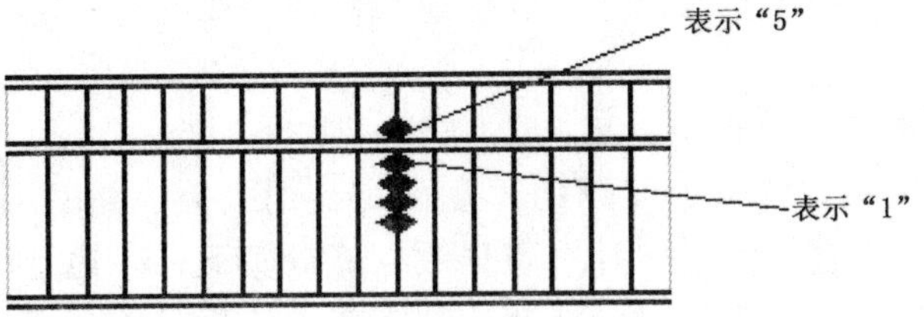

图5-5　算盘上的“9”

(二) 小数点的确定

进行珠算时，通常情况下需要选定一个记位点为小数点，在它的左边第一档为“个位档”，左二档为“十位档”依次向左为“百位档”、“千位档”……；在记位点右边的第一档为“十分位档”，右二档为“百分位档”，依次向右分为“千分位档”、“万分位档”……，如图5-6所示。确定小数点位实际上就是确定数的个位，对于保证珠算结果的正确性至关重要。

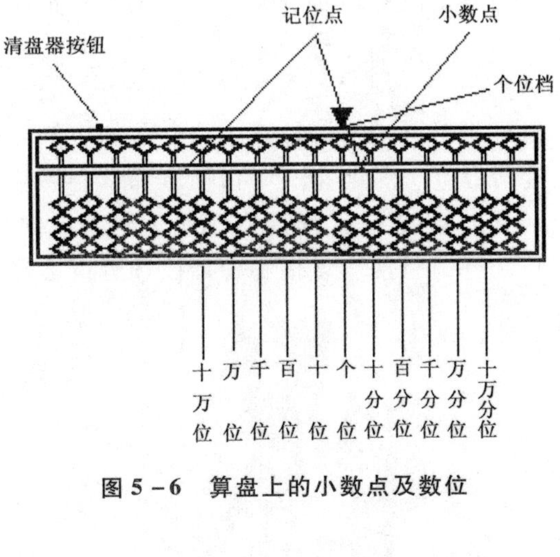

图5-6　算盘上的小数点及数位

(三) 记数

记数就是把要表示的数值按位拨珠靠梁，将数字拨在算盘规定的档位上。将数拨入盘上的动作叫做“置数”或“布数”。

为了尽快掌握珠算技术，看数拨珠时，可以把数字的分节号与算盘上的记位点对应起来看，而且最好是分节默记，逐步做到看一眼就能记住。这就要求眼、脑、手协调配合，协调得越好，计算就越快、越准确。

三、打算盘的姿势和握笔的方法

（一）打算盘的姿势

打算盘是眼、手、脑的综合运用，配合要默契，动作要连贯。因此，必须要有一个好的习惯，有一个正确的姿势。

打算盘时，要坐姿端正，身体正直，两腿自然平放，和肩同宽，身体和桌子边沿保持一拳头的距离，上体略为前倾，头稍低垂，眼睛和算盘与看书距离一致，两臂自然放松，腕和肘微离桌面。计算资料放在算盘的下面，尽量缩短算盘与计算资料之间的距离，看算盘与看资料时只需转动眼珠，不需转动头颈，这样可以提高运算速度。

1. 具体操作方法。

（1）算盘平放在桌面身前正中，离桌边约 10～15 厘米处。

（2）计算资料摆放的位置根据使用的算盘而定，用大算盘运算时，计算资料放在算盘左方偏上的位置；用小算盘运算时，计算资料放在算盘底下，一边计算一边推（拉），始终使计算资料上需要计算的数据和算盘保持适当的距离，从而避免漏算、重算或错算数字，并能加快运算速度，保证计算质量。

（3）手臂应悬肘，肘部摆动幅度不宜过大，腕和肘微离桌面，肘关节的弯曲度一般应保持在 90 度左右，便于手指在运算时左右移动。

（4）手指与算盘的距离以 0.5 厘米左右为宜，过低容易带珠，过高影响工作效率。三指（拇指、食指、中指）垂直拨珠，以横梁为中线，虎口垂直于梁。

2. 正确的拨珠方法。拨珠方法正确与否，对运算速度和计算结果的准确性有着重要的影响。拨珠时，指头要轻而稳，有夹珠的感觉，不要出现弹珠；不要有多余的动作，如晃拨、带珠等；凡拨必准，不要重复拨珠；每拨完一次，手都停在珠子上，不要移开，等待下一次拨珠。拨珠时手不要上下摇晃，高低跳动。

（二）握笔的方法

用算盘进行计算时，为了便于迅速书写计算结果，节约空停时间，在运算过程中应握笔拨珠。握笔主要有中指、食指握笔、无名指、中指握笔和掌心握笔等三种方法。

1. 中指、食指握笔法。笔杆以拇指、食指为依托，笔尖从中指与食指之间穿出，无名指和小指自然蜷曲贴向掌心，运用拇指、食指和中指拨珠进行运算，如图 5－7 所示。

图 5－7　中指、食指握笔

2. 无名指、中指握笔法。笔尖从无名指与小指中间穿出，其余状态与中指、食指握笔法基本相同。这种握笔方法可以全部腾出食指自由拨株运算，如图 5－8 所示。

图 5－8　无名指、中指握笔

3. 掌心握笔法。用小指与无名指将笔握在掌中心，笔尖从小指根部探出，其余状态与中指、食指握笔法基本相同。这种握笔方法可以腾出拇指、食指、中指，方便拨株运算如图 5－9 所示。

图 5－9　掌心握笔

四、拨珠指法训练

（一）拨珠的指法

拨珠指法就是手指拨珠的方法，即按照手指间的分工和协调的动作，拨动算盘上的算珠进行运算的方法。

珠算是靠手指拨动算珠进行运算的，拨珠方法正确与否、拨珠速度是否快捷，直接影响到计算速度和准确程度。

拨珠指法可分为三指指法和两指指法两大类。其中，三指指法在运算速度上更具优势，下面主要讲述三指指法。在采用三指指法时，根据拨珠时的动作和手指的分工，一般有两种具体方法，即两指联拨和三指联拨。

1. 手指分工。

拇指：专管下珠靠梁（也就是下珠的“上”）。

食指：专管下珠的离梁（也就是下珠的“去”）。

中指：专管上珠的靠梁和离梁（也就是上珠的“下”和“去”，即加五或减五）。

2. 联拨方法。联拨方法主要包括两指联拨和三指联拨等两种。两指联拨又可分为拇指和中指、拇指和食指、中指和食指等三种具体的联拨方法。

（1）两指联拨。

①拇指和中指的联拨方法。

本档或本档同左一档上、下珠同时靠梁，也称“双合”，如图 5－10 所示。在置数 +6、+7、+8、+9、+15、+25、+35、+45 和进行 1+6、1+7、1+8、2+6、2+7、3+6 等类数的计算时需采用拇指和中指双合的联拨方法。

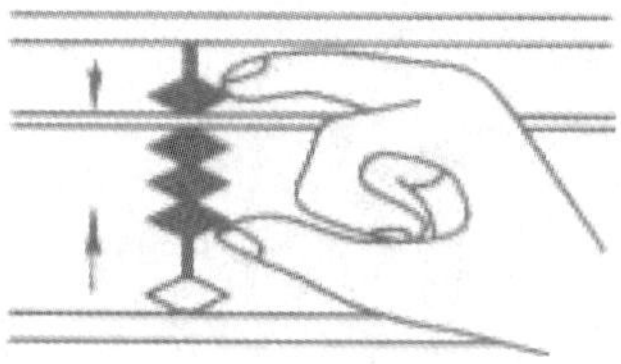

图 5－10　拇指和中指双合联拨

本档或本档同左一档下珠靠梁，上珠靠框，也称“双上”，如图 5－11 所示。进行 8－4、7－4、7－3、6－4、6－3、6－2、5－4、5－3、5－2、5－1、5＋5 等类数的计算时，需采用拇指和中指双上的联拨方法。

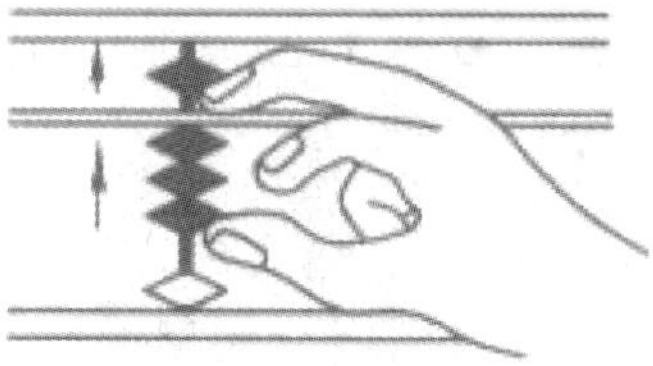

图 5－11　拇指和中指双上联拨

②食指和中指的联拨方法。

本档或本档同左一档上、下珠同时全部或部分靠框，也称“双分”，如图 5－12 所示。进行 9－6、9－7、9－8、9－9、8－6、8－7、8－8、7－6、7－7、25－25、37－25 等类数的计算时，需采用食指和中指双分的联拨方法。

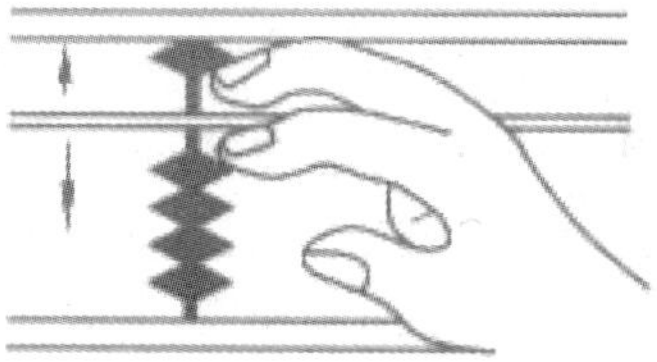

图 5－12　食指和中指双分联拨

本档上珠靠梁，下珠靠框，也称“双下”，如图 5－13 所示。进行 2＋3、2＋4、3＋2、3＋3、3＋4、4＋1、4＋2、4＋3、4＋4 等类数的计算时，需采用食指和中指双下的联拨方法。

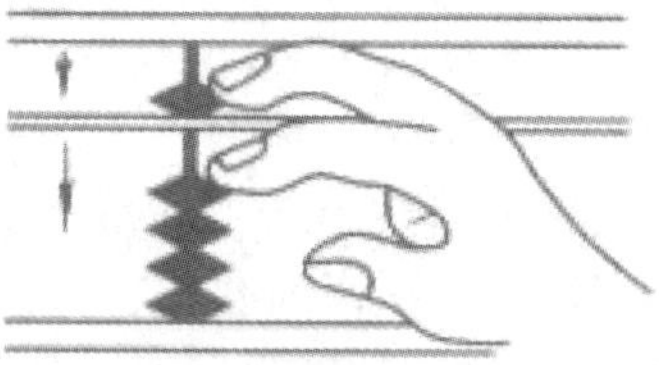

图 5－13　食指和中指双下联拨

③拇指和食指的联拨方法。

本档的下珠靠框，左一档下珠靠梁，也称“扭进”，如图 5－14 所示。进行 9＋6、9＋7、9＋8、9＋9、8＋7、8＋8、8＋9、7＋8、7＋9、6＋9、4＋6、4＋7、4＋8、4＋9、3＋

7、3 +8、3 +9、2 +8、2 +9、1 +9 等类数的计算时，需采用拇指和食指扭进的联拨方法。

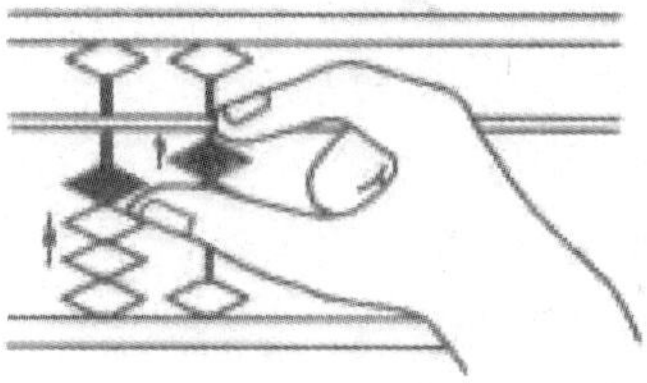

图 5 –14　拇指和食指扭进联拨

本档的下珠靠梁，左一档下珠靠框，也称“扭退”，如图 5 – 15 所示。进行 10 – 6、10 –7、10 –8、10 –9、11 –7、11 –8、11 –9、12 –8、12 –9、13 –9 等类数的计算时，需采用拇指和食指扭退的联拨方法。

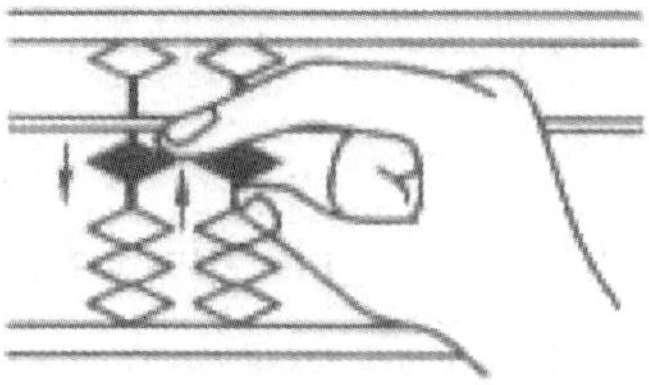

图 5 –15　拇指和食指扭退联拨

（2）三指联拨。

三指联拨，即用中指、食指和拇指三指同时联拨，可以一个动作完成拨珠，能够加快运算速度。如图 5 – 16 所示。进行 6 +4、9 +3、25 – 13 等类数的计算时，可采取三指联拨的方法来拨珠。

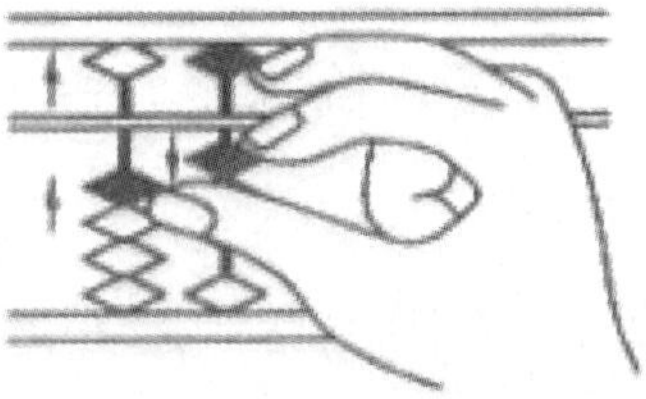

图 5 –16　三指联拨

3. 拨珠的注意事项。拨珠时应做到手指稍倾斜，指尖触珠，用力适当，算珠或靠梁、或靠框，不能有悬珠。拨珠要做到一码一声，即联拨动作只能有一个声音。拨珠时需要特别注意以下几点：

（1）指法要正确。一开始学习就要用正确的指法拨珠，养成良好的行为习惯。

（2）拨珠用力要均匀适当，轻便灵活。用力过重，会使动作生硬，甚至使算珠反弹造成漂珠；用力过轻，算珠达不到预定的位置，也会造成漂珠。因此，拨珠用力过重或过轻都可能造成漂珠，分不清盘上数值，影响计算的准确性。

（3）拨珠应干脆利索，要做到稳、准、快并具有节奏感，拨珠时手指与算盘的角度要略呈垂直，指尖与盘面的距离应不超过 5 毫米。力求达到一拨就准。

（4）上、下、进、退要按顺序拨珠，进退有序，该先去后进位的，不能先进后去；同样，该先退后还的，就不能先还后退。一定要按规范的顺序拨珠。

（5）为了提高工作效率和运算速度，应养成握笔拨珠的习惯。

（二）指法操

1. 指法操的意义。指法是珠算最重要的基本功之一，为了提高计算速度和拨珠的准确程度，必须加强指法训练，指法操就是训练指法的一种有效方法。

指法操专门对手指进行最有效的拨珠方法训练。它要求严格按照指法操作，进行手指分工练习，三指要协调配合，按照珠算口诀中六个字（上、下、去、进、退、还）的指法动作进行两指联拨、三指联拨训练。

2. 指法操的具体内容。指法操共分五节，其中，前四节分别训练两指联拨的双合双分、斜合斜分、双上双下、扭进扭退，第五节训练三指联拨。训练时，从第一节到第五节依次连续进行训练为一个循环，每一个循环中间不要间断。上一个循环结束后接着进行下一个循环的训练。训练中，要注意逐渐加快节奏，不断提高熟练程度和训练速度。

为了增强训练的节奏感，训练时可采用广播体操的“四八”节拍口令进行训练。

第一节：双合双分。

双合：+6789

要求：中、拇指同时拨珠靠梁。

双分：-6789

要求：中、食指同时拨珠靠边。两指重微微叠弯曲在梁上同时分开。

第二节：斜合斜分。

斜合：+15151515

要求：中、拇指同时拨珠靠梁。

斜分：-15151515

要求：中、食指同时拨珠靠边。两指平行弯曲在梁上同时拨珠靠边。

第三节：双上双下。

预备：+5555

双上：-1234

要求：用拇指托动下珠靠梁，同时用中指背面抵动上珠离梁。两指动作一致，要连贯、协调。

减法口诀：

一上四去五	二上三去五	三上二去五	四上一去五
5-1	5-2	5-3	5-4

双下：（双上相减后盘上数为4321） +1234

要求：用中指拨动上珠靠梁，食指同时顺势拨动下珠离梁。

加法口诀：

一下五去四	二下五去三	三下五去二	四下五去一
4+1	3+2	2+3	1+4

第三节结束后盘面数还原为5555，清盘后继续进行第四节的训练。

第四节：扭进扭退。

预备：+1111

（1）扭进：从左到右（从前到后）+9999，拇指、食指的联拨动作。

要求：用食指拨动本档的下珠离梁，同时用拇指托动前一档的下珠靠梁。两指动作要连贯、协调。

（2）扭退：（扭进计算后盘上数为11110）从右到左（从后到前）-9999，拇指、食指的联拨动作。

要求：用食指拨动本档的下珠离梁，同时用拇指托动后一档的下珠靠梁。两指动作要连贯、协调。

第四节结束后盘面数还原为1111，清盘后继续进行第五节的训练。

第五节：三指联拨。

预备：+6666

（1）加：从前至后+4444。

要求：中指和食指在本档，重叠弯曲，同时拨开“6”，拇指在前一档挂“1”。用食指和中指拨动本档的上、下珠离梁的同时（即用双分指法），用拇指拨动前一档的下珠靠梁。三指动作要连贯、协调。

练习口诀：四去六进一

（2）减：（上步相加后盘上11110）从前至后-4444。

要求：食指在前一档去“1”，拇指和中指在本档还上“6”。

练习口诀：四退一还六。

经过第二步相减之后，盘上数还原为预备数。清盘后可继续下一个循环的训练。如此循环训练，就可以达到指法快捷，拨珠准确，从而提高运算速度。

【同步训练】

训练1

按指法操进行拨珠指法训练。

任务2 珠算加减法技能训练

一、珠算加减法基础知识

珠算加减法是珠算四则运算的基础，也是珠算乘除法的前提。珠算加减运算的熟练程度直接决定着珠算乘除法及运算技能的高低。珠算加减法易学难精，必须坚持天天训练，达到熟能生巧。

珠算加减运算是根据“五升十进制”原理制定的，加中有减、减中有加，体现互逆关系。

珠算加减运算的基本原则是“数位对齐，高位算起”。在进行加减运算时，先在算盘上选好个位档，即选定一个记位点作为小数点（一般选取较靠右边的记位点），运算顺序从高位到低位，逐位相加或相减，直到拨完（算完）最后一笔加减数字为止，盘面上显示的数字就是运算的最终结果。

珠算加减法有口诀加减法和无诀加减法之分，口诀加减法是传统的珠算加减法，这种方法学习前要熟背大量的加减法口诀。随着时代的发展，科学的进步，依据“五升十进制”原理，通过对5和10两数分解和合成，利用“凑数”与“补数”的概念，逐步取代了口诀加减法，形成了“无诀加减法”。本书主要介绍无诀加减法的运算方法，对口诀加减法只作简要介绍。

（一）基础数

这里的基础数指珠算中的基础数，包括凑数、补数和数的位数。其中，凑数和补数是传统的珠算与简单的心算相结合的产物。

1. 凑数。凑数是指如果两数之和为5，则称两数互为凑数。在进行加减运算时，往往出现下珠不够用的情况，这时必须动用上珠。因为一个上珠代表同档位上五个下珠，这就出现了“凑数”。

例如，1加4之和为5，则1就是4的凑数，4也是1的凑数；3加2之和为5，则3是2的凑数，2是3的凑数。

在进行加法运算时，当两数相加大于或等于5而小于10时，下珠就不够用，拨下上珠后，同时将多加的数，从下珠中拨去，这个拨去的数，就是加数的凑数。例如，在进行“4+3”的运算时，四颗下珠已经全部靠梁，在+3时，下珠不够，但又不足十不能进位，就可运用凑数的原理进行计算，在拨上珠靠梁的同时，拨去两颗下珠，就得到了结果7。本例中，凑数的运算原理是将“4+3”转换为“4+（5-2）”进行运算的，通过凑数的方式进行运算，能够缩短大脑的反应过程，提高运算的速度。

在进行减法运算时，当本档上珠已靠梁，减去小于5但大于下珠已经靠梁的数时，下珠就不够减，这时必须拨去上珠，同时按拨去上珠时多减去的数拨上下珠（减数的凑数）。例如，在进行“7－3”的运算时，靠梁的下珠只有两颗（2），在－3时，下珠不够减，就可以运用凑数的原理进行计算，在拨去上珠的同时，拨上两颗下珠（即加上3的补数），就得到了结果4。本例中，凑数的运算原理是将“7－3”转换为“7－（5－2）＝7－5＋2＝2＋2”进行运算的。当然，通过凑数的方式进行运算时，脑子中不需要也不能去这样转换。实际运算时，只需根据凑数的结果直接进行拨珠。

2. 补数。补数是指如果两数之和为10或者10的乘方数，则称两数互为补数。

在进行珠算加减的运算中，本档算珠不够用时，需向左一档进一或退一算十，这样就出现了“补数”。如1加9之和为10，则1就是9的补数，9也是1的补数。同理，2和8、3和7、4和6、5和5等，都是常见的补数对。例如6＋9时，和数满十，在向左一档进一的同时，在本档去1（减去9的补数），即将“6＋9”转换成“6＋（10－1）”进行运算。又如15－8时，本档不够减，需从左一档退一，同时在本档加2（加上8的补数），即将“15－8”转换成“15－（10－2）＝15－10＋2＝5＋2”进行运算。同上述凑数运算的道理一样，这里的转换式只是理解的过程，实际进行珠算运算时必须按照补数关系直接进行拨珠运算。

实际上，凑数与补数的道理是相同的，只不过凑数的对象是5，补数的对象是10，也就是“五升十进制”中的“五”和“十”。

3. 数的位数。数的位数包括正位数、零位数和负位数。

（1）正位数。整数和带小数的整数部分叫做正位数，有几位整数就叫做正几位（不论它带有几位小数）。

例如：356——正三位（＋3位）
48237——正五位（＋5位）
56.23——正二位（＋2位）

（2）零位数。纯小数的小数点后面到有效数字间没有0的数叫做零位数。

例如：0.54——零位（0位）
0.678——零位（0位）
0.5623——零位（0位）

（3）负位数。纯小数的小数点与第一个有效数字之间有0的数叫负位数，有几个0就叫做负几位。

例如：0.05623——负一位（－1位）
0.005623——负二位（－2位）
0.0005623——负三位（－3位）

数的位数在算盘档位上的位置如图5－17所示（任选一个记位点作为小数点）。

（二）珠算加减法的基本类型

1. 基本加减法。基本加减法是指根据算盘灵活可变的计算特点，结合口诀，运用数字的组合和数字的分解等规律，用正确的拨珠方法，达到见数拨珠的一种基本算法。

2. 复杂加减法。复杂加减法是指在珠算加减法运算中遇到连续进位和连续退位时，结

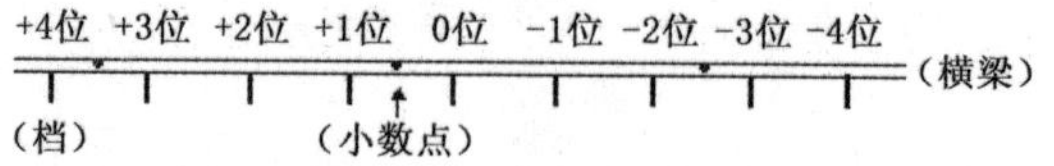

图 5－17 算盘上的位数

合加减法的口诀进行计算的一种算法。

3. 简捷加减法。简捷加减法是指以基本算法为基础，根据数字的排列和算盘的特点，适当结合心算，简化运算过程的一种算法。

二、珠算基本加减法技能训练

（一）口诀加减法

1. 加减法口诀表。口诀加减法是指运用珠算口诀来指导拨珠进行运算的一种方法，它是我国传统的珠算加减运算方法。任何多位数的加减，在珠算中都是一位数一位数地进行加减的。把一位数的加减法，按照拨珠动作分别编制成口诀，就是珠算口诀。将珠算口诀按照一定的规律汇集起来，就形成了珠算口诀表（见表 5－1）。它是人们在长期实践中总结出来的运用完整的口诀来指导拨珠动作的智慧结晶，对正确、快速地掌握指法，熟练进行加减计算有较大的帮助。

表 5－1　　珠算加减法口诀表

（一类口诀）直加直减		（二类口诀）凑五加破五减		（三类口诀）进十的加退十的减		（四类口诀）破五进十的加退十还五的减	
直接加	直接减	凑五的加	破五的减	进十的加	退十的减	破五进十的加	退十还五的减
一上一	一去一	一下五去四	一上四去五	一去九进一	一退一还九		
二上二	二去二	二下五去三	二上三去五	二去八进一	二退一还八		
三上三	三去三	三下五去二	三上二去五	三去七进一	三退一还七		
四上四	四去四	四下五去一	四上一去五	四去六进一	四退一还六		
五上五	五去五			五去五进一	五退一还五		
六上六	六去六			六去四进一	六退一还四	六上一去五进一	六退一还五去一
七上七	七去七			七去三进一	七退一还三	七上二去五进一	七退一还五去二
八上八	八去八			八去二进一	八退一还二	八上三去五进一	八退一还五去三
九上九	九去九			九去一进一	九退一还一	九上四去五进一	九退一还五去四

2. 口诀的涵义。传统口诀加减法共有 52 句口诀。口诀中的第一个数表示加数或减数，后面的字表示拨珠动作和所拨算珠代表的数。其中“上”、“下”、“进”、“还”表示拨珠靠梁，“去”、“退”表示拨珠离梁。分别解释如下：

上：表示拨下珠靠梁；

下：表示拨上珠靠梁；

去：表示拨算珠离梁；

进：表示在左一档上加；

退：表示在左一档上减；

还：表示在本档上加。

从上述口诀表中可以看出加减口诀的运算关系。例如“六去六”，表示 -6 时，直接拨上珠及一颗下珠离梁。“二下五去三”，表示 +2 时下珠不够用，必须拨上珠靠梁，同时拨去三颗下珠。又如“四退一还六”，表示 -4 时，本档不够减，必须从左一档拨一颗下珠离梁，同时本档拨上珠一颗及一颗下珠靠梁。再如“九上四去五进一”，表示 +9 时，本档下珠不够减，必须从本档拨四颗下珠靠梁同时拨上珠离梁，左档拨一颗下珠靠梁。

（二）无口诀加减法

随着时代的发展，科学的进步，依据“五升十进制”原理，通过对 5 和 10 两数分解和合成，利用“凑五数”与“补十数”的概念，逐步取代了口诀加减法。这就是无口诀加减法，简称无诀加减法。

（三）珠算加减法的运算顺序

1. 固定个位。根据运算需要，在盘上要确定个位档或小数点的位置。个位档或小数点的位置一旦选定，在整个运算过程中不能改变。

2. 置数。置数又叫布数，是将被加数（或被减数）从左到右，按数的位次从高位到低位的顺序拨入盘中。

3. 数位对准。同一数位（档位）上数位要对齐，即个位对个位，十位对十位，百位对百位……再进行加减计算。

4. 按顺序运算。珠算加减法运算顺序与笔算运算顺序相反。笔算运算顺序是从右至左（从低位到高位）逐位相加减，而珠算运算顺序是从左至右（从高位到低位）逐档相加减。

5. 确定结果。计算结束后，盘上靠梁的算珠显示的数就是最后结果（即最终的答案）。

（四）基本加减法的运算

1. 直接加减法。直接加减法包括直接加法和直接减法。直接加法是指能够直接拨动算珠靠梁的加法，直接减法是指能够直接拨去靠梁算珠的减法。

直接加减法的运算规律：加看外珠，够加直加；减看内珠，够减直减。

外珠指没有靠梁的算珠，内珠指已经靠梁的算珠。

例 1　625 + 224 = 849

拨入被加数 625，如图 5 - 18 所示；拨入加数 224，得出结果 849，如图 5 - 19 所示。

算式推理：百位：+2

十位：+2

个位：+4

图 5 - 18　置数 625

图 5 - 19　加 224 得 849

例 2　849 - 224 = 625

拨入被减数 849，如图 5 - 20 所示；拨去减数 224，得出结果 625，如图 5 - 21 所示。

算式推理：百位：-2

　　　　　十位：-2

　　　　　个位：-4

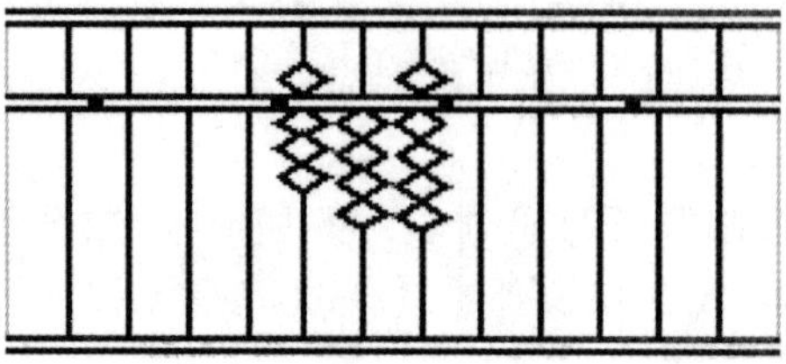

图 5 - 20　置数 849

图 5 - 21　减 224 得 625

【同步训练】

训练 2

运用直接加法和直接减法计算下列各题。

1.	5, 337	+	1, 512	=	21.	6, 849	-	5, 337	=
2.	2, 752	+	6, 246	=	22.	8, 998	-	6, 246	=
3.	3, 514	+	6, 235	=	23.	9, 749	-	6, 235	=
4.	3, 107	+	6, 791	=	24.	9, 898	-	3, 107	=
5.	5, 362	+	2, 327	=	25.	7, 999	-	5, 362	=
6.	3, 52. 81	+	542. 06	=	26.	894. 87	-	542. 06	=
7.	1, 115	+	6, 734	=	27.	7, 849	-	1, 115	=
8.	112. 50	+	866. 15	=	28.	978. 65	-	112. 50	=
9.	793. 89	+	5. 10	=	29.	798. 99	-	793. 89	=
10.	452. 36	+	37. 62	=	30.	489. 98	-	37. 62	=
11.	3, 478	+	5, 521	=	31.	8, 999	-	5, 521	=
12.	711. 51	+	82. 45	=	32.	793. 96	-	82. 45	=
13.	1, 921	+	7, 057	=	33.	8, 978	-	1, 921	=
14.	7, 486	+	2, 513	=	34.	9, 999	-	7, 486	=
15.	346. 28	+	0. 71	=	35.	347. 88	-	346. 28	=
16.	452. 63	+	537. 26	=	36.	989. 89	-	452. 63	=
17.	125. 53	+	324. 36	=	37.	449. 99	-	125. 43	=
18.	7, 849	+	0. 78	=	38.	784. 78	-	0. 78	=
19.	1, 192	+	7, 705	=	39.	8, 897	-	7, 705	=
20.	4, 786	+	5, 212	=	40.	9, 998	-	5, 212	=

2. 凑五（满五）加法和破五减法。

（1）凑五加法（满五加法）。

在同一数位上两数相加之和大于 5 而小于 10 时，本档下珠不够用，则需要先加 5（即拨一颗上珠靠梁），然后把多加的数（加数的凑数）从下珠中拨去。这类加法就是凑五的加法，也叫本位加法（被加数和加数都小于 5，其和大于 5）。

运算规律：下珠不够，加五减凑。

例 3　3, 344 +3, 314 =6, 658

拨入被加数 3, 344，如图 5 –22 所示；拨入加数 3, 314，得出结果 6, 658，如图 5 –23 所示。

算式推理：千位：+3 = +5 –2

百位：+3 = +5 –2

十位：+1 = +5 –4

个位：+4 = +5 –1

图 5 –22　置数 3, 344

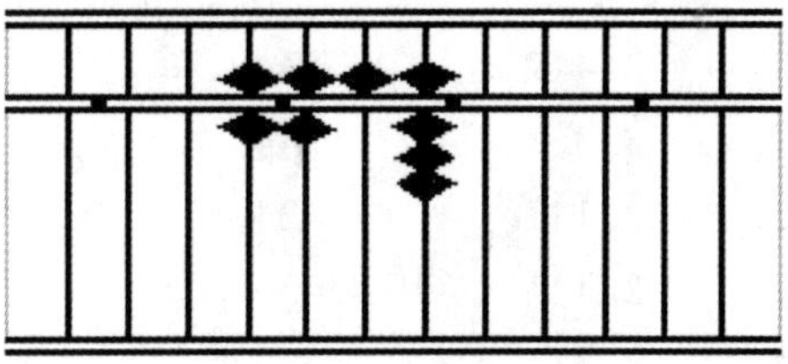

图 5 –23　加 3, 314 得 6, 658

（2）破五减法。

在同一数位上两数相减，本档虽然够减，但下珠不够减，这时就要减去上珠 5，同时把多减的数（减数的凑数）用下珠加上。这类减法就是破五的减法，也叫本位减法（被减数等于 5 或大于 5，减数小于 5，其差小于 5）。

运算规律：下珠不够，减五加凑。

例 4　6, 658 –3, 314 =3, 344

拨入被减数 6, 658，如图 5 –24 所示；拨去减数 3, 314，得出结果 3, 344，如图 5 –25 所示。

算式推理：千位：–3 = –5 +2

百位：–3 = –5 +2

十位：–1 = –5 +4

个位：–4 = –5 +1

图 5-24　置数 6,658

图 5-25　减 3,314 得 3,344

【同步训练】

训练 3

运用凑五加法（满五加法）和破五减法计算下列各题。

1. 3,412 + 2,344 =
2. 3,321 + 2,244 =
3. 3,142 + 3,424 =
4. 2,441 + 3,434 =
5. 4,313 + 3,342 =
6. 4,321 + 4,234 =
7. 2,423 + 4,133 =
8. 3,323 + 4,243 =
9. 1,234 + 4,432 =
10. 4,321 + 1,234 =
11. 1,323 + 4,242 =
12. 2,434 + 2,332 =
13. 4,323 + 1,432 =
14. 4,312 + 3,244 =
15. 2,434 + 2,332 =
16. 3,441 + 4,244 =
17. 2,342 + 3,213 =
18. 3,344 + 3,421 =
19. 3,213 + 2,442 =
20. 4,444 + 3,334 =
21. 5,756 - 2,344 =
22. 5,565 - 2,244 =
23. 6,566 - 3,142 =
24. 5,875 - 2,441 =
25. 7,655 - 4,313 =
26. 8,555 - 4,321 =
27. 6,556 - 4,133 =
28. 7,566 - 4,243 =
29. 5,666 - 1,234 =
30. 5,555 - 1,234 =
31. 5,565 - 1,323 =
32. 4,766 - 2,332 =
33. 5,755 - 1,432 =
34. 7,556 - 3,244 =
35. 4,766 - 2,332 =
36. 7,685 - 3,441 =
37. 5,655 - 3,213 =
38. 6,765 - 3,344 =
39. 6,655 - 3,213 =
40. 7,778 - 3,334 =

3. 进十的加法和退十的减法。

（1）进十的加法（进位加法）。

在同一数位上两数相加，其和满十，要向左一档进一（就是加 10），同时在本档减去多加的数（加数的补数）。这类加法就是进十的加法，也叫进位加法。

运算规律：本档满十，减补进一（减补可在本档直接减补）。

例 5 514 + 597 = 1, 111

拨入被加数 514，如图 5 - 26 所示；拨入加数 597，得出结果 1, 111，如图 5 - 27 所示。

算式推理：百位： +5 = -5 +10（ +10 是进一，下同）

十位： +9 = -1 +10

个位： +7 = -3 +10

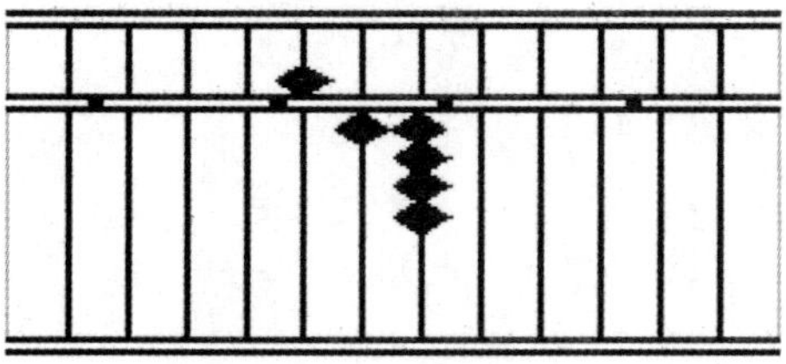

图 5 - 26 置数 514

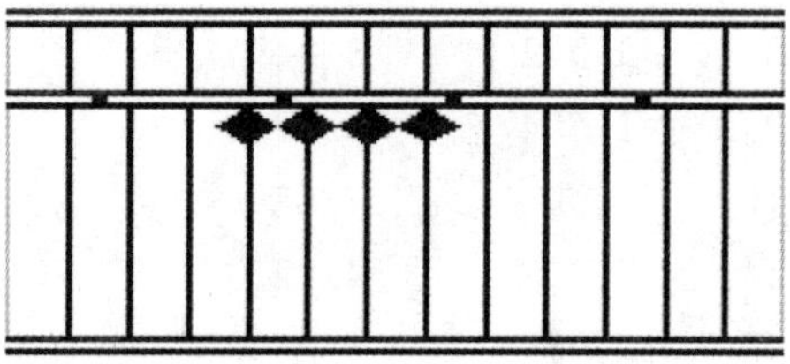

图 5 - 27 加 597 得 1, 111

（2）退十的减法（退位减法）。

在同一数位上两数相减，被减数小于减数（本档不够减），需要从左档退 1（就是减 10）后，直接在本档加上多减的数（减数的补数）。这类减法就是退十的减法，也叫退位减法。

运算规律：本档不够，退 10 加补（加补可在本档直接加补）。

例 6 1, 111 - 597 = 514

拨入被减数 1, 111，如图 5 - 28 所示；拨去减数 597，得出结果 514，如图 5 - 29 所示。

算式推理：百位： -5 = -10 +5（ -10 是退一，下同）

十位： -9 = -10 +1

个位： -7 = -10 +3

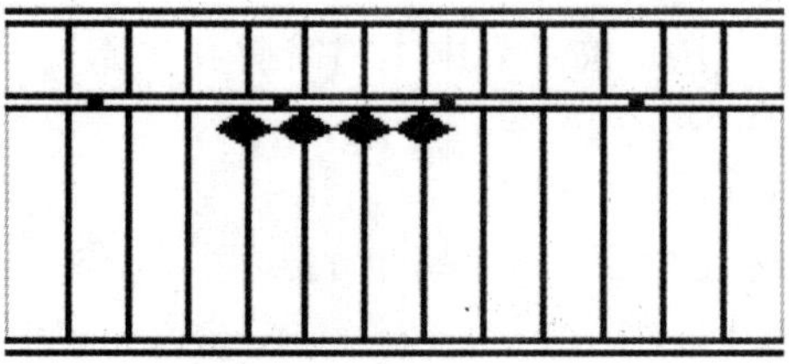

图 5 - 28 置数 1, 111

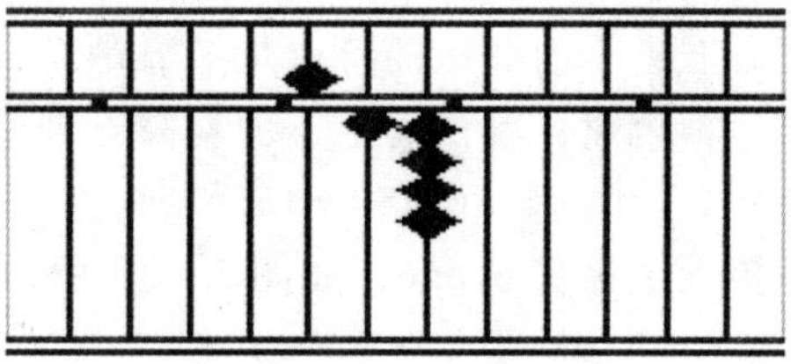

图 5 - 29 减 597 得 514

【同步训练】

训练 4

运用进十的加法和退十的减法计算下列各题。

1.	7,682	+	4,958	=	21.	12,640	-	4,958	=
2.	5,733	+	5,878	=	22.	11,611	-	5,733	=
3.	5,437	+	5,784	=	23.	11,221	-	5,437	=
4.	6,581	+	4,529	=	24.	11,110	-	4,529	=
5.	2,735	+	8,985	=	25.	11,720	-	8,985	=
6.	5,712	+	5,999	=	26.	11,711	-	5,999	=
7.	2,879	+	9,999	=	27.	12,878	-	9,999	=
8.	3,972	+	8,849	=	28.	12,821	-	8,287	=
9.	7,534	+	8,579	=	29.	16,113	-	7,534	=
10.	4,976	+	7,689	=	30.	12,665	-	4,976	=
11.	7,298	+	4,825	=	31.	12,123	-	4,889	=
12.	2,989	+	8,254	=	32.	11,243	-	2,929	=
13.	6,943	+	4,168	=	33.	11,111	-	9,999	=
14.	8,694	+	5,416	=	34.	14,110	-	5,498	=
15.	6,847	+	4,794	=	35.	11,641	-	4,727	=
16.	5,684	+	5,479	=	36.	11,163	-	5,479	=
17.	3,729	+	8,496	=	37.	12,225	-	8,496	=
18.	7,738	+	8,399	=	38.	16,137	-	8,399	=
19.	6,843	+	9,787	=	39.	16,640	-	9,834	=
20.	9,834	+	5,874	=	40.	15,112	-	9,438	=

4. 破五进十的加法和退十还五的减法。

（1）破五进十的加法。

在同一数位上两数相加满十进位时，本档下珠不够减去加数的补数，这时则需要拨去上珠 5（减 5），同时用下珠补还拨去上珠时多减去的数；再向左一档进一（+10）。这类加法就是破五进十的加法。破五进十的加法，实际上是破五减与进十加的结合。

破五进十的加法的特点是加数是 6、7、8、9 时，在加的过程中本档需破五才能进 1。

运算规律：本档满十，加凑去五进一。

例 7　6,666 + 6,789 = 13,455

拨入被加数 6,666，如图 5 - 30 所示；拨入加数 6,789，得出结果 13,455，如图 5 - 31 所示。

算式推理：千位：+6 = +1 - 5 + 10

百位：+7 = +2 - 5 + 10

十位：+8 = +3 - 5 + 10

个位：+9 = -1 + 10

（2）退十还五的减法。

在同一数位上两数相减，本档不够减，需要在左一档退一（-10）后，并在多减的数（加数的补数）和本档下珠相加，如满 5 或超过 5 时就要先加 5 再从下珠减去 5 的凑数。这类减法就是退十还五的减法。退十还五的减法，实际上是退十的减与凑五（满 5）加的结合。

运算规律：本档不够，退一加五减凑。

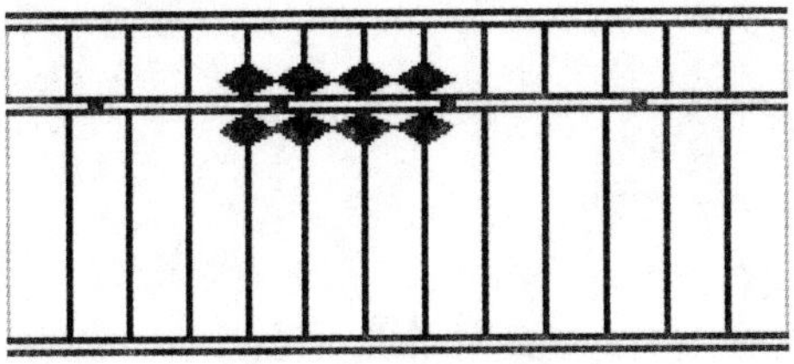

图 5－30　置数 6, 666

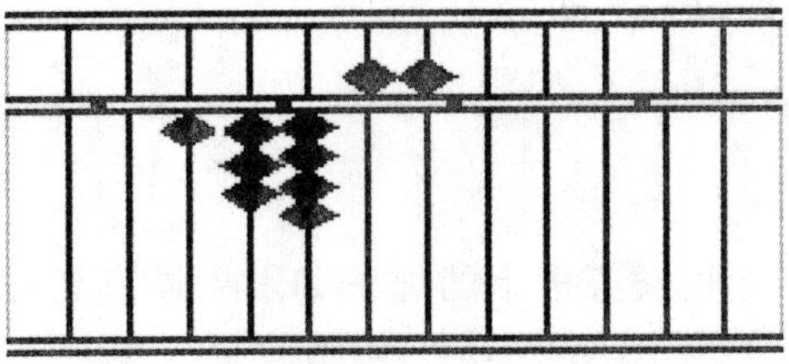

图 5－31　加 6, 879 得 13, 455

例 8　13, 455 －6, 789 =6, 666

拨入被减数 13, 455，如图 5－32 所示；拨去减数 6, 789，得出结果 6, 666，如图 5－33 所示。

算式推理：千位：－6 ＝ －10 +5 －1

百位：－7 ＝ －10 +5 －2

十位：－8 ＝ －10 +2

个位：－9 ＝ －10 +1

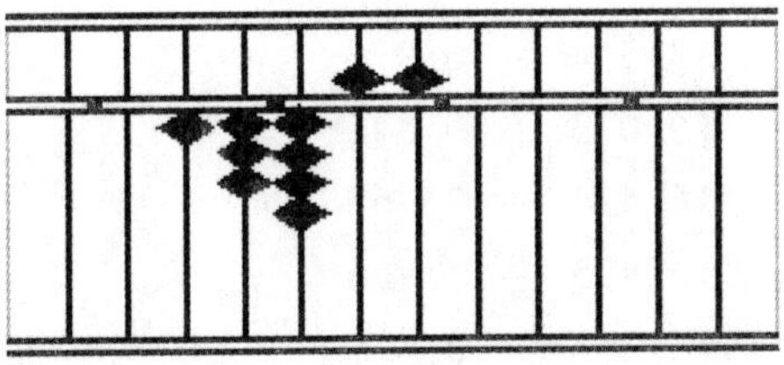

图 5－32　置数 13, 455

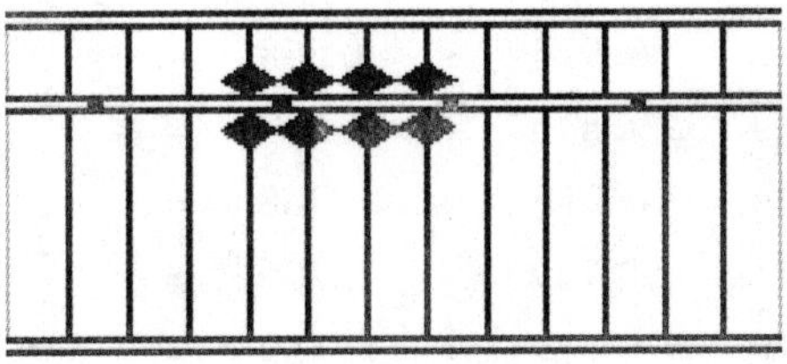

图 5－33　减 6, 879 得 6, 666

例 9　11, 234 －6, 789 =4, 445

拨入被减数 11, 234，如图 5－34 所示；拨去减数 6, 789，得出结果 4, 445，如图 5－35 所示。

算式推理：千位：－6 ＝ －10 +5 －1

百位：－7 ＝ －10 +5 －2

十位：－8 ＝ －10 +5 －3

个位：－9 ＝ －10 +5 －4

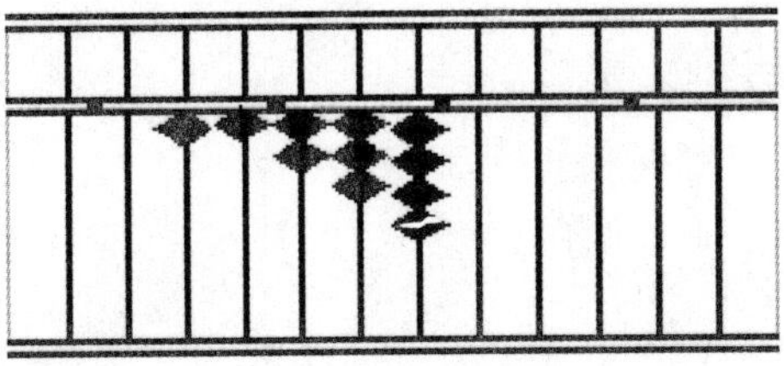

图 5－34　置数 11, 234

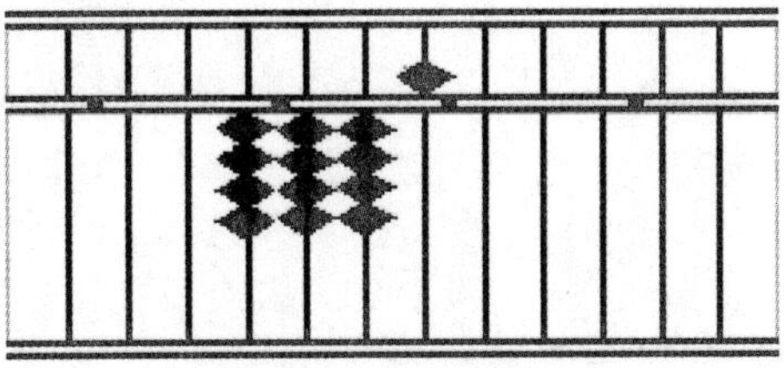

图 5－35　减 6, 789 得 4, 445

【同步训练】

训练 5

运用破五进十的加法和退十还五的减法计算下列各题。

1.	5,676	+	6,667	=	21.	12,343	-	6,667	=
2.	5,565	+	8,779	=	22.	14,344	-	8,779	=
3.	7,788	+	6,766	=	23.	14,554	-	7,788	=
4.	6,765	+	7,679	=	24.	14,444	-	7,679	=
5.	5,555	+	9,876	=	25.	15,431	-	9,876	=
6.	7,876	+	6,668	=	26.	14,544	-	6,668	=
7.	5,566	+	6,778	=	27.	12,344	-	6,778	=
8.	5,755	+	8,767	=	28.	14,522	-	8,767	=
9.	5,587	+	7,709	=	29.	13,296	-	7,709	=
10.	6,875	+	8,669	=	30.	15,544	-	8,669	=
11.	7,869	+	6,575	=	31.	14,444	-	6,575	=
12.	6,976	+	6,568	=	32.	13,544	-	6,976	=
13.	9,846	+	6,247	=	33.	16,093	-	9,846	=
14.	6,756	+	7,768	=	34.	14,524	-	7,768	=
15.	7,789	+	7,706	=	35.	15,495	-	7,706	=
16.	5,879	+	8,389	=	36.	14,268	-	5,879	=
17.	6,758	+	6,676	=	37.	13,434	-	6,676	=
18.	6,887	+	8,766	=	38.	15,653	-	6,887	=
19.	14,665	+	9,768	=	39.	24,433	-	9,768	=
20.	35,555	+	6,787	=	40.	42,342	-	6,787	=

5. 加减混合计算。

在实际计算中常常会遇到多笔数相加减的情况。多笔数相加减的基本原则是：遇加即加，遇减则减。

例 10 进行下列加减混合计算。

$$
\begin{array}{r}
198,704 \\
-21,359 \\
643 \\
-8,061 \\
536 \\
\hline
170,463
\end{array}
$$

先拨入被减数 198,704，如图 5 - 36 所示；然后从盘上数万位档开始依次拨去减数 21,359，其差为 177,345，这是当前的盘上数，如图 5 - 37 所示；继而从盘上数百位档开始依次加上 643，此时盘上数为 177,988，如图 5－38 所示；再从千位档开始依次拨去减数 8,061，此时盘上数为 169,927，如图 5－39 所示；最后从百位档开始依次加上 536，盘上数为 170,463，即是计算的最后结果，如图 5－40 所示。

图 5－36　置数 198,704

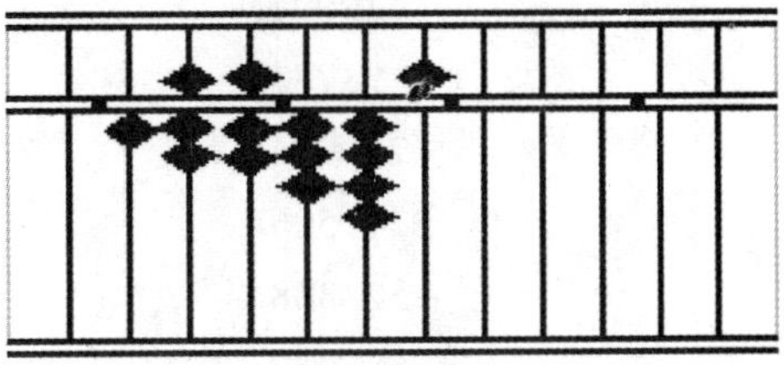

图 5－37　减 21,359 得 177,345

图 5－38　加 643 得 177,988

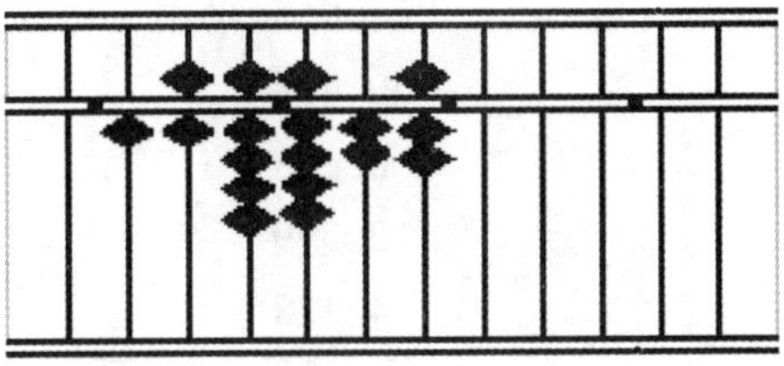

图 5－39　减 8,061 得 169,927

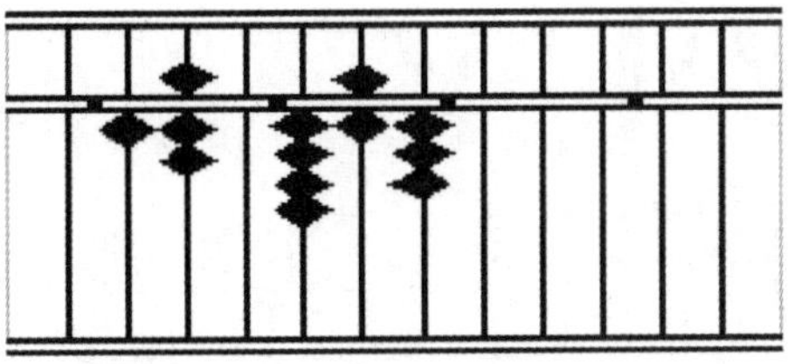

图 5－40　加 536 得 170,463

【同步训练】

训练 6

进行下列加减混合计算。

1.	1, 320	2.	8, 420, 513
	28, 741		-12, 049
	-2, 807		6, 794
	41, 097		87, 164
	9, 781		-5, 426
	-20, 954		5, 340, 278
	324, 506		9, 357
	-52, 368		-1, 830
	-68, 039		-92, 146
	584, 692		79, 361

3.	967, 053	4.	8, 612
	-50, 498		57, 453
	-6, 235		429, 862
	12, 579		-207
	4, 128		-951
	-8, 740		-2, 603
	27, 461		428
	-502, 178		1, 290
	73, 256		-9, 249
	-8, 512		279

5.	17, 365	6.	365, 147
	-934		8, 597
	-961		-5, 062
	80, 345		958, 147
	165, 602		48, 537
	-479		-2, 965
	1, 352		7, 412
	-7, 164		9, 135
	-1, 897		156, 430
	308		8, 479

7.		8.	
	31, 514		152, 602
	65, 304		9, 438
	-6, 078		-498
	1, 290		968
	-3, 170		-1, 852
	-4, 286		7, 053
	812		1, 725
	-903		1, 897
	428		57, 453
	-692		9, 249

（五）基本加减法的训练方式和方法

1. 训练方式。基本加减法的训练方式包括看算和听算两种，是根据珠算在实际工作中的应用情况设计而成的训练方式。学习看算和听算的训练，有利于提高适应实际工作需要的能力。

（1）看算训练。看算是指计算者自己一边看计算资料一边进行珠算计算。看算在实际工作中的应用范围比较广泛，如对凭证、账册和报表记录数据以及其他若干数据进行计算等。这些计算，有的是对一张证、账、表上的数据进行汇总计算或进行有加有减的计算，有的是对一本发票、凭证或其他文件资料上的数据进行边翻页边汇总计算或进行有加有减的计算等。

看算训练是指学习者自己看题，自己在算盘上进行计算的训练方式。看算训练是提高学习者看算能力的有效训练方式。根据所设计的计算资料的不同，看算训练可分为看题算、账表算、传票算和折叠汇总算等几种具体的训练方式。

①看题算。指根据设计的珠算基础训练题进行看算训练。这种训练方式简便易行，训练成本较低。其主要目的是进行珠算基础应用技能的训练，如看数、读数、指法应用、速度等方面的训练及其相互结合的综合能力训练。

②账表算。指根据专门设计的模拟账表训练数据资料进行的看算训练。这种训练方式的主要目的是有针对性地进行专业性的珠算应用技能训练，以适应相关专业工作的需要。

③传票算。传票即发票或凭证，因此，传票算也叫发票算或凭证汇总算，是指根据专门设计的若干张模拟传票的数据进行翻页汇总计算的看算训练。与账表算一样，这种训练方式的主要目的也是有针对性地进行专业性的珠算应用技能训练，以适应相关专业工作的需要。

④折叠汇总算。指根据专门设计的若干张模拟账表或相同报表的某一相同项目横行或纵栏的数据，折叠并列对齐后进行汇总计算的看算训练。这种训练方式也是针对实际工作需要而进行的专业性应用技能训练。

（2）听算。听算也叫念算或唱算，是通过他人念数来进行珠算技能训练的一种有效的训练方式。听算在实际工作中也经常使用，如核对账目、进行若干数据的汇总计算或加、减混合计算等。进行听算时，通常是一个人念数，三个或三个以上的人听数进行拨珠计算，以多数人一致的得数为准，这样可省略验算，节省训练时间。在学习珠算时采用这种训练方式，不但可以训练拨珠指法、不断提高珠算技能的熟练程度，还能锻炼大脑的反应能力和记数能力。因此，加强听算训练对提高珠算技能应用能力具有十分重要的作用。

进行听算训练时应注意以下几点：

一要聚精会神，随听随拨，音到珠落，不要延误。

二要听得准、跟得上、打得快。

三应先练连加，后练加减混合，由浅入深，由易到难，由慢到快，循序渐进，不断提高。

2. 训练方法。珠算基本加减法的训练方法很多，学习者自己也可以运用任何数字进行训练。下面介绍几种常见的珠算基本加减法的训练方法。这些训练方法是训练指法和手脑并用能力等珠算基础性应用技能与能力的有效手段。

（1）加减定数训练。加减定数也叫打定数，是指对一个固定的数字本身进行连续若干次地相加，得出结果后又从其和中一个一个地连续减去这个固定的数字，直至其结果为零止。

固定的数字可以是 1 ~ 9 等任意一个自然数，也可以是任意一个多位数数字，如 625、2, 468、16, 835、16, 875 等。其中，打多位数数字的定数也叫做打常数。进行打定数训练，可以采取先易后难的办法，先练自然数打定数，再练多位数打定数。

在训练自然数打定数时，可以连加到其结果是一个相对容易记忆的数字时止，然后将其结果再连减至零，如已知“1”连加 100 次的结果是“100”，“4”连加 100 次的结果是“400”，“7”连加 100 次的结果是“700”等等，在计算之前记下这些数字，在连加计算过程中盘上结果达到这些数字时就可开始转为连减。如用“7”打定数，如果计划连加 200 次其和为 1, 400 时就开始连减，则在实际计算过程中只需记住计划要达到的结果 1, 400 而不必去记已经连加的次数，当连加结果达到 1, 400 时，就可以接着进行连减至零的计算了。训练自然数打定数也可以采取在一个确定的时间内连加一个确定的次数后再连减至零的方法。

在训练多位数打定数时，一般采用连加 10 次或 10 的倍数次后再连减至零的方法，如“625”连加 10 次的结果是“6, 250”，连加 20 次的结果是“12, 500”等，“16, 835”连加 10 次的结果是“168, 350”等等。与训练自然数打定数一样，实际训练时也只需记住计划要达到的结果而不必去记已经连加的次数，当计算中达到这个结果时就转为连减。如用 16, 875 打定数，若计划连加 10 次其和为 168, 750 时转为连减，则在训练过程中连加结果达到 168, 750 时就连减 10 次 16, 875，其结果即为零。

（2）加减百子训练。加减百子也叫打百子，是指从 1 + 2 + 3……，依次加到 100，其和为 5, 050，然后又从 5, 050 中依次 - 1 - 2 - 3……，一直减到 100，其结果为零的训练方法。即：

加百子：1 + 2 + …… + 100 = 5, 050

减百子：5, 050 - 1 - 2 - …… - 100 = 0

为了便于检查中间计算有无错误，现列出部分和数与差数，如表 5 - 2 所示，以便在训练中进行正确性的对照检查。

表 5-2　加减百子训练部分和、差数对照表

加减到的数	10	20	30	40	50	60	70	80	90	100
和	55	210	465	820	1275	1830	2485	3240	4095	5050
差	4995	4840	4585	4230	3775	3220	2565	1810	955	0

当加减百子训练达到非常纯熟的程度时，大脑已经形成了对指法和分段计算结果的条件反射，为了提高训练效果，这时可变换一下数字，以调动大脑的思考，提高对新的或不规则数字的反应和运算速度，如变空盘起加为以基数起加或变换训练方法等。所谓变空盘起加为以基数起加，也叫加基数打百子，是指进行连加之前在盘上拨入一个任意数字作为基数，在这个基数的基础上打百子。例如，如果以“123”作为基数，则先将123上盘，然后再在123的基础上从1加到100，得出结果5,173后再从1减到100，盘上余数为123。

（3）见子打子训练。见子打子，也叫见几加几，是指在盘上拨入任意一个数，然后按盘上各档上的数字进行加法计算，档上的数字是几就加几。例如，在盘上拨入一个自然数“6”后，第一次就加6，其结果是“12”，第二次在十位档上加1，在个位档上加2，其结果是24，第三次在十位档上加2，在个位档上加4，其结果是48，以此类推，一直加到适当的次数和结果为止。这种训练主要是加法计算，可以训练对数字的瞬间反应能力和认清认准的能力。

采用以上几种方法进行训练时，在达到一定的熟练程度后，每一个项目都可以对照时间进行训练，每训练一周或两周后都对照一下所用的时间，看现在的计算速度比一周或两周以前提高了多少。

（4）趣味训练。珠算基本加减法的训练对提高珠算技能水平具有十分重要的基础性作用。俗话说“三天不说口生，三天不练手生”，提高珠算技能水平的唯一途径是天天训练，持之以恒。但训练时间长了难免枯燥乏味，为了增添珠算训练的乐趣，提高训练兴趣，下面介绍几种珠算基本加减法的趣味训练方法。

①三盘成。先在盘上拨入123,456,789作为基数，然后见子打子，连加三次，最后再在个位档上加9，得结果为987,654,321。

②七盘成。先在盘上拨入123,456,789作为基数，然后连续加七次123,456,789，最后再在个位档上加9，得到987,654,321；接着倒过来进行连减计算，先将盘面数字减去9，然后再连续减七次123,456,789，将盘面数还原为123,456,789。

③九盘成。先在盘上拨入123,456,789作为基数，然后连续加九次123,456,789，和为1,234,567,890；接着再连续减九次123,456,789，将盘面数还原为123,456,789。

④“红领巾”。将112,211连加11次，盘面得数为1,234,321，即“红领巾”形状，如图5-41所示。然后从1,234,321中减去112,211，连减11次，得数为0。

⑤“赵州桥”。将141,093,827连加7次，盘面得数为987,656,789，即“赵州桥”形状，如图5-42所示。然后从987,656,789中减去141,093,827，连减7次，得数为0。

⑥“铁索桥”。将987,654,321连加99次，盘面得数为97,777,777,779，即“铁索桥”形状，如图5-43所示。然后从97,777,777,779中减去987,654,321，连减99次，得数为0。

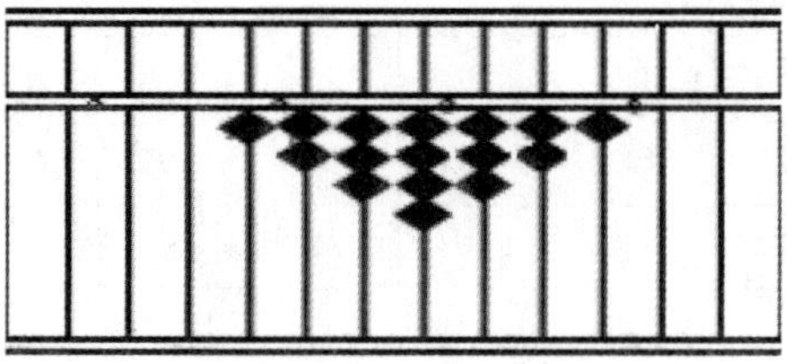

图 5－41 “红领巾”

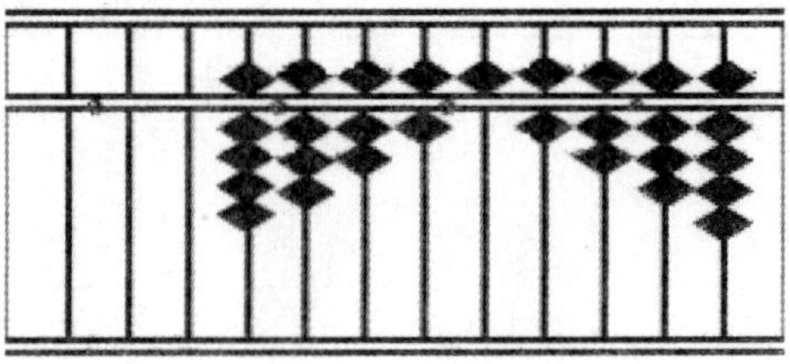

图 5－42 “赵州桥”

⑦“足球门”。先在算盘上拨入 1,111，然后从首位数起，依次见子打子，连加 5 次，盘面得数为 35,552，最后再加 1。得数为 35,553，即“足球门”形状，如图 5－44 所示。

图 5－43 “铁索桥”

图 5－44 “足球门”

⑧“三朵莲花水中漂”。先在盘上拨入 10,688,568,856,875，然后从首位数起，依次见子打子，连加 4 次，得数为 171,017,101,710,000，即“三朵莲花水中漂”形状，如图 4－45 所示。

⑨“三孔桥”。先在算盘上拨入 1,194,944,944,875，然后从首位数起，依次见子打子，连加 3 次，得数为 9,559,559,559,000，即“三孔桥”形状，如图 5－46 所示。

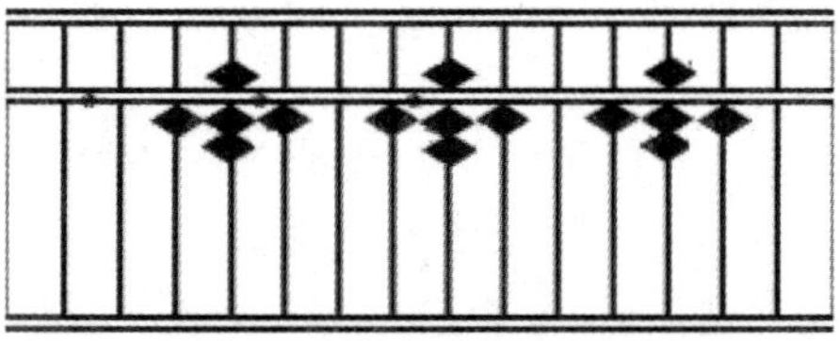

图 5－45 “三朵莲花水中漂”

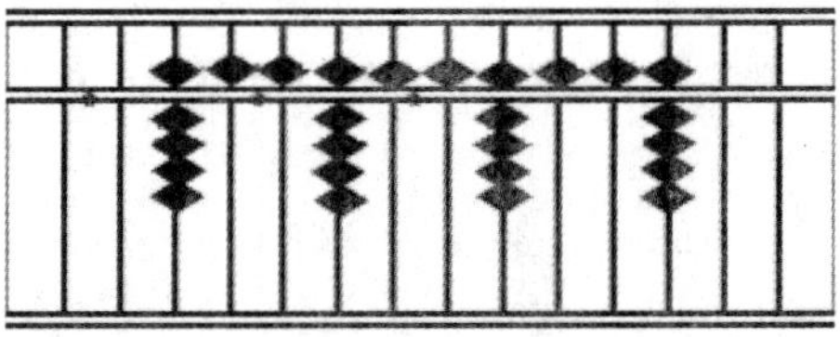

图 5－46 “三孔桥”

⑩“红旗飘飘”。先在算盘上拨入 116,524,152,415,125，然后从首位数起，依次见子打子，连加 3 次，得数为 932,193,219,321,000，即“红旗飘飘”形状，如图 5－47 所示。

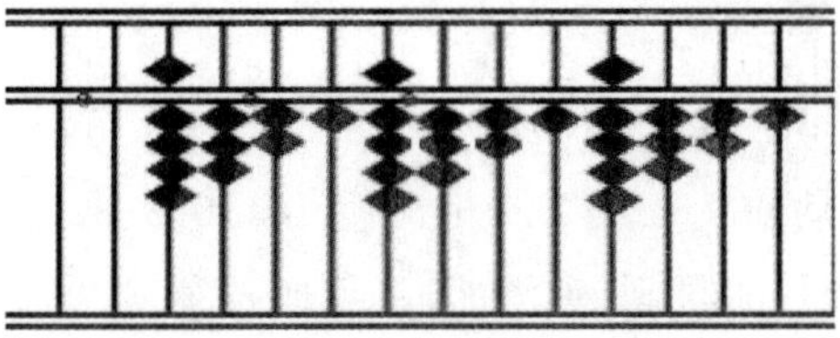

图 5－47 “红旗飘飘”

【同步训练】

训练 7

采用本任务中介绍的训练方法中的方法进行基本加减法运算训练。

（六）珠算加减法技能训练的注意事项

1. 准确熟练地掌握拨珠基本功。珠算是通过手指拨动算珠来计算的，因此拨珠准确与熟练程度，将直接影响加减运算的速度和计算结果的正确性。拨珠要做到“轻巧灵敏，协调连贯，进退有序，干净利落”，不做假动作，防止带子、漂子，能用双指或三指联拨的，要进行联拨，尽量一次完成操作，提高运算速度。

2. 看数拨珠不间断。看数的快与准直接影响运算质量。既不能看一个数码拨一次珠，也不能把一个较大的数一次看完再拨珠。正确方法是分节看数、分节拨珠。为了做到看拨不间断，在拨上一节的末位数时，视线要扫视下一节数，进而逐步做到边看边打，直至摸档拨珠。

3. 准确判断首位数的档位。传统拨珠顺序是从高位到低位。由于数位不等，各数首位不在同一档上，如果首位找错，就会出现错位，导致计算结果出错。准确迅速判断首位的方法是，将盘上记位点与数字的分节号相对应。

三、珠算复杂加减法

在珠算基本加减法中讲述的加法的满十进位和减法的退一还十都只有一位，即进一位或退一位，但在实际工作中会经常遇到连续进位或连续退位的情况。我们把这种连续进位和连续退位的加减法归纳为复杂加减法。因此，学习复杂加减法的关键就是掌握连续进位和连续退位，特别是连退减法中的连续退位，难度较大，需要反复练习。

（一）连续进位加法

1. 连续进位加法的基本要点。在某一数位上两数相加，其和满十，要向左档进 1；当左边连续几档的数都是 9 时，就要向左档及左边连续几档进 1。这种情况下的进位加法就叫做连续进位加法，简称连进加法。

2. 连续进位加法的口诀运用。

一去九九九进一	如：	999 + 1 = 1, 000
二去八九九进一		999 + 2 = 1, 001
三去七九九进一		999 + 3 = 1, 002
四去六九九进一		999 + 4 = 1, 003
五去五九九进一		999 + 5 = 1, 004
六去四九九进一		999 + 6 = 1, 005
七去三九九进一		999 + 7 = 1, 006
八去二九九进一		999 + 8 = 1, 007
九去一九九进一		999 + 9 = 1, 008

例 11　3, 884 + 119 = 4, 003

拨入被加数 3,884，如图 5－48 所示；拨上加数 119，得到结果 4,003，如图 5－49 所示。

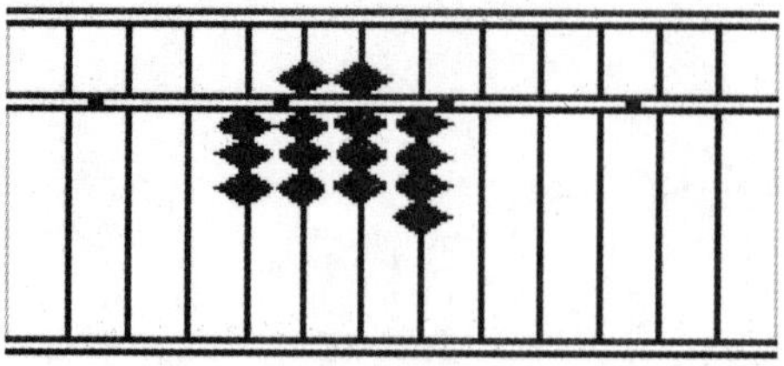

图 5－48　置数 3,884

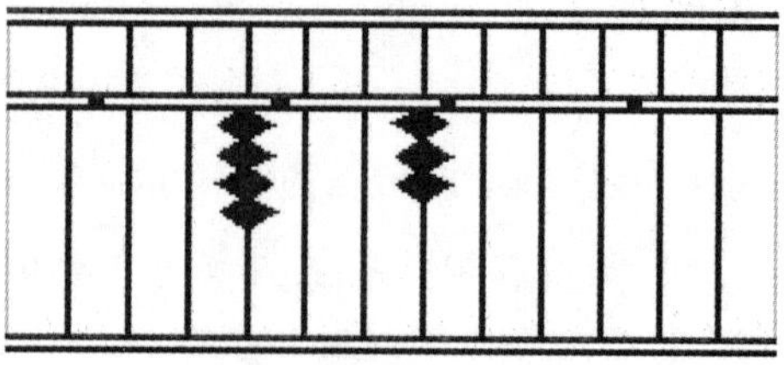

图 5－49　加 119 得 4,003

例 12　5,274＋1,728＝7,002

拨入被加数 5,274，如图 5－50 所示；拨上加数 1,728，得到结果 7,002，如图 5－51 所示。

图 5－50　置数 5,274

图 5－51　加 1,728 得 7,002

（二）连续退位减法

1. 连续退位减法的基本要点。在某一数位上两数相减，当被减数小于减数时，要向左一档借 1（退 1），当左一档及左边连续几档均为 0（空档）时，就要从再左边不是 0 的档上开始连续几档退 1（连续退位）。这种情况下的退位减法就叫做连续退位减法，简称连退减法。

2. 连续退位减法的口诀运用。

一退一还九九九	如：1,000－1＝999
二退一还九九八	1,000－2＝998
三退一还九九七	1,000－3＝997
四退一还九九六	1,000－4＝996
五退一还九九五	1,000－5＝995
六退一还九九四	1,000－6＝994
七退一还九九三	1,000－7＝993
八退一还九九二	1,000－8＝992
九退一还九九一	1,000－9＝991

例 13　104－9＝95

拨入被减数 104，如图 5－52 所示；拨去减数 9，得到结果 95，如图 5－53 所示。

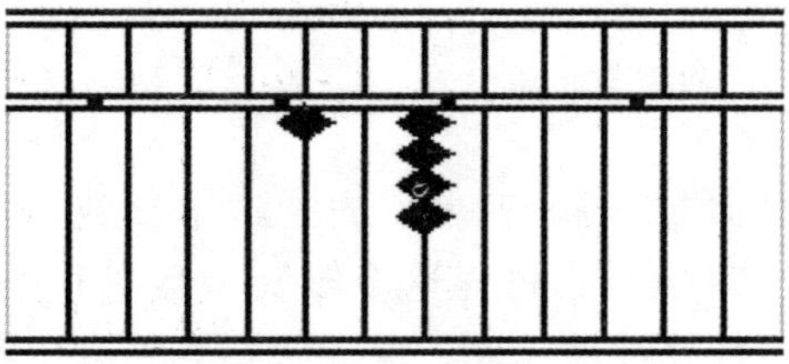

图 5-52　置数 104

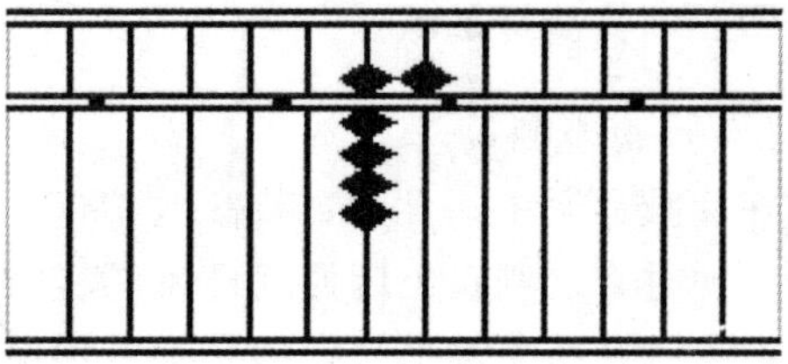

图 5-53　减 9 得 95

例 14　1,022 - 24 = 998

拨入被减数 1,022，如图 5-54 所示；拨去减数 24，得到结果 998，如图 5-55 所示。

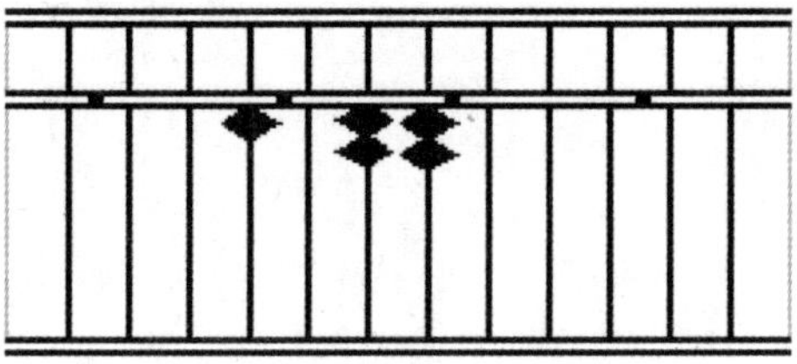

图 5-54　置数 1,022

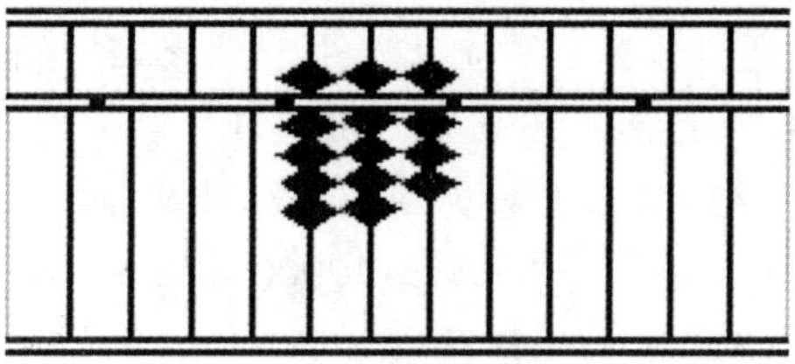

图 5-55　减 24 得 998

【同步训练】

训练 8

用连续进位的加法和连续退位的减法计算下列各题。

1. 7,994 208	2. 3,884 1,119	3. 6,438 2,567
4. 3,444 1,556	5. 1,524 479	6. 6,274 2,729
7. 3,945 1,055	8. 2,984 -1,986	9 6,171 -1,176
10. 8,234 -3,239	11. 4,282 -3,287	12. 5,005 -10

四、珠算简捷加减法

（一）凑整加减法

在加减运算中，凡加数或减数接近10的乘方数的倍数时，就可以先把这个整数加上或减去，同时直观判定出因此而产生的零头差数是多少，然后，再对这个零头差数进行调整。这种方法就是凑整加减法。凑整加减法减少了计算位数及拨珠动作，简化了运算过程，从而能取得既准又快的效果。例如：98接近100，零头差数为2. 加法计算时可以加100减去2，减法计算时可以减100加上2。

1. 加整减差数法。在加法运算中，若加数接近某一个整数，可采取加整减差数的方法进行简化运算。

例15　3, 642 + 988 + 1, 990 = 6, 620

运算步骤：（1）盘上拨入3, 642，将988看成：

988 = 1, 000 − 12

（2）以盘上数为基础进行计算：

3, 642 + 1, 000 − 12 = 4, 642 − 12 = 4, 630

（3）将1, 990看成：

1, 990 = 2, 000 − 10

（4）以盘上数为基础进行计算：

4, 630 + 2, 000 − 10 = 6, 630 − 10 = 6, 620

例16　4, 137 + 2, 989 = 7, 126

该题可以转化为下列方式计算：

4, 137 + 3, 000 − 11 = 7, 126

2. 减整加差数法。在减法运算中，如减数接近某一个整数，可采取减整加差数的方法进行简化运算。

例17　6, 831 − 3, 986 = 2, 845

该题可以转化为下列方式计算：

6, 831 − 4, 000 + 14 = 2, 845

例18　4, 783 − 2, 979 = 1, 804

该题可以转化为下列方式计算：

4, 783 − 3, 000 + 21 = 1, 804

在运用凑整加法运算时，必须能熟练、准确地判断出加数（或减数）与它所接近的整数之间的差值。这个差值是通过凑数来确定的，其要领是：除整数首位外，与加数（或减数）的中间各位凑成9，末位凑成10。

例19　30, 000 − 27, 979 = 2, 021

凑数：末位　1 + 9 = 10

十位　2 + 7 = 9

百位　0 + 9 = 9

千位　2 + 7 = 9

即：27, 979与30, 000零差数为2, 021。

【同步训练】

训练 9

采用凑整法计算下列各题。

1. 2,837 +796 -1,998 =
2. 3,642 +988 +1,990 =
3. 4,786 +994 -4,997 =
4. 15,789 -6,994 -398 =
5. 6,483 +1,997 -5,989 =
6. 9,657 -4,989 -2,991 =
7. 89,324 +82,991 -79,996 =
8. 784 +998 -799 =
9. 29,376 -19,990 +9,994 =
10. 56,371 -4,007 -39,996 =

（二）一目多行加减法

1. 一目多行加减法的含义。一目多行加减法是心算与珠算相结合，将多行数字求和（或差）一次拨数入盘的方法。这种方法有助于心算能力的加强，通过必要的练习，可使计算速度超出单一拨珠的计算速度，从而进一步的提高珠算技能水平。

一目多行加减法是一种减少拨珠次数，加快计算速度的一种速算方法。其特点不是逐个数字拨珠，而是把两个以上的同位数用心算的方法合并为一个数在相应的档次上进行加减。

2. 一目多行加减法的计算方法。

（1）一目多行直加法。一目多行直加法是在心算的基础上，将多行同位数字，从高位到低位的运算顺序一次求和，并按相应档位拨入盘上的方法。即本位实际值是多少就加多少。根据每一次计算的行数不同可分为一目两行直加法、一目三行直加法、一目五行直加法等。一目多行直加法的基本要点是眼看、心算、手拨珠。

例 20　采用一目三行直加法计算下列 3 个数的相加之和。

```
           821
           135
          +496
  ----------------
  心算过程：  13
              14
               12
  ----------------
  盘上结果数：1,452
```

在算盘上拨珠的过程如图 5 -56、图 5 -57、图 5 -58 所示。

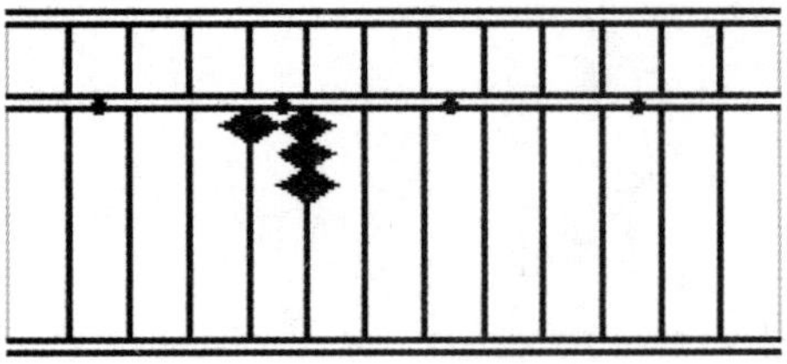

图 5－56　心算 1,300 入盘

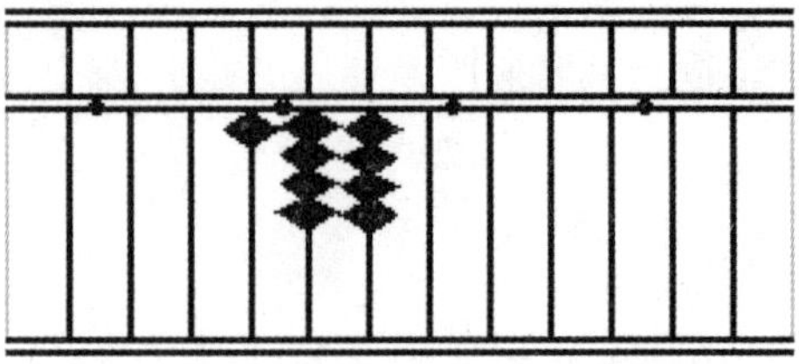

图 5－57　加心算的 140 得 1,440

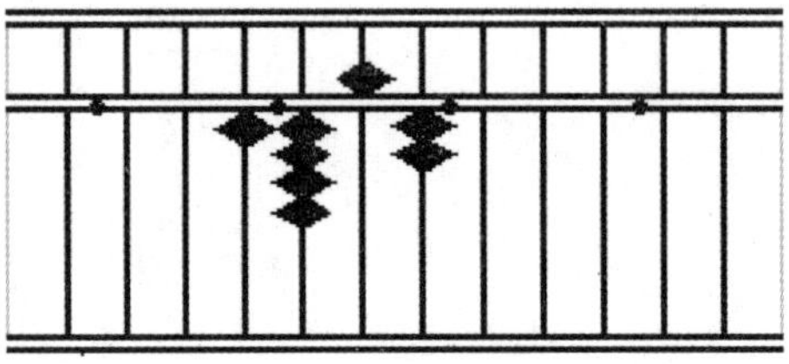

图 5－58　加心算的 12 得 1,452

（2）一目多行减法。

①先加倒减。先加倒减是将减法转化为加法来运算，即先在算盘上将减数相加，得出应减的总数，再去倒减被减数，盘上数的补数则为所求的结果。这种方法适合在减数不多的情况下采用。

例 21　7,639－916－465－177 ＝6,081

先将减数 916、465、177 相加，和为 1,558 入盘，如图 5－59 所示；再减被减数 7,639，盘上数为 3,919，如图 5－60 所示；所求结果为盘上数 3,919 的补数负值 6,081，如图 5－61 所示。

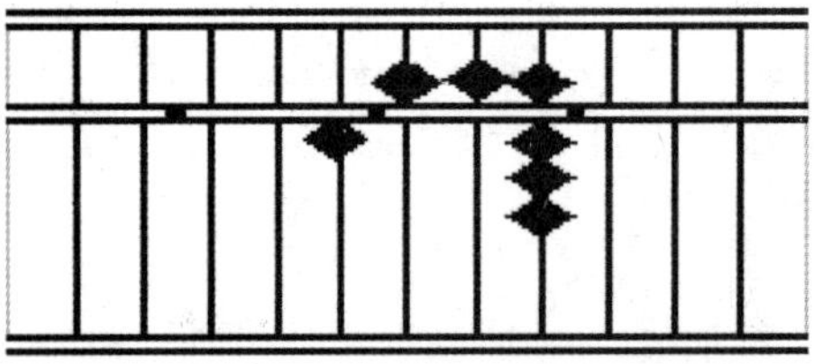

图 5－59　三数之和 1,558 入盘

图 5－60　减 7,639 得 3,919

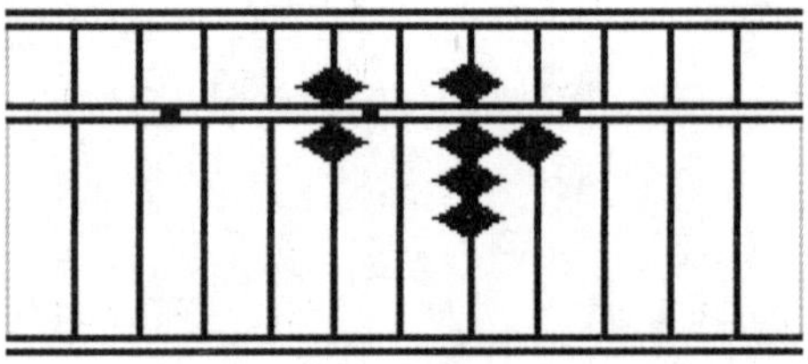

图 5－61　3,919 的补数负值 6,081

②合并连减。将被减数拨在算盘上，减数两行用心算合并相加，将它们逐位之和从被减数中减去，求得差数。这种方法适合在减数不多的情况下采用。

例 22　4, 826 - 1, 247 - 719 = 2, 860

先将被减数 4, 826 拨入算盘，如图 5 - 62 所示；再心算两个减数之和为 1, 966，直接在被减数 4, 826 上减去 1, 966，求得差数为 2, 860，如图 5 - 63 所示。

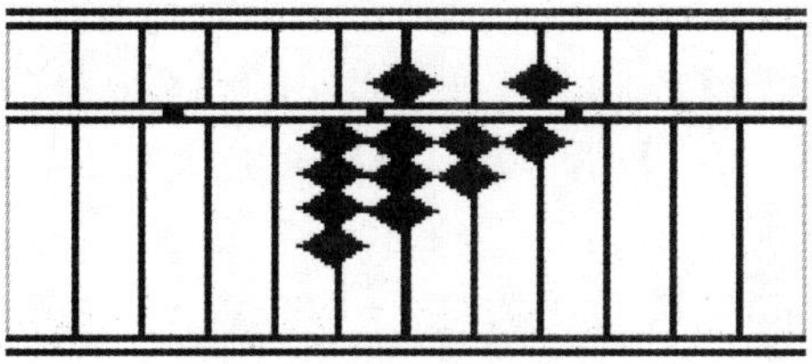

图 5 - 62　置数 4, 826

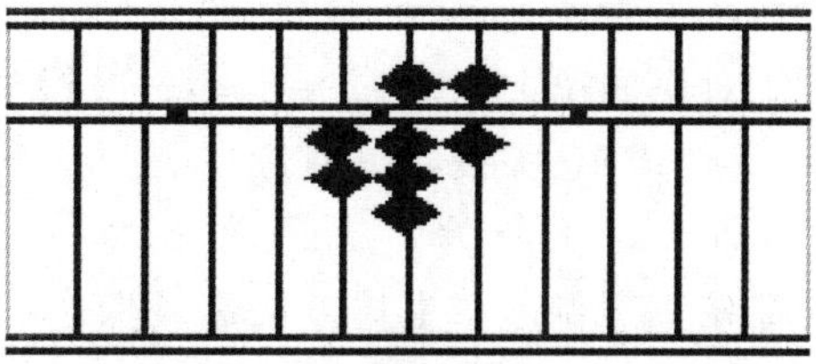

图 5 - 63　减心算的 1, 966 得 2, 860

3. 一目多行提前进位法。一目多行提前进位加法是直加法的进一步简便算法，即多行同位数求和时所产生的进位值并不单独拨珠，而是与前位数之和一并拨加入盘。采用这种方法进行计算，首先要求能够果断地判定出后位是否产生进位，进位值是多少。其要点是：计算本位目测后位，后位进位本位增值，后位不进位本位照加，后和为 9 继续目测下位。

例 23　3, 685

1, 742

---

5 ➡ 目测后位（百位）进一直接加，即 3 + 1 + 1 = 5

4 ➡ 百位之和的本位加后一位进一，即 3 + 1 = 4

2 ➡ 十位之和的本位为 2

7 ➡ 个位之和为 7

最后结果：　5, 427

例 24　36, 578

9, 046

41, 329

---

8 ➡ 直接加后位进的 1，即 3 + 4 + 1 = 8

6 ➡ 千位和的本位为 6

9 ➡ 百位和加后进 1，即 5 + 3 + 1 = 9

5 ➡ 十位和的本位加后位进 2，即 3 + 2 = 5

3 ➡ 末位和的本位值为 3

最后结果：　86, 953

4. 一目三行加减简捷运算方法。

（1）凑十法。若相加的几个同位数，其中两个能凑成 10，可利用加法交换律来计算，即先凑 10 进到左档，再在本档加尾数。这种计算方法就叫做凑十法。

例 25　3 +4 +7 =3 +7 +4 =14

运算步骤如下：

首先，将 3 和 7 凑为 10 并进到前一档；

其次，再在本档直加另一位数“4”，即：10 +4 =14。

例 26　5,786 +3,579 +8,442 =17,807

运算步骤如下：

①对正四位上的 8 +3 +5 =16 进行如下分解：先将 8 和 3 凑成［8 +2 +（1）］=11，将 8 +2 变成 10 并拨入正五位档上，将千位 3 −2 变成 1，即为 10 +1 =11；然后在千位本位加 5，即为 11 +5 =16。

②在正三位上按上述方法进行操作，即：7 +4 +5 =16 分解为［7 +3 +（1）］=11 =10 +1，再加上 5，即为 10 +1 +5 =16。

③在正二位上按上述方法进行操作，即：8 +4 +7 =19 分解为［8 +2 +（2）］=12 =10 +2，再加上 7，即为 10 +2 +7 =19。

④在正一位上按上述方法进行操作，即：9 +2 +6 =17 分解为［9 +1 +（1）］=11 =10 +1，再加上 6，即为 11 +6 =17。

在盘上的对应步骤为：

		①	②	③	④
		5	7	8	6
		3	5	7	9
	+	8	4	4	2
1	6				
	1	6			
		1	9		
			1	7	
1	7	8	0	7	

盘上数 17,807 即为计算结果。

（2）等差数列法。等差数列是指相邻的两个数之差相等的若干个数的排列。

在进行珠算运时，如果奇数个数相加并且这些数构成等差数列，则用这几个数的“中”数乘以数的个数来求和。这种计算方法就叫做等差数列法。等差数列法是将若干个（奇）数的相加转化为两个数相乘，以提高珠算的运算速度。

等差数列法在珠算运算中的应用主要包括两种情况：直接应用和调整应用。

①等差数列法的直接应用。如果递增、递减的三个同位数的差相等，可直接用“3”乘以中间的那个数，其乘积即为这三个数相加之和。

例 27　6 +7 +8 =21

6、7、8 是递增的三个同位数（正一位上的数），相邻两个数的差相等，都是 1。这三个位数相加之和，等于“3”乘以中间数“7”的乘积，即：

6 +7 +8 =3 ×7 =21。

例 28　6 +5 +4 =15

6 +5 +4 是递减的三个同位数（正一位上的数），相邻两个数的差相等，都是 1。

这三个位数相加之和，等于“3”乘以中间数“5”的乘积，即：

6 +5 +4 =3 ×5 =15。

例 29　5 +7 +9 =21

5、7、9 是递增的三个同位数（正一位上的数），相邻两个数的差相等，都是 2，可以采用等差数列法的原理直接计算其相加之和，即：

5 +7 +9 =3 ×7 =21。

②等差数列法的调整应用。如遇不等差的三个同位数，可对其中一个数（通常是前面那个数或后面那个数）进行调整使这三个数变为递增或递减的等差数列，然后按直接应用的等差数列法计算出一个中间结果，再调整出其最终结果。调整方法可以概括为“差多少添多少，添多少减多少”。

所谓“差多少添多少”是指将不等差数调整为等差数时差多少数就添多少数；所谓“添多少减多少”是指将中间结果调整为最终结果时从中间结果中减去先前所添的那个数，先前添了多少就减去多少。

例 30　8 +7 +5 =20

8、7、5 三个数中，8 与 7 之差是 1 而 7 与 5 之差是 2，不是等差数列，不能直接应用等差数列法进行计算。但如果将 8 调整为 9（等差为 2），或者将 5 调整为 6（等差为 1），就可以使其变成等差数列后再进行计算。

当将 8 调整为 9 进行计算时，8 与 9 之间差 1，所以就添 1 使 8 变为 9，将“8、7、5”变成“9、7、5”等差为 2 的递减数列后，用“3 ×7”得到中间结果“21”后，再从中减去先前添的 1，就得到最终结果“20”。

当将 5 调整为 6 进行计算时，5 与 6 之间差 1，所以就添 1 使 5 变为 6，将“8、7、5”变成“8、7、6”等差为 1 的递减数列后，用“3 ×7”等到中间结果“21”后，再从中减去先前添的 1，就得到最终结果“20”。

（3）倍数法。若相加的几个数相等或相近，可直接变加为乘进行计算。这种计算方法就叫做倍数法。如果是相近，则还需对乘积进行相应的调整。

例 31　7 +7 +8 =22

7、7、8 三个数中有两个是 7，一个是 8 比 7 多 1，所以可以转化为“7 ×3 +1 =22”来进行计算。

（4）分解法。在运算中经常会遇到不规则数的求和计算，这样可将其中一个数分解后变化成上述凑十法、等差数列法或倍数法等三种类型进行计算。

例 32　6 +8 +6 =20

“6 +8 +6”可以分解为“3 ×6 +2 =20”（倍数法）进行计算，也可以分解为“（6 +4）+（4 +6）=20”（凑十法）进行计算，还可以分解为“6 +8 +7 −1 =21 −1 =20”（等差数列法）进行计算。

以上几种简捷计算方法，在训练和运用时，既要考虑数与数之间的关系，也要根据自己的特点，选择自己最熟悉、最得心应手的方法，快速、准确地完成运算。

【同步训练】

训练 10

采用珠、心算结合加减法计算下列各题。

1.	7,984	2.	807
	201		94,236
	801,426		5,412
	3,845		609
	572		980,362
	6,431		135
3.	578	4.	3,204
	6,987		612
	97,036		82,045
	760		176
	1,425		493
	956,142		905,231
5.	197	6.	395
	7,904		18,452
	970,246		684
	604		2,580
	9,251		872
	861,903		15,326

任务3 珠算乘法技能训练

一、珠算乘法基本知识

（一）珠算乘法的含义

乘法是求一个数的若干倍是多少的计算方法，也是计算一个数连续加若干次的简便算法。

珠算乘法是以算盘为工具，在加法的基础上，根据乘法口诀进行的运算。乘法是加法的简便运算，如：求3个5是多少？用加法就是5+5+5=15，乘法则是5×3=15。在乘法运算式中，“×”是表示乘的符号，乘号左边的数是被乘数（又称“实数”），乘号右边的数是乘数（又称“法数”），等号后面的数是计算后的结果，叫做积（乘积）。

（二）珠算乘法的种类

长期以来，形成了很多种珠算乘法的运算方法，各种方法都有其产生和发展的过程，并且在珠算历史上都占有一定的位置。

1. 珠算乘法按其适用范围，可分为基本乘法和简捷乘法。

2. 珠算乘法按其运算时是否在盘上拨入被乘数，可分为置数乘法和空盘乘法两类。置数乘法是指在盘上拨入被乘数后再进行运算的乘法。置数乘法按运算顺序和置数位置的不同，又可分为后乘法和前乘法。后乘法有隔位乘法和不隔位乘法两类，不隔位乘法又分为破头乘、留头乘和掉尾乘等。空盘乘法，又叫不置数乘法，是指运算时被乘数和乘数均不拨入算盘上，而只将乘积直接拨入盘中的乘法。空盘乘法又可分为空盘前乘法和空盘后乘法。珠算乘法的种类如图5－64所示。根据实际工作业务的需要，本书重点介绍破头后乘和空盘前乘两种方法。

（三）乘法口诀

乘法口诀起源于春秋时期，古称“九九歌”。珠算基本乘法就是以乘法口诀为基础进行运算的。为了便于盘上运算和提高运算速度，珠算乘法口诀在读法上与一般乘法口诀有一定的区别。比如，一般乘法口诀中的“三二得六”在珠算乘法口诀中要读作“三二零六”，一般乘法口诀中的“九九八十一”在珠算乘法口诀中要读作“九九八一”等。要使珠算乘法打得既准又快，必须熟记珠算乘法口诀。

珠算乘法口诀分为“大九九”和“小九九”两种。

1. “大九九”口诀。“大九九”口诀，包括乘数一至九与被乘数一至九相乘，按一定的顺序编排而成，共有81句。“大九九”又称为“全九九”。大九九口诀能完全适应各种乘

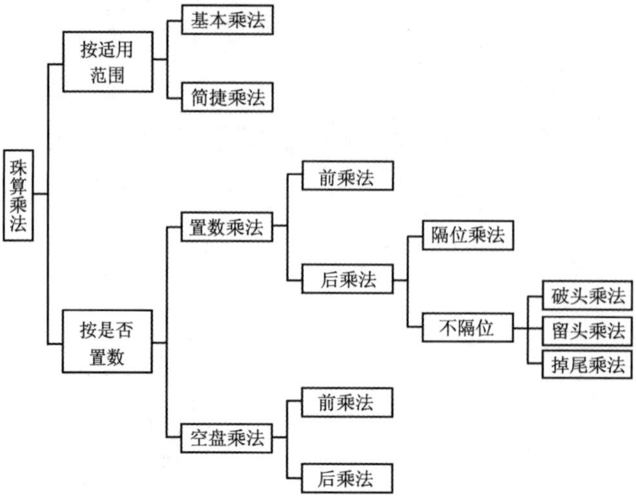

图 5－64　珠算乘法的种类

法，在计算时不需要颠倒乘数和被乘数的位置，便于乘法运算，不易发生差错，所以在珠算乘法运算中，一般采用“大九九”口诀。

2. “小九九”口诀。根据乘法交换律，“大九九”口诀的结果有很多是重复的，为了使口诀简化，省略了大数读在前小数读在后的36句，剩下的45句就是“小九九”口诀。（见表5－3）粗线条以下的部分为“小九九”口诀。

表 5－3　　乘法“大九九”口诀表

×	一	二	三	四	五	六	七	八	九
一	一一 01	一二 02	一三 03	一四 04	一五 05	一六 06	一七 07	一八 08	一九 09
二	二一 02	二二 04	二三 06	二四 08	二五 10	二六 12	二七 14	二八 16	二九 18
三	三一 03	三二 06	三三 09	三四 12	三五 15	三六 18	三七 21	三八 24	三九 27
四	四一 04	四二 08	四三 12	四四 16	四五 20	四六 24	四七 28	四八 32	四九 36
五	五一 05	五二 10	五三 15	五四 20	五五 25	五六 30	五七 35	五八 40	五九 45
六	六一 06	六二 12	六三 18	六四 24	六五 30	六六 36	六七 42	六八 48	六九 54
七	七一 07	七二 14	七三 21	七四 28	七五 35	七六 42	七七 49	七八 56	七九 63
八	八一 08	八二 16	八三 24	八四 32	八五 40	八六 48	八七 56	八八 64	八九 72
九	九一 09	九二 18	九三 27	九四 36	九五 45	九六 54	九七 63	九八 72	九九 81

（四）乘法口诀在计算过程中的运用

1. 在计算过程中一般采用“大九九”口诀。“大九九”口诀的第一个数字表示“乘数”，第二个数字表示“被乘数”，后面两个阿拉伯数字表示“乘积”。

2. 在珠算乘法中没有计算过程，“大九九”口诀每句四个字，由三个数组成。口诀中各乘积都是由两位数表示，如乘积是一位数需在前补一个“0”。为了防止运算中加错档位，凡乘积是一位的，十位则以“0”代替。在珠算乘法运算中乘积由两位数组成的方法叫做“两位读积”。采用这种读积方法的主要目的在于避免在运算过程中加错档位，学习者应熟练掌握两位读积法。如果乘积已经是两位数，在读积时应省略一般读数中间的“十”字，只读首、尾的两个数字。采用这种读积方法的主要目的在于减少读积的字节，提高大脑对积的反应速度，从而提高运算速度。同时也可以保持两位读积的节奏一致，这也有利于珠算乘法运算速度的提高。学习者也应熟练掌握这种读积方法。

例 33　4×2=8，用口诀“二四 08”，读作：二四零八。

为了保持两位读积的一致性，上例读积不应读成“二四得八”。

例 34　8×3=24，用口诀“三八 24”，读作：“三八二四”。

为了不影响运算速度，不可为口诀加字，如“三八 24”，应读作“三八二四”，不能读作“三八二十四”。

例 35　　4,507×2=9,014

二四＝0 8（零八）
二五＝　1 0（一零）
二 0＝　　0 0（零零）
二七＝　　　1 4（一四）
―――――――――――
9, 0 1 4

二、珠算乘法的定位

（一）珠算乘法定位的意义

在用珠算进行乘法运算时，算盘上没有固定的个位，空档是用“0”表示的，没有数字也是空档无法区别。计算时如果不定位，同样的数就有不同的理解，盘上尾数是否有零无法得知，盘上的积无法确定其正确数值。如：25×40 和 0.25×4，其乘积在盘上的表示都只是有一个非零数字“1”。前者结果为“1000”，后者结果为“1”。位数不同所表示的数值就不同，不对乘法进行定位就容易造成错误。因此，在学习珠算乘法时，应先学习乘法的定位，积的定位就是用科学的方法确定乘积的个位档或小数点的位值。

珠算乘法的定位方法一般有三种，即：公式定位法、固定个位法和移档定位法。本书主要介绍通用的公式定位法和固定个位点定位法。

学习乘法定位必须掌握乘积的定位方法，同时必须掌握确定数的位数与算盘上的档位之间的对位关系。数的位数可归纳为正位数、零位数和负位数三种类型，如表 5-4 所示。

表 5-4

位数	+3	+2	+1	0	-1	-2	-3
数	345	65	7	0.8	0.06	0.0045	0.00034
	678.42	54.89	4.45	0.78	0.038	0.00234	0.000389
	307.78	98.07	5.734	0.348	0.0156	0.001256	0.0008054

数的位数与算盘上的档位之间的对位关系是：以十分位档为“0”位，向右各档顺次

－1 位，－2 位，－3 位，……；向左各档顺次为＋1 位，＋2 位，＋3 位，……如图 5－65 所示。

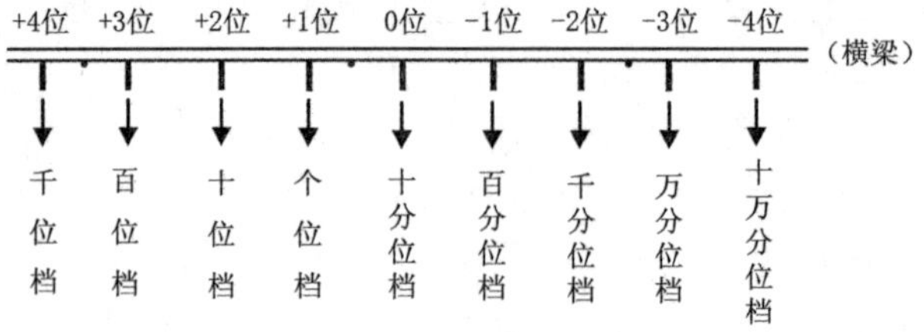

图 5－65　数的位数与算盘档位之间的关系

熟悉数的位数与算盘上的档位之间的对应关系，便于定位和快速读数。

（二）公式定位法

1. 公式定位法的含义。公式定位法，又称通用定位法，是按照乘数的位数和被乘数的位数，用计算公式来确定积的位数的方法。

设 M 表示被乘数的位数，N 表示乘数的位数，K 表示乘积的位数。则乘积的位数可用下列两个公式来表示：

公式（1）：

$K_1 = M + N$　　即：积的位数 ＝ 前位 ＋ 后位

（前位↑被乘数的位数；后位↑乘数的位数）

公式（2）：

$K_2 = M + N - 1$

2. 乘积定位的选择方法。先看下列两组算题乘积的位数情况：

第一组 $\begin{cases} 5 \times 7 = 35 & (1\text{位} + 1\text{位} = 2\text{位}) \\ 5 \times 43 = 215 & (1\text{位} + 2\text{位} = 3\text{位}) \end{cases}$

第二组 $\begin{cases} 3 \times 2 = 6 & (1\text{位} + 1\text{位} - 1\text{位} = 1\text{位}) \\ 5 \times 13 = 65 & (1\text{位} + 2\text{位} - 1\text{位} = 2\text{位}) \end{cases}$

从以上两组算题可以看出：第一组中，两个一位数相乘的积为 2 位，一个一位数和一个两位数相乘的积为 3 位；第二组中，两个一位数相乘的积为 1 位，一个一位数和一个两位数相乘的积为 2 位。虽然两组被乘数与乘数的位数一样，但乘积位数是有差别的。所以，采用公式定位法进行定位，一定要注意区分其应用的基础或前提条件，准确判定在哪种情况下该用公式（1），哪种情况下该用公式（2），以保证计算结果定位的正确性。下面具体说明公式（1）与公式（2）的适用情况。

①当乘数和被乘数的两首位数相乘的积已经进位（满十）时，即积的首位数字比被乘数或乘数的首位数字小时，适用于公式（1）$K_1 = M + N$ 来定位。

例 36　$5 \times 7 = 35$

积的首位数字 3 比被乘数首位数 5 小，比乘数首位数 7 也小，故用 $K = M + N$ 的公式来定位，即 1 位＋1 位＝2 位。

这种积数的特点是：凡是进位的，积首就变小，其定位规律可谓“积首小，位相加”

（指被乘数位数和乘数位数相加，即 $K_1 = M + N$）。

②当乘数和被乘数的两首位数相乘的积不进位时，即积的首位数字比被乘数或乘数的首位数字大时，适用于公式（2）$K_2 = M + N - 1$ 来定位。

例 37　$5 \times 13 = 65$

积的首位数字 6 比被乘数的首位数 5 大，比乘数的首位数字 1 也大，故用公式 $K = M + N - 1$ 来定位。即 1 位 +2 位 -1 位 =2 位。

这种积数的特点是：凡是不进位的，积首就变大，其定位规律可谓“积首大，加后减一”（指被乘数位数与乘数位数相加后减去 1 位，即 $K_2 = M + N - 1$）。

③当积的首位数字与被乘数或乘数的首位数当中的其中一个相同，就用另一个进行比较，如积的首位数字小于另一个数的首位数，就用公式（1）$K_1 = M + N$ 定位；如积的首位数字大于另一个数的首位数，就用公式（2）$K_2 = M + N - 1$ 定位。

例 38　$9 \times 124 = 1,116$

积的首位数字 1 与乘数的首位数相同，但小于被乘数的首位数 9，故用公式（1）$K_1 = M + N$（前位 + 后位）来定位，即：

（+1 位）+（+3 位）= +4 位

例 39　$2 \times 134 = 268$

积的首位数字 2 与被乘数的首位数相同，但大于被乘数的首位数 1，故用公式（2）$K_2 = M + N - 1$ 来定位，即：

（+1 位）+（+3 位）-1 位 = +3 位

④当积的首位数字与被乘数或乘数的首位数都相同时，则比较它们的第二位数字，若第二位相同再比较第三位数字，以此类推，来确定适用公式（1）还是公式（2）。

例 40　$12 \times 14 = 168$

积的首位数与被乘数和乘数的首位数字都是 1，故比较它们的第二位，积的第二位是 6 比被乘数的第二位 2 大，比乘数的第二位 4 也大，故用公式（2）$K_2 = M + N - 1$ 定位，即：（2 位）+（2 位）-1 位 =3 位。

⑤当积的首位数字与被乘数或乘数的首位数相同，第二位相同，以此类推，每位都相同的，称为位齐，也适用于公式（2）$K_2 = M + N - 1$。

例 41　$100 \times 10 = 1,000$　即：（3 位）+（2 位）-1 位 = +4 位。

（三）固定个位定位法

1. 固定个位定位法的含义。

固定个位定位法，又称算前定点定位法，是在算盘上具体应用公式定位的另一种简便方法。在运算前，先选定盘上某一档（应结合记位点）作为运算后乘积的个位档，并以这一档为基点来确定被乘数的置数。由于乘积的个位档是固定的，所以叫固定个位定位法。

固定个位定位法确定被乘数置数的方法是：将被乘数的位数与乘数的位数相加，即（$M + N$），如和为正一位，即将被乘数从已选定的个位档上依次拨入，如和为正二位，即将被乘数从十位档上依次拨入，如和为零位，即将被乘数从个位档的右一档依次拨入，其余类推，如表 5－5 所示。

表 5－5　　　　固定个位定位法下的被乘数置数档位

盘上数位			十万位	万位	千位	百位	十位	个位	十分位	百分位	千分位	万分位		
按被乘数与乘数位数之和，确定被乘数首位应置入的档位。			正六位档	正五位档	正四位档	正三位档	正二位档	正一位档	零位档	负一位档	负二位档	负三位档		

按这一方法将被乘数拨入算盘，经过运算，得出积数后，积的个位即在选定的个位档上。

例 42　432 ×68 =29, 376

被乘数为正三位，乘数为正二位，M + N =5 位，被乘数应从正五位档（万位档）开始依次拨入，如表 5－6 所示。

表 5－6　　　　固定个位定位法下 432 ×68 的定位与置数情况

说　明	盘　式													
								▼						
		•			•			•			•			•
按正五位拨入乘数				四	三	二								
运算后的乘积				2	9	3	7	6						

注：　▼为乘积的个位档（下同）。

例 43　7. 65 ×5. 68 =43. 452

被乘数为正一位，乘数为正一位，M + N =2 位，被乘数应从正二位档（十位档）开始依次拨入，如表 5－7 所示。

表 5－7　　　　固定个位定位法下 7. 65 ×5. 68 的定位与置数情况

说　明	盘　式													
								▼						
		•			•			•			•			•
按正二位拨入被乘数							七	六	五					
运算后的乘积							4	3	4	5	2			

例 44　7. 83 ×0. 0056 =0. 043848

被乘数为正一位，乘数为负二位，M + N = －1 位，被乘数应从负一位档（百分位档）开始依次拨入，如表 5－8 所示。

表 5－8　　　　**固定个位定位法下 7.83×0.0056 的定位与置数情况**

说　明	盘　式													
					▼									
		•			•			•			•			•
按负一位拨入被乘数							七	八	三					
运算后的乘积					0	0	4	3	8	4	8			

这两种乘积的定位方法，积的公式定位法有简便易懂快速的优点，它适用于各种算法，是一种通用的定位方法。但有时存在难以准确判断两因数之积的首数是否为进位数的问题，特别是连乘运算的定位更加困难。因此，积的公式定位法在算前定位容易出错，较多用于算后积的定位，称为算后定位法。而固定个位定位法，是将被乘数的置数和积的定位同时进行的，并且在算前就定好了位，运算完毕能立即读出积数，不需要推算，加快了记数的速度，又称算前定位法。

珠算乘法运算一般是采用先定位后计算的方法。积的定位一般采用公式定位法的第一种公式（$K_1=M+N$），这种方法先把乘积的位数确定后再进行计算（适用于珠算乘法的空盘乘法的运算方法）。如遇积的首位为“0”时，首零要占一个档位但不写出来，自然积的位数少一位即适用于公式（2）$K_2=M+N-1$。如：

例 45　41×12＝492

即：①一四＝04　　　04
　　　一一＝01　　　01
　　②二四＝08　　　08
　　　二一＝02　　　02
　　　　　　　　　　————
　　　　　　　　　　0492

【同步训练】

训练 11

一、定出下列各数的位数填在括号里。

1. 0.009765	（　　）	11. 0.6903	（　　）
2. 406.83	（　　）	12. 3,847,000	（　　）
3. 0.63807	（　　）	13. 0.07108	（　　）
4. 0.000094	（　　）	14. 84.74	（　　）
5. 456,038	（　　）	15. 0.9386	（　　）
6. 6,000	（　　）	16. 690.6	（　　）
7. 628.007	（　　）	17. 0.2327	（　　）
8. 465.90	（　　）	18. 90.92	（　　）
9. 0.09438	（　　）	19. 0.009643	（　　）
10. 72.372	（　　）	20. 0.7414	（　　）

二、试用积的定位公式进行定位。

1. 7.457×8.31=
2. 0.0076×16=
3. 2.240×8.5=
4. 9.75×60=
5. 448×396=
6. 67.43×28.58=
7. 86.17×166=
8. 47.28×0.64=
9. 0.0006×9.000=
10. 326×0.04=
11. 7.24×0.45=
12. 378×218=
13. 86×0.434=
14. 0.0477×0.397=
15. 904×3.6=
16. 0.0776×6=
17. 1.35×0.06=
18. 27.95×0.394=
19. 0.00135×9=
20. 0.0768 ×279=

三、珠算基本乘法

（一）珠算基本乘法的含义

珠算基本乘法，是建立在加法和乘法“大九九”口诀基础上的一种传统计算方法，包括一位数乘法与多位数乘法。乘法中，不论被乘数有几位，凡是乘数只有一位非零数字的都叫一位数乘法。它是多位数乘法的基础。乘法中，被乘数和乘数都是二位及以上的非零数字的乘法叫做多位数乘法。

（二）一位数和多位数乘法的运算方法及步骤

按照珠算乘法的运算顺序，本书只介绍后置乘法中的破头后乘法和前置乘法中的空盘前乘法的运算方法。

1. 破头后乘法。

（1）破头后乘法的含义。破头后乘法，简称破头后乘，是先从被乘数末位数字与乘数的首位数字开始依次相乘，并将被乘数末位数字破掉改拨为被乘数末位与乘数首位两个数字的乘积的首位数字的运算方法。具体地说：

一位数的破头后乘，是先用被乘数末位数字与乘数相乘，将被乘数末位数字破掉改拨为该两数乘积的首位数字，其下一档拨该两数乘积的第二位数字；接着用被乘数的倒第二位数字与乘数相乘，将被乘数倒第二位数字破掉改拨为该两数乘积的首位数字，其下一档拨该两数乘积的第二位数字；以此类推，直至运算结束。

多位数的破头后乘，是先用被乘数末位数字与乘数的首位数字相乘，将被乘数末位数字破掉改拨为被乘数末位与乘数首位两数乘积的首位数字，其下一档拨该两数乘积的第二位数字；接着用被乘数末位数字与乘数的第二位及后面各位数字分别相乘加积。被乘数末位数字与乘数的各位数字乘完以后，再用被乘数倒第二位数字与乘数的首位数字相乘，将被乘数倒第二位数字破掉改拨为被乘数倒第二位与乘数首位两数乘积的首位数字，其下一档拨该两数乘积的第二位数字；接着用被乘数倒第二位数字与乘数的第二位及后面各位数字分别相乘加积。以此类推，直至运算结束。

（2）破头后乘法的特点。破头后乘法，对被乘数而言，则是从其末位数字开始分别与乘数从高到低的各位数字相乘，即用被乘数末位数字和乘数的首位数字相乘，一直乘到乘数的末位数字；对乘数而言，是按乘数的自然顺序从高位到低位的运算，符合读数的习惯和拨珠顺序，减少隔位，运算速度快。其不足之处是运算一开始就破掉了被乘数的本位数字（正在运算的数字），在运算中容易忘记被破掉的这个数字而出差错。同时乘积与被乘数两类不同性质的数连在一起，也容易混淆而导致出错。为了解决这个问题，运算过程中读口诀时可将破掉的数字读在前面，乘数的数字读在后面，并将破掉的数字进行瞬间强记。同时，可腾出左手的闲指有意识地放到下一步将要计算的被乘数数字档位的下边上，将尚未计算的被乘数与已经计算出来的中间乘积明显地区分开。

（3）破头后乘法的运算方法及步骤。

①置数：用公式定位法或固定个位法，确定被乘数首位的上盘档位，按位拨入被乘数，乘数可看资料或默记。

②计算步骤：一位数乘法时，用乘数去乘被乘数，从被乘数的末位乘起，依次向左乘到被乘数的首位为止，如图 5－66 所示。

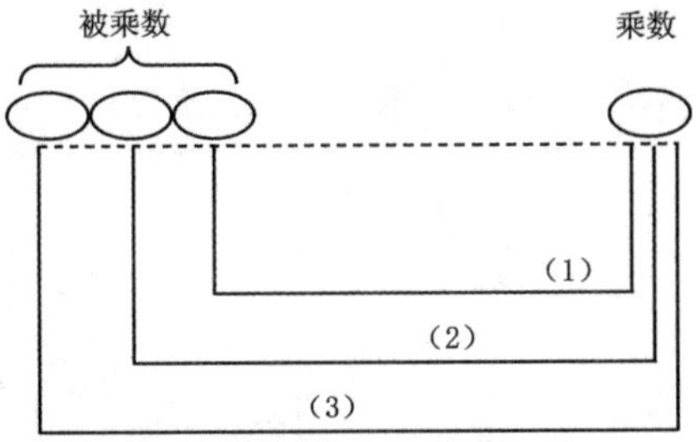

图 5－66　一位数破头后乘的运算方法及步骤

多位数乘法时，尤其是乘数的位数较多时，用被乘数的数字从末位开始，依次去乘乘数的首位、第二位、第三位直至末位。被乘数的末位数字乘完乘数的各位数字后，又从倒第二位数字开始依次去乘乘数的首位、第二位、第三位直至末位。以此类推，直至被乘数的首位运算完毕，如图 5－67 所示。

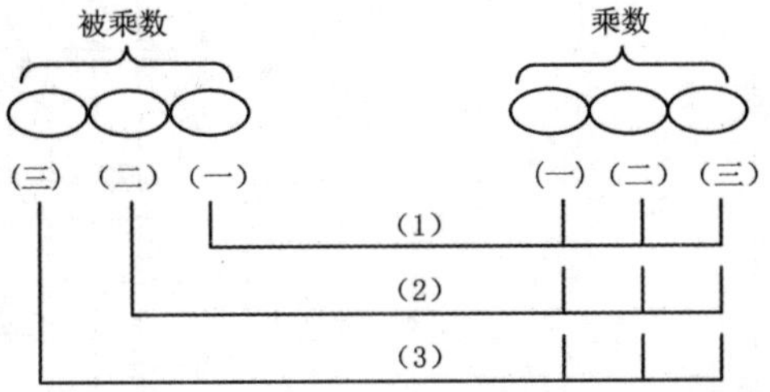

图 5－67　多位数破头后乘的运算方法及步骤

③加积过程：每乘一位，按乘法口诀改变算珠，将被乘数本档的数字改为乘积的十位数（两位积数的首位），个位数（两位积数的第二位）加在右一档上。如乘积的十位数为零时，则拨去被乘数本档的算珠，以空档表示零，个位数仍加在右一档上。

④乘积：被乘数全部乘算后，算盘上的数便是乘积。

例 46　324 × 6 = 1, 944

运算步骤如表 5－9 所示。

置数档位：K = M + N 即 3 + 1 = 4 位

表 5－9　　　　324 × 6 的运算步骤

运算顺序	盘式																			
	加积档次										运算结果									
					▼											▼				
		•			•			•					•			•			•	
按正四位拨入被乘数		三	二	四									三	二	四					
324 × 6 { 4 × 6				2	4								三	二	2	4				
2 × 6			1	2									三	1	4	4				
3 × 6		1	8										1	9	4	4				

例 47　2,756 × 3 = 8,268　（采用算后公式定位法）

运算步骤如表 5－10 所示。

表 5－10　　　　2,756 × 3 的运算步骤（算后定位）

盘面数 盘式档次 方法说明	1	2	3	4	5	6	7	8	9	10
（1）将被乘数拨在算盘左边，默记乘数 3。	二	七	五	六		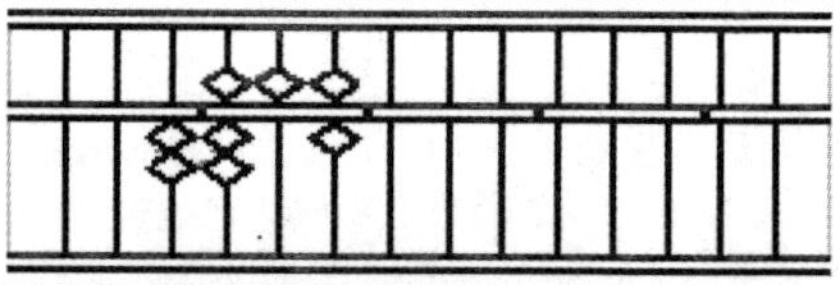				
（2）被乘数 6 与乘数 3 相乘：三六 18，将本档 6 改为 1，次档加 8。	二	七	五	1	8					
（3）被乘数 5 与乘数 3 相乘：三五 15，将本档 5 改为 1，次档加上 5。	二	七	1	6	8	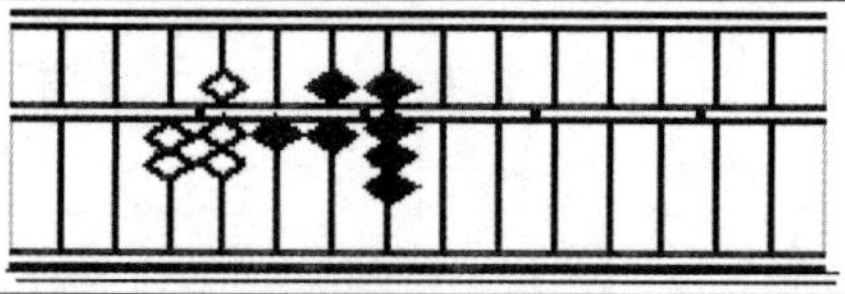				
（4）被乘数 7 与乘数 3 相乘：三七 21，将本档 7 改为 2，次档加上 1。	二	2	2	6	8	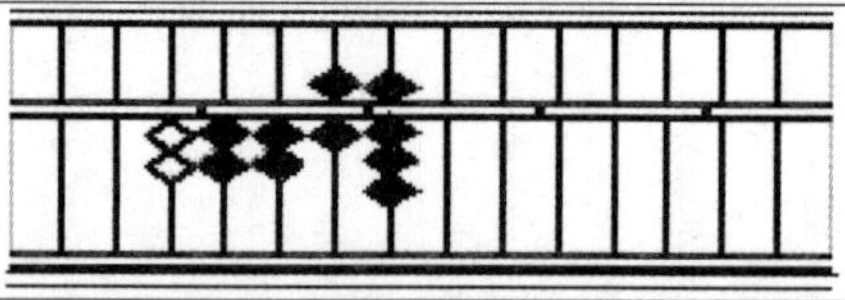				
（5）被乘数 2 与乘数 3 相乘：三二 06，将本档 2 改为 0，次档加上 6。	0	8	2	6	8	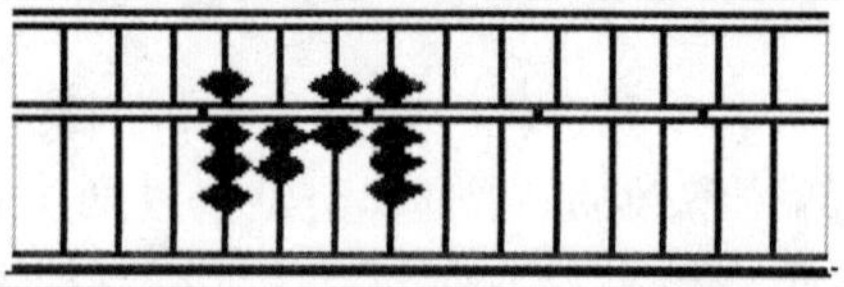				
（6）定位：4 位 + 1 位 − 1 位 = 4 位。	0	8	2	6	8					
乘积	8,268									

表5－10展示的运算步骤采用的是算后公式定位的方法。如果采用算前定位法，则算前确定积的位数是5位，被乘数应从万位档上开始置入（假定表5－10中的“1”位档就是万位档），运算过程和方法与上述展示的运算过程和方法是相同的，运算结束后，因为“0”占了一档，可直接写出实际答案8,268。

例48　0.835×6＝5.01（采用算后公式定位法）

运算步骤如表5－11所示。

表5－11　　0.835×6的运算步骤（算后定位）

盘面数 \ 盘式档次 / 方法说明	1	2	3	4	5	6	7	8	9	10
（1）将被乘数拨在算盘左边，默记乘数6。	八	三	五			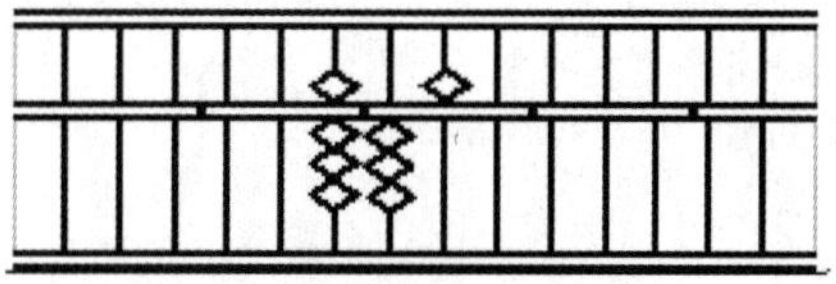				
（2）被乘数5与乘数6相乘：六五30，将本档5改为3，次档加上0。	八	三	3	0		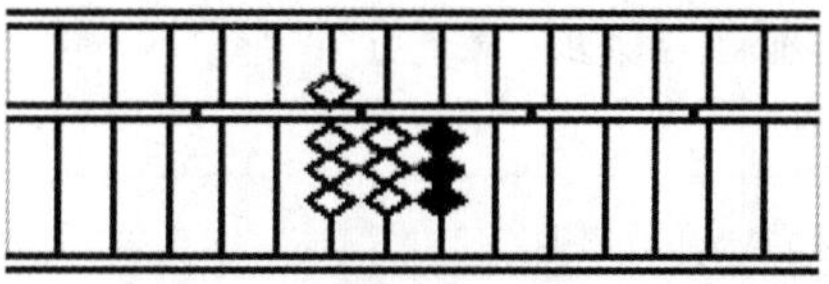				
（3）被乘数3与乘数6相乘：六三18，将本档3改为1，次档加上8。	八	2	1	0		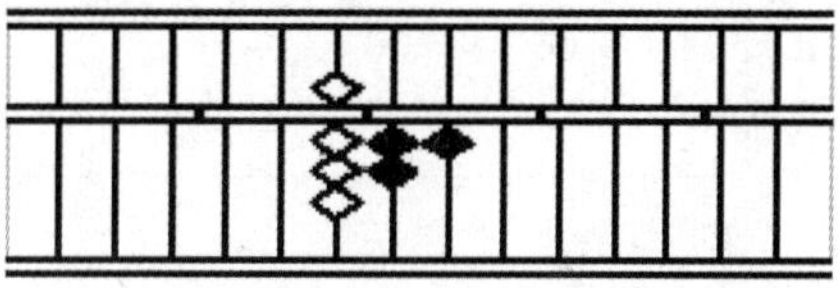				
（4）被乘数8与乘数6相乘：六八48，将本档8改为4，次档加上8。	5	0	1	0		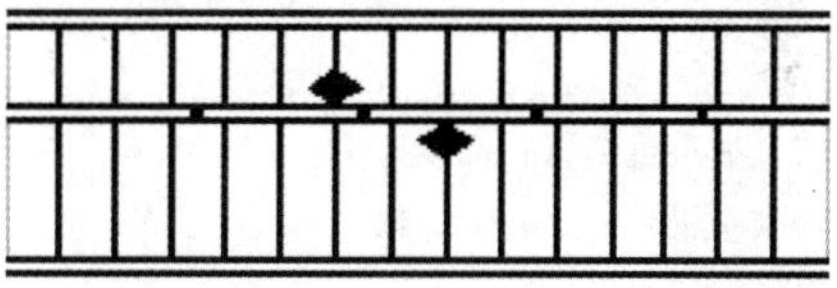				
（5）定位：0位＋1位＝1位。	5	0	1	0						
乘积	5.01									

本例如果采用算前定位法，则算前确定积的位数是1位，被乘数应从个位档上开始置入（假定表5－11中的“1”位档就是个位档），运算过程和方法与上述展示的运算过程和方法是相同的，运算结束后可直接写出答案5.01。

例49　728×354＝257,712（采用算前定位）

运算步骤如下：

①定位：前＋后＝3位＋3位＝6位。设定表5－12中“8”位档为个位档，被乘数应从＋6位档（十万位档，即表5－12中的“3”位档）入盘。

②被乘数入盘及各运算步骤如表5－12所示。

表 5-12　　728×354 的运算步骤（算前定位）

▼

盘面数 \ 盘式档次 / 方法说明	1	2	3	4	5	6	7	8	9	10
(1) 被乘数从 +6 位入盘，默记被乘数末位 8。			七	二	八					
(2) 被乘数末位 8 与乘数 3 相乘：八三 24，将本档 8 改为 2，次档加上 4。					2	4				
(3) 被乘数末位 8 与乘数 5 相乘：八五 40，依次加积。					2	8	0			
(4) 被乘数末位 8 与乘数 4 相乘：八四 32，依次加积。					2	8	3	2		
(5) 被乘数倒第二位 2 与乘数 3 相乘：二三 06，默记 2，将本档改为 0，次档加 6。				0	8	8	3	2		
(6) 被乘数倒第二位 2 与乘数 5 相乘：二五 10，依次加积。				0	9	8	3	2		
(7) 被乘数倒第二位 2 与乘数 4 相乘：二四 08，依次加积。				0	9	9	1	2		
(8) 被乘数首位 7 与乘数 3 相乘：七三 21，默记 7，将本档改为 2，次档加 1。			2	1	9	9	1	2		
(9) 被乘数首位 7 与乘数 5 相乘：七五 35，依次加积。			2	5	4	9	1	2		
(9) 被乘数首位 7 与乘数 4 相乘：七四 28，依次加积。			2	5	7	7	1	2		
乘积	257, 712									

2. 空盘前乘法。

（1）空盘前乘法的含义。空盘前乘法，简称空盘前乘，是空盘乘法的一种运算方法。空盘乘法，简称空盘乘，是指在进行珠算乘法运算时被乘数和乘数都不拨在盘上，只是将两者的乘积直接拨算盘上。可见，所谓空盘前乘法就是指在空盘乘的基础上，乘数首先同被乘数的首位相乘，然后从左到右逐位依次相乘，直到乘完为止。

（2）空盘前乘法的特点。采用空盘前乘法时，被乘数和乘数都不上盘，省略了上盘的环节，减少了拨珠的次数，缩短了运算过程，可以节约运算时间，提高计算的速度。其不足之处是运算时加积要按规律计算，否则容易加错档位。

（3）空盘前乘法的运算方法及步骤。

①乘积的定位：可以采用公式定位法定位，也可以采用固定个位定位法定位。确定乘积的位数，根据不同的情况选择不同的公式来计算（K = M + N 或 K = M + N - 1）。一般采用算前定位，即先确定乘积在算盘上的档位。

②计算步骤：以乘数的首位数与被乘数的首位数、第二位数、第三位数……依次相乘到最后一位数；再用同样的顺序运算乘数的第二位数、第三位数……直到最后一位数为止，如图 5 - 68 所示。

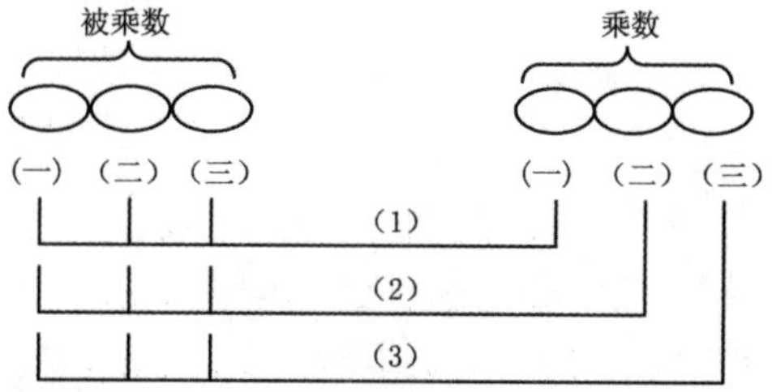

图 5 - 68　空盘前乘法的运算方法及步骤

③加积的档位：用乘数首位与被乘数各位数相乘时，在算后定位的情况下，乘积十位可从算盘左端第一档拨起，乘数的第二位与被乘数各位数相乘时，加积的档次，则相应右移一档，其余类推；被乘数是第几位乘积的十位数就拨在第几档上，个位则右移一档。在运算中，要根据“上次乘积的个位档是本次积的十位档”的规律，顺序加积，做到指不离档。凡乘数或被乘数中间有零时，虽不需乘算，但要向右移动相应的档次，有几个“0”就右移几位。移位的末档就是下次乘积的十位档。在算前定位的情况下，被乘数则按确定的档位入盘，其加积方法与上述算后定位基本相同。

④乘积：全部运算完毕，如果采用的是算后定位方法，就用定位公式对盘上数进行定位得出乘积；如果采用的是算前定位方法，则盘上数就是最后的结果。

例 50　4, 896 × 4 = 19, 584（采用算后定位）

运算步骤如表 5 - 13 所示。

表 5－13　　　　4,896×4 的运算步骤（算后定位）

盘面数 / 盘式档次 / 方法说明	1	2	3	4	5	6
(1) 以盘做第一档（或记位点）为起拨档，默记乘数 4，眼看被乘数首位 4：四四 16 随手加积入盘。	1	6				
(2) 被乘数第二位 8 与乘数 4 相乘：四八 32。	1	9	2			
(3) 被乘数第三位 9 与乘数 4 相乘：四九 36。	1	9	5	6		
(4) 被乘数第四位 6 与乘数 4 相乘：四六 24。	1	9	5	8	4	
(5) 定位：4 位 +1 位 -1 位 =5 位	1	9	5	8	4	
乘积	19,584					

例 51　386×6＝2,316（采用算前定位）

运算步骤如下：

①确定积的上盘位数。前＋后＝（＋3 位）＋（＋1 位）＝＋4 位。设定表 5－14 中“6”档为个位档，乘积从＋4 位（千位，表 5－14 中的“3”）档上盘。

②计算顺序如表 5－14 所示。

表 5－14　　　　386×6 的运算步骤（算前定位）

盘面数 / 盘式档次 / 方法说明	1	2	3	4	5	6 ▼
(1) 以＋4 位档为起拨档，默记乘数 6，眼看被乘数首位 3：六三 18 随手加积入盘。			1	8		
(2) 被乘数第二位 8 与乘数 6 相乘：六八 48，依次加积。			2	2	8	
(3) 被乘数第三位 6 与乘数 6 相乘：六六 36，依次加积。			2	3	1	6
乘积	2,316					

例 52　497×153＝76,041（采用算前定位）

运算步骤如下：

①确定积的上盘位数。前 + 后 = （+3 位） + （+3 位） = +6 位。设定表 5 - 15 中“6”档为个位档，乘积从 +6 位（十万位，表 5 - 15 中的“1”）档上盘。

②计算顺序如表 5 - 15 所示。

表 5 - 15　　497 × 153 的运算步骤（算前定位）

▼

盘面数 / 盘式档次 / 方法说明	1	2	3	4	5	6
(1) 以 +6 位档为起拨档，默记乘数 1，眼看被乘数首位 4：一四 04 随手加积入盘。	0	4				
(2) 被乘数第二位 9 与乘数 1 相乘：一九 09，依次加积。	0	4	9			
(3) 被乘数第三位 7 与乘数 1 相乘：一六 07，依次加积。	0	4	9	7		
(4) 以 +5 位档为起拨档，默记乘数 5，眼看被乘数首位 4：五四 20 随手加积入盘。	0	6	9	7		
(5) 被乘数第二位 9 与乘数 5 相乘：五九 45，依次加积。	0	7	4	2		
(6) 被乘数第三位 7 与乘数 5 相乘：五七 35，依次加积。	0	7	4	5	5	
(7) 以 +4 位档为起拨档，默记乘数 3，眼看被乘数首位 4：三四 12 随手加积入盘。	0	7	5	7	5	
(9) 被乘数第二位 9 与乘数 3 相乘：三九 27，依次加积。	0	7	6	0	2	
(6) 被乘数第三位 7 与乘数 3 相乘：三七 21，依次加积。	0	7	6	0	4	1
积为	76, 041					

（4）采用空盘前乘法应注意的问题。

①乘法运算要以口诀为基础，乘法口诀的熟练与否是乘算准确、快速的关键之一。为了适应各种乘法的需要，应熟记到只默记数字而不朗诵九九口诀就能很快拨出积数。例如：834×7时，默记乘数7，眼睛看8，手指能立即拨出56（不读“七八56”而是脑记7，心中默念“八56”）；眼睛看3，手指能立即拨出21（不读“七三21”而是脑记3，心中默念“三21)；眼睛看4，手指能立即拨出28（不读“七四28”而是脑记4，心中默念“四28”）。运算时口诀切勿读出声来，做到“只听算盘响、不闻读数声”。这样既能集中精力提高运算速度，又不妨碍他人。

②加积时，要注意拨准档位，并注意“指不离档”。乘算加积采用递位迭加的方法，首先要认准首位积的档次，然后将手指悬浮在本次个位积的档位上（若个位积为0，就停在加0的档位上）。在拨下一积数前手指不能离开档位。下一次的十位积就加在手指悬浮的档上，若是个位积，就退一档相加。依次类推，逐次递位迭加，就能既准又快。

③乘数和被乘数中间有0时，要注意防止串位，一般乘数（或被乘数）中间有几个0，手指应自然向右移几位（手指点在前次积的个位档上）。

（三）几种类型的乘法计算

1．整数乘法。

例53　83×25=2,075

运算步骤如下：

①定位K=M+N即：（+2）+（+2）=+4位

②相乘加积：

2×83	1	6	6	
5×83	2	0	7	5
乘积	2,075			

例54　569×375=213,375

运算步骤如下：

①定位K=M+N即：（+3）+（+3）=+6位

②相乘加积：

3×569	1	7	0	7		
7×569	2	1	0	5	3	
5×569	2	1	3	3	7	5
乘积	213,375					

例55　5,217×46=239,982

运算步骤如下：

①定位K=M+N即：（+4位）+（+2位）=+6位

②相乘加积：

4×5,217	2	0	8	6	8	
6×5,217	2	3	9	9	8	2
乘积	239,982					

2. 有小数的乘法。

例 56　82.6×0.675=55.755

运算步骤如下：

①定位：+2 位+（0 位）=+2 位

②把 82.6 看成整数 826，把 0.675 看成整数 675。

③相乘加积：

6×826	4	9	5	6		
7×826	5	5	3	4	2	
5×826	5	5	7	5	5	0
乘积	55.755					

3. 两因相乘积首是零的乘法。

例 57　27.31×1.96=53.5276

运算步骤如下：

①定位：：+2 位+1 位=+3 位

②把 27.31 看成整数 2731，把 196 看成整数 196。

③相乘加积：

1×2731	0	2	7	3	1		
9×2731	0	5	1	8	8	9	
6×2731	0	5	3	5	2	7	6
乘积	53.5276						

例 58　3.58×17.4=62.292

运算步骤如下：

①定位：+1 位+2 位=+3

②把小数看成整数。

③相乘加积：

1×358	0	3	5	8		
7×358	0	6	0	8	6	
4×358	0	6	2	2	9	2
乘积	62.292					

例 59　32.63×32.3=1,053.949

运算步骤如下：

（1） 定位： +2 位 +2 位 = +4 位

（2） 把小数看成整数。

（3） 相乘加积：

3 ×3263	0	9	7	8	9		
2 ×3263	1	0	4	4	1	6	
3 ×3263	1	0	5	3	9	4	9
乘积	1, 053. 949						

4. 乘数中间有零的乘法。

例 60 130. 04 ×12. 04 =1, 565. 6816

运算步骤如下：

（1） 定位： +3 位 +2 位 = +5 位

（2） 把小数看成整数。

（3） 相乘加积：

1 ×13004	0	1	3	0	0	4			
2 ×13004	0	1	5	6	0	4	8		
0 ×13004	0	1	5	6	0	4	8	0	
4 ×13004	0	1	5	6	5	6	8	1	6
乘积	1, 565. 6816								

从以上运算可知，珠算乘法虽然方法很多，但从提高实战技能水平和速度来看，空盘前乘法具有比较明显的优势。不过，在采用空盘前乘法时，必须注意以下几个方面的技巧问题：

（1） 运用“大九九”口诀要牢记乘数读在前，中途不能调换被乘数和乘数的位置。要使珠算乘法打得又快又准，必须熟记乘法口诀。

（2） 运算过程中要做到手不离开算盘的档位，始终指定已拨乘积的个位即未拨乘积的十位。

（3） 采用算前固定个位定位法，运用公式 K = M + N 事先确定好乘积上盘的档位。

（4） 切记两位读积，积首无数（空档位）要用“0”占位。读积时要把空档位的“0”读出来。如 2 ×4 =08 读作“零八”。

【同步训练】

训练 12

一、一位数乘法

1. 759 ×9 =　　　　2. 596 ×6 =

3. 425 ×4 =

4. 586 ×20 =

5. 234 ×2 =

6. 508 ×3 =

7. 821 ×7 =

8. 134 ×40 =

9. 306 ×7 =

10. 872 ×500 =

11. 161 ×8 =

12. 568 ×70 =

13. 81.6 ×6 =

14. 1.16 ×900 =

15. 2.01 ×8 =

16. 97.4 ×30 =

17. 0.32 ×0.05 =

18. 0.55 ×5000 =

19. 0.413 ×90 =

20. 9.003 ×60 =

二、两位数乘法

1. 872 ×54 =

2. 816 ×66 =

3. 568 ×71 =

4. 662 ×72 =

5. 907 ×26 =

6. 669 ×53 =

7. 425 ×44 =

8. 896 ×23 =

9. 764 ×63 =

10. 532 ×31 =

11. 0.55 ×5.3 =

12. 5.8 ×6.4 =

13. 5.8 ×0.67 =

14. 8,000 ×0.78 =

15. 2.13 ×23 =

16. 4.8 ×2.2 =

17. 5.8 ×0.89 =

18. 7.6 ×0.52 =

19. 0.21 ×0.98 =

20. 9.7 ×0.55 =

三、多位数乘法

1. 872 ×542 =

2. 933 ×265 =

3. 201 ×897 =

4. 974 ×381 =

5. 821 ×494 =

6. 541 ×549 =

7. 759 ×914 =

8. 528 ×337 =

9. 596 ×663 =

10. 846 ×582 =

11. 425 ×447 =

12. 896 ×236 =

13. 423 ×824 =

14. 733 ×749 =

15. 907 ×297 =

16. 497 ×333 =

17. 8,214 ×494 =

18. 4,535 ×139 =

19. 9,135 ×677 =

20. 7,165 ×228 =

四、珠算简捷乘法

珠算简捷乘法是以基本乘法为基础，根据数字之间的关系及其相应数理知识，运用一定的方法，简化运算过程的一种方法。珠算简捷乘法对于提高乘法运算速度和计算技能水平大有益处。本书重点介绍补数乘法和省乘法两种简捷乘法。

（一）补数乘法

在被乘数上加减若干个乘数的补数，把被乘数改为积数的方法，叫做补数乘法。

补数乘法是根据珠算便于加减，乘或除 10 的乘方数不用运算，即把被乘数改为积数可以减少运算手续和运算过程等特点总结出来的。

补数乘法又可分为减补凑乘和加补减补乘两种。

1. 减补凑乘。

（1）减补凑乘的含义。减补凑乘就是当两数中的一个是接近 10^n 的数，可先补成整百、整千，先按一百倍、一千倍，然后再减去补数与另一个因数的乘积，即可得出结果。

（2）减补凑乘的运算方法与步骤。

①首先把补整后乘数与被乘数各数相乘，积按档位加在盘上。

②从乘积中减去补数与被乘数相乘之积。

③确定减积的档位：乘数的补数是几位，就从盘上第几位上减去补数与被乘数相乘的积。

④定位：采用公式定位法进行定位。

积的档次 = 被乘数位数 + 乘数位数 = M + N

例 61　438 × 7998 = 3, 503, 124

确定补数：乘数 7998 的补数：10000 − 7998 = 2002

运算步骤如表 5 − 16 所示。

表 5 − 16　　**438 × 7998 的运算步骤**

运算顺序		盘式															
		加积档次								运算结果							
		1	2	3	4	5	6	7	8	1	2	3	4	5	6	7	8
从第一档起拨被乘数视同 438 × 10000 的积		四	三	八						4	3	8					
减积																	
4 × 2002：	4 × 2	0	8							3	5	8					
	4 × 0（省乘）																
	4 × 0（省乘）																
	4 × 2				0	8				3	5	7	9	2			
3 × 2002：	3 × 2		0	6						3	5	1	9	2			
	3 × 0（省乘）																
	3 × 0（省乘）																
	3 × 2					0	6			3	5	1	9	1	4		
8 × 2002：	8 × 2			1	6					3	5	0	3	1	4		
	8 × 0（省乘）																
	8 × 0（省乘）																
	8 × 2					1	6			3	5	0	3	1	2	4	

运算完毕，盘上数为 3, 503, 124，用公式定位，3 位 + 4 位 = 7 位，其乘积为 3, 503, 124。

例 62　325 × 9. 89 = 3, 214. 25

确定补数：乘数 989 的补数：1000 − 989 = 011

确定补数时必须注意：补数的位数应当与原乘数保持相同的位数，以避免减积时减错档位。补数的非零数字不足应有的位数时应加“0”占位。

运算步骤如表 5 − 17 所示。

表 5－17　　　　　　　　**325×9.89 的运算步骤**

运算顺序	盘式															
	加积档次								运算结果							
	1	2	3	4	5	6	7	8	1	2	3	4	5	6	7	8
从第一档起拨被乘数视同 325×1000 的积	三	二	五						3	2	5					
减积：从第二档起减 1×325 的积 0325		0	3	2	5				3	2	1	7	5			
减积：从第三档起减 1×325 的积 0325			0	3	2	5			3	2	1	4	2	5		

运算完毕，盘上数为 321,425 用公式定位，3 位＋1 位＝4 位，其乘积为 3,214.25。

减积时注意：乘数第几位对应的补数与被乘数之积的首位，就从积的最高位向右数第几档减去，其余各位积顺次递位相减。为了避免错位，乘数的补数位数要与乘数位数一一对应。如例题 62 原乘数是 989，其补数为 011，十位在二位，个位在三位，但 1×3 不满十，因此退一档在第三档上减。

例 63　563×498＝280,374

确定补数：乘数 498 的补数：500－498＝002

运算步骤如表 5－18 所示。

表 5－18　　　　　　　　**563×498 的运算步骤**

运算顺序	盘式															
	加积档次								运算结果							
	1	2	3	4	5	6	7	8	1	2	3	4	5	6	7	8
从第一档起拨被乘数视同 563×500 的积	2	8	1	5					2	8	1	5				
减积：第三档减 563×2：　5×2			1	0					2	8	0	5				
6×2				1	2				2	8	0	3	8			
3×2					0	6			2	8	0	3	7	4		

运算完毕，盘上数为 280,374，用公式定位即 3 位＋3 位＝6 位，其乘积为 280,374。

2. 加补减补乘。

（1）加补减补乘的含义。加补减补乘是在多位数乘法中，遇到被乘数和乘数都是接近于 100 或 1000 的数，可以把它们分别用补数都补成整数 100 或 1000，然后将两因数的补数相乘之积，加在被乘数中，最后从乘积中减去多乘的乘数补数，即为所求之积。

（2）加补减补乘的运算方法与步骤：

①首先把被乘数从盘上第一档起拨上。

②将被乘数的补数与乘数的补数相乘之积，按档位加在盘上的被乘数中。

③从盘上的乘积中按档位减去乘数的补数。

④确定加补减补档位：乘数的补数在第几档与被乘数补数相乘，补数积的个位就在被乘数补数后的第几位上加。乘数的补数在第几位，就在被乘数的第几位上减。

⑤定位：采用公式定位法进行定位。

例 64 997×998=995，006

确定补数：被乘数 997 的补数：1000－997=003

乘数 998 的补数：1000－998=002

运算步骤如表 5－19 所示。

表 5－19 **997×998 的运算步骤**

运算顺序	盘式															
	加积档次								运算结果							
	1	2	3	4	5	6	7	8	1	2	3	4	5	6	7	8
从第一档起拨被乘数视同 997×1000 的积	九	九	七						9	9	7					
加：按加补规定从第六档加上被乘数补数 3 与乘数补数 2 的乘积 6						6			9	9	7	0	0	6		
减：盘上第三档减乘数的补数 2			2						9	9	5	0	0	6		

运算完毕，盘上数为 995,006，用公式定位：3 位＋3 位=6 位，其乘积为 995,006。

例题 64 用算式进行加补减补乘的原理推导如下：

997×998

=997×（1000－2）

=997,000－（997×2）

=997,000－（1000－3）×2

=997,000－2×1000＋2×3

=997,000－2,000＋6

=995,006

例 65 985×0.95=935.75

确定补数：被乘数 985 的补数：1,000－985=015

乘数 95 的补数：100－95=05

运算步骤如表 5－20 所示。

表 5－20 **985×0.95 的运算步骤**

运算顺序	盘式															
	加积档次								运算结果							
	1	2	3	4	5	6	7	8	1	2	3	4	5	6	7	8
从第一档起拨被乘数视同 985×100 的积	9	8	5						9	8	5					
加：按加补规定从第四档加被乘数补数 15 与乘数补数 5 的乘积 75				7	5				9	8	5	7	5			
减：盘上第二档减乘数的补数 5		5							9	3	5	7	5			

运算完毕，盘上数为93,575，用公式定位：3位+0位=3位，其乘积为935.75。

（二）省乘法

在日常运算工作中，常遇到小数位很多的数相乘，但对计算结果却只要求精确到小数点后一、二位即可，过多的运算没有实际意义。因此在珠算乘法的运算中，一般只要求保留两位或四位小数，以下则按四舍五入的原则予以处理。下面主要介绍空盘前乘的省略乘法。

1. 省乘法的基本知识。

（1）省乘法的含义。省乘法是省略乘法的简称，又称截尾乘法。它是根据计算结果要求的合理精确度，采用四舍五入法删掉乘数与被乘数中某些位数上的数字，运用近似值的方法，省略一些计算过程，并对积数的尾数加以适当处理，用以提高计算效率的一种计算方法。

（2）截位档、截止档：根据积的精确度要求，将计算结果进行四舍五入处理的档位叫做截位档。截位档的位置在所要保留的小数位数的下一档，其作用就是用来进行四舍五入的处理，截位档上的数字满五就进一，不满五就舍去。截位档的下一档就是截止档，也叫压尾档，是运算过程中加积的终止档，即截止档后面的计算省去，不再进行加积。比如，乘积要求精确到0.01，则负二位就叫做“截位档”；负三位就叫做截止档或者压尾档。

2. 空盘前乘省略乘法的运算步骤。

（1）定位。先在算盘上采用固定个位定位法选定个位档。若积要求精确到0.01，就把负二位作为截位档，负三位作为截止档；若积要求精确到0.0001，就把负四位作为截位档，负五位作为截止档。

（2）乘积的入盘档次。积的位数入盘档次=被乘数的位数+乘数位数，即用公式“K=M+N”计算确定。

（3）加积。应用空盘前乘法，从被乘数首位数开始与乘数各位数相乘，其积一律加到截止档为止，截止档后面不再加积，截止档后面没有乘到的数字不必再运算。

（4）取积。把截位档上的位积进行四舍五入，满五向左进一，不满五则省去。进行四舍五入后的数字（近似值）就是所要求的结果。

例66　40.69714×0.532=21.65（精确到0.01位）

运算步骤如下：

①定位：+2位+0位=+2位

②乘数5×4069714=20348570（+2位入盘），计算到截止档，如图5－69所示。

图5－69　5×4069714至截止档后的盘上数

③乘数 3 ×4069714 = 12209142（+1 位入盘），计算到截止档为止，如图 5－70 所示。

图 5－70　3 ×4069714 至截止档后的盘上数

④乘数 2 ×4069714 = 8139428（0 位入盘），计算到截止档为止，如图 5－71 所示。

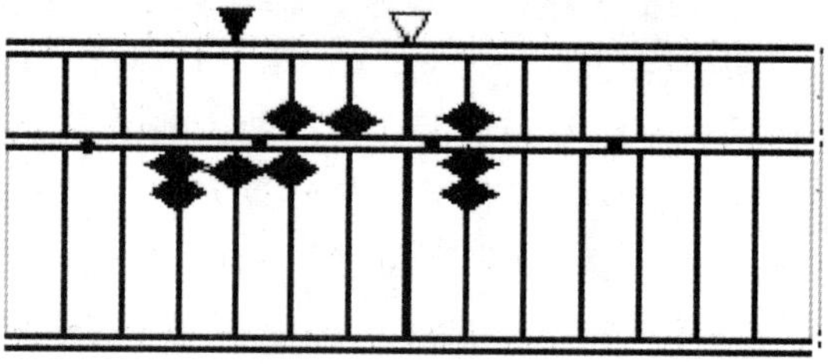

图 5－71　2 ×4069714 至截止档后的盘上数

注：“▽”为截位档（下同）。

盘上的数包括小数点为 21.6507，截位档上的数字四舍五入得积为 21.65。

例 67　0.3243951 ×6.5406 = 2.12（精确到 0.01 位）

运算步骤如下：

①定位：+0 位 +1 位 = +1 位

②乘数 6 ×3243951 = 19463706（+1 位入盘），计算到截止档为止，如图 5－72 所示。

图 5－72　6 ×3243951 至截止档后的盘上数

③乘数 5 ×3243951 = 16219755（0 位入盘），计算到截止档为止，如图 5－73 所示。

④乘数 4 ×3243951 = 12975804（－1 位入盘），计算到截止档为止，如图 5－74 所示。

⑤乘数 0 ×3243951（－2 位入盘），计算到截止档为止，如图 5－75 所示。

⑥乘数 6 ×3243951 = 19463706（－3 位入盘），计算到截止档为止，如图 5－76 所示。

盘上的数包括小数点为 2.1214，截位档上的数四舍五入得积为 2.12。

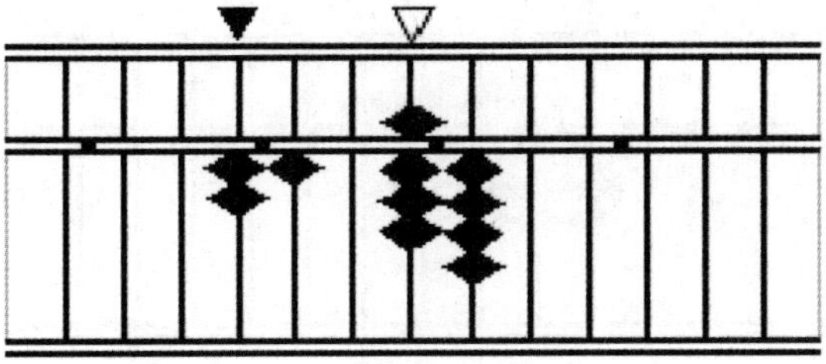

图 5-73　5×3243951 至截止档后的盘上数

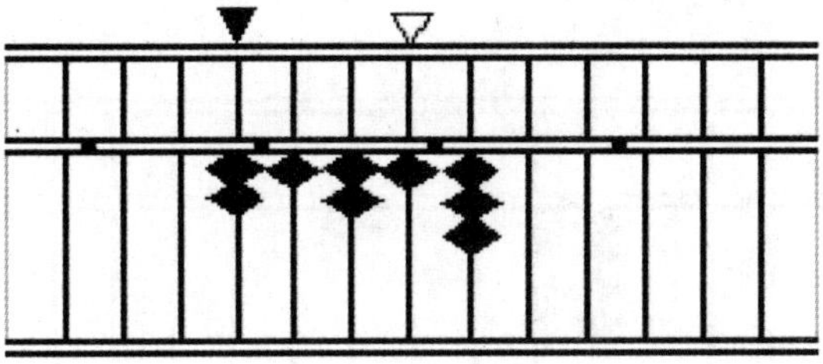

图 5-74　4×3243951 至截止档后的盘上数

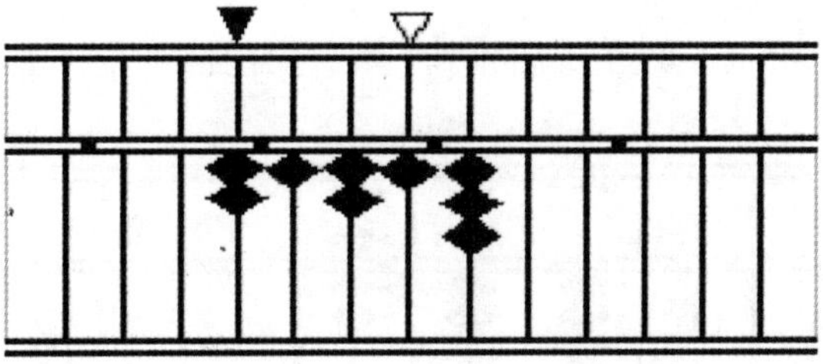

图 5-75　0×3243951 至截止档后的盘上数

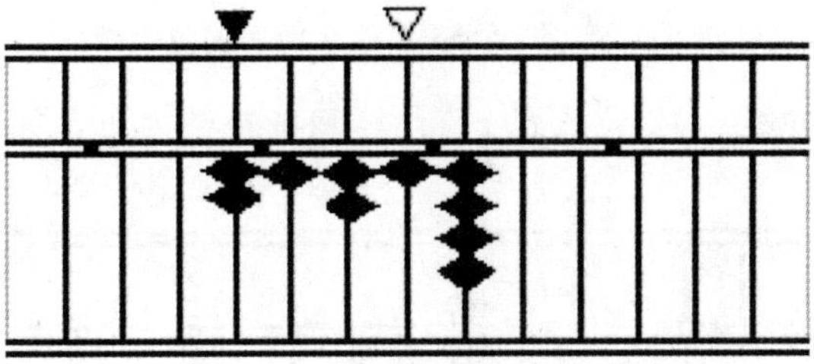

图 5-76　6×3243951 至截止档后的盘上数

例 68　0.5555×7.333=4.07（精确到 0.01 位）

运算步骤如下：

①定位：+0 位 +1 位 = +1 位

②乘数 7×5555=38885（+1 位入盘），计算到截止档为止，如图 5-77 所示。

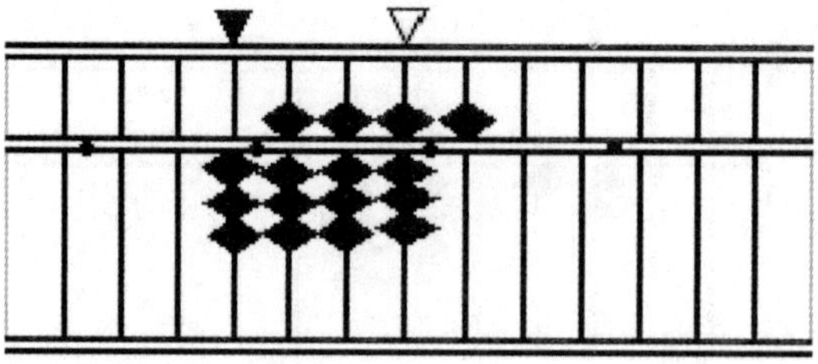

图 5－77　7×5555 至截止档后的盘上数

③乘数 3×5555＝16665（0 位入盘），计算到截止档为止，如图 5－78 所示。

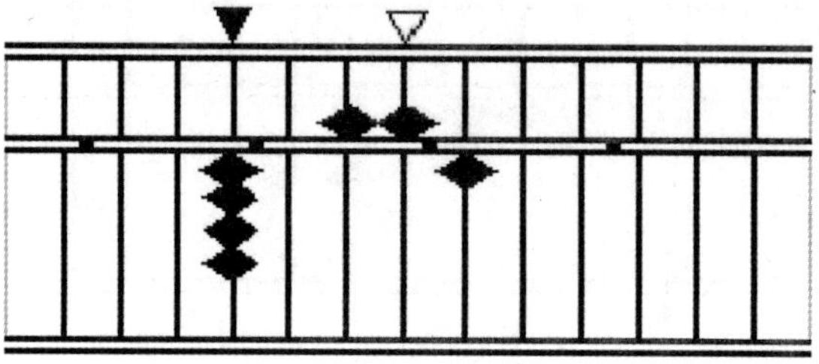

图 5－78　3×5555 至截止档后的盘上数

④乘数 3×5555＝16665（－1 位入盘），计算到截止档为止，如图 5－79 所示。

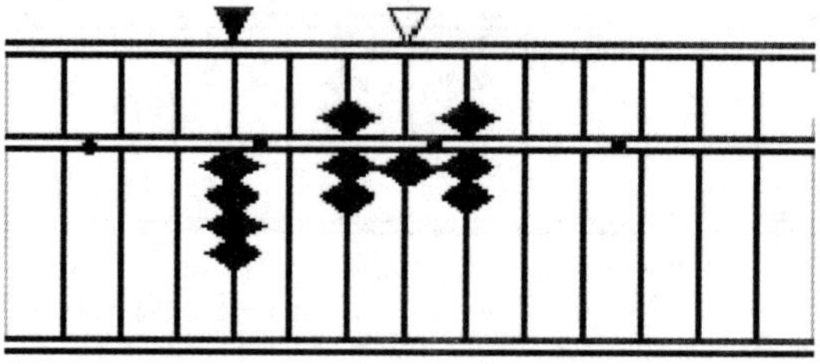

图 5－79　3×5555 至截止档后的盘上数

⑤乘数 3×5555＝16665（－2 位入盘），计算到截止档为止，如图 5－80 所示。

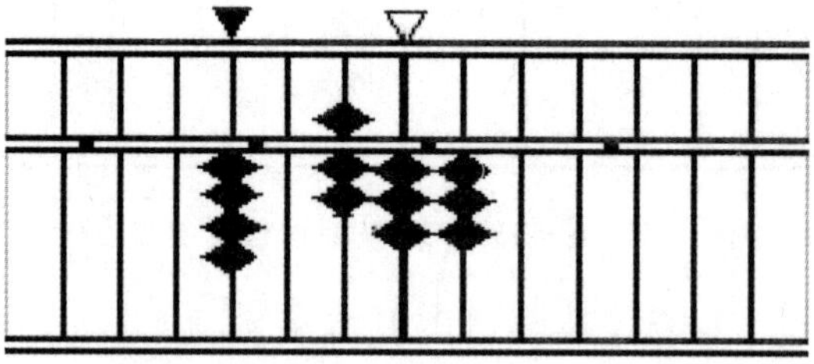

图 5－80　3×5555 至截止档后的盘上数

盘上的数包括小数点为 4.0733，截位档上的数四舍五入得积为 4.07。

【同步训练】

训练 13

一、用补数乘法计算下列各题。

1. 987.6 ×9.97 =　　2. 837 ×998 =
3. 1,976 ×896 =　　4. 651 ×995 =
5. 369 ×983 =　　6. 7,689 ×895 =
7. 6.348 ×9.85 =　　8. 97.26 ×998.6 =
9. 6.075 ×98.92 =　　10. 840.36 ×898.5 =
11. 492 ×53 =　　12. 7,648 ×98 =
13. 278 ×8 =　　14. 4,876 ×0.979 =
15. 37.89 ×0.98 =　　16. 9.97 ×992 =
17. 699 ×0.98 =　　18. 176 ×92 =
19. 895 ×9.4 =　　20. 9,890 ×0.996 =

二、用省乘法计算下列各题。(精确到 0.01 位)

1. 7.55 ×5.39 =　　2. 5.81 ×6.46 =
3. 40.5 ×0.436 =　　4. 6.56 ×0.78 =
5. 80.03 ×4.8 =　　6. 5.46 ×8.84 =
7. 6.348 ×9.85 =　　8. 97.26 ×998.6 =
9. 6.075 ×98.92 =　　10. 840.36 ×898.5 =
11. 562.2 ×0.35 =　　12. 0.38 ×78.78 =
13. 9.53 ×0.527 =　　14. 0.96 ×9.202 =
15. 8.3 ×4.208 =　　16. 0.54 ×0.43 =
17. 40.08 ×4.85 =　　18. 5.7 ×69.12 =
19. 0.08 ×6.787 =　　20. 9.17 ×5.236 =

五、珠、心算结合的乘法

珠、心算结合的乘法，简称珠心算乘法，就是利用空盘前乘，把单积一口清同位相加得积的运算方法。其中，空盘前乘是乘法心算的依托，珠心算加法是珠心算乘法的基础，“单积一口清”是珠心算乘法的关键。

所谓单积一口清，就是多位数乘一位数时用心算快速完成，一口报出答案。

传统乘法是将被乘数中的一位数与乘数中一位数逐位“两两相乘”，同位相加得积；珠心算乘法是将整个被乘数与乘数中一位乘（单积一口清），同位相加得积。珠心算乘法不仅能够做到多位数乘一位数快速报出答数，而且还能够做到从左向右写、从左向右读、从左向右算三者统一，运算自如。

（一）一口清运算法的含义

一口清运算法是根据乘法九九口诀表中 2 ~ 9 倍乘积的个位和进位规律进行乘法运算的

一种速算方法。

1. 个位规律。取九九乘法表中的个位数，如表 5－21 所示。

表 5－21　　　　个位规律表

本个数 被乘数 乘数	0 1 2 3 4 5 6 7 8 9	个位规律
2	0 2 4 6 8 0 2 4 6 8	自倍取个
3	0 3 6 9 2 5 8 1 4 7	偶补倍，奇补倍 ±5
4	0 4 8 2 6 0 4 8 2 6	偶补奇凑
5	0 5 0 5 0 5 0 5 0 5	偶 0 奇 5
6	0 6 2 8 4 0 6 2 8 4	偶自身，奇自身 ±5
7	0 7 4 1 8 5 2 9 6 3	偶自倍，奇自倍 ±5
8	0 8 6 4 2 0 8 6 4 2	补自倍取个
9	0 9 8 7 6 5 4 3 2 1	自身补数

上表中：

自倍，指从身加倍；

取个，指取个位数；

补倍，指补数倍数；

凑，指凑数，两个一位数之和等于 5 或 15，称互为凑数，共 5 对：1 和 4、2 和 3、5 和 0、6 和 9、7 和 8；

±5，经过心算，被乘数变化后要加 5 或减 5，小于 5 时要加 5，大于 5 时要减 5。

2. 进位规律。进位规律如表 5－22 所示。

表 5－22　　　　进位规律表

乘数	进位规律
2	满 5 进 1
3	超 3 进 1　超 6 进 2
4	满 25 进 1　满 5 进 2　满 75 进 3
5	满 2 进 1　满 4 进 2 满 6 进 3　满 8 进 4　} 满偶进半
6	超 16 进 1　超 3 进 2 满 5 进 3　超 6 进 4　满 83 进 5
7	超 142 857 进 1　超 285 714 进 2 超 428 571 进 3　超 571 428 进 4 超 714 285 进 5　超 857 142 进 6
8	满 125 进 1　满 25 进 2 满 375 进 3　满 5 进 4 满 625 进 5　满 75 进 6　满 875 进 7
9	超循环几则进几，即超 n 进 n。1≤n≤8

上表中：

满，指“大于”或“等于”，即“≥”的意思；

超，指大于，即“>”的意思；

n，指循环n，循环数无论有几位（包括只有一位的），均以循环数后面的异数大小来判断超或不超，超则按进位数进，不超则用进位数减去1再进。

（二）单积一口清的运算方法

在掌握个位规律和进位规律后，学习单积一口清的心算规律就很容易了。单积一口清的规律是：“被首前补0，位数要对齐，本个加后进，舍十取个位”。其中，补0，是计算前在被乘数首位前，补一个“0”；本个，就是本位的个位数；后进，是后位乘积的进位数。

被首前以0补位，熟练后可省略。本位上的个位数要与后进数对齐，在本个加后进满10时，要舍去10取个位。舍10是避免重复进位。

例69　6,948×7=48,636

被首前补0	0 6 9 4 8×7
本　　个	2 3 8 6
后　　进	4 6 3 5
本个加后进	4 8 6 3 6

其中十位上8+5=13，舍去10，取3写在本位。

上列“后进”中的“3”的由来是根据后档（8+5=13）满10进一位。即7×4=28（十位积2+进位1=3）。

例70　759,386×9=6,834,474

被首前补0	0 7 5 9 3 8 6×9
本　　个	3 5 1 7 2 4
后　　进	6 5 8 3 7 5
本个加后进	6 8 3 4 4 7 4

其中百位上7+7=14，舍去10，取4写在本位。万位上5+8=13，舍去10，取3写在本位。

（三）多位数珠心算乘法方法的运算步骤

1. 将被乘数与乘数最高位单积一口清，按空盘前乘脑记档位与珠型；

2. 将被乘数与乘数的左二位数单积一口清，与前积心算同位加后脑记档次与珠型；

3. 其余步骤以此类推……

因为每次同位加，个位数都要向右移一位，大脑的储存量逐渐增多，脑记已很困难，因此，在第二次积同位加后，可以写下积的首位数，脑记剩余的档位与珠型，以减轻脑记量。

例71　7,428×289=2,146,692

运算步骤见表5-23。

表 5－23　　7，428×289 的运算步骤

单积一口清	盘　式（脑像图）
7，428×2＝14，856	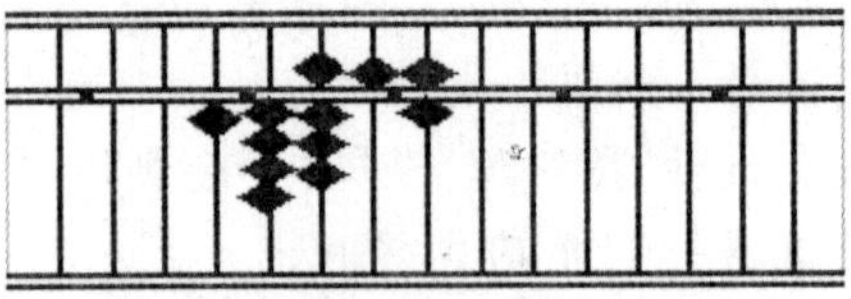
7，428×8＝59，424 （写下积首 2，脑记 07984）	
7，428×9＝66，852 （2 后写 146692）	

答数为 2，146，692

例 72　73，958×4，294＝317，575，652

运算步骤见表 5－24。

表 5－24　　73，958×4，294 的运算步骤

单积一口清	盘　式（脑像图）
73，958×4＝295，832	
73，958×2＝147，916 （写下 31，脑记 06236）	
73，958×9＝665，622 （写下 7，脑记 27982）	
73，958×4＝295，832 （写下 575，652）	

答数为 317，575，652

例 73　1.92754×0.2836=0.5455≈0.55（精确到 0.01）。

运算步骤见表 5-25。

表 5-25　　**1.92754×0.2836 的运算步骤**

单积一口清	盘　式（脑像图）
1.92754×2=3855	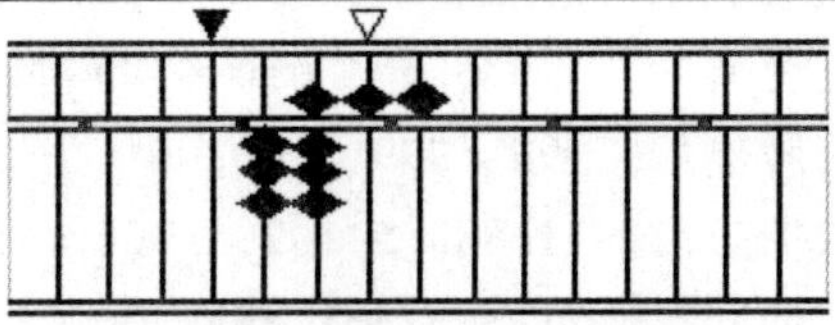
1.92754×8=1541	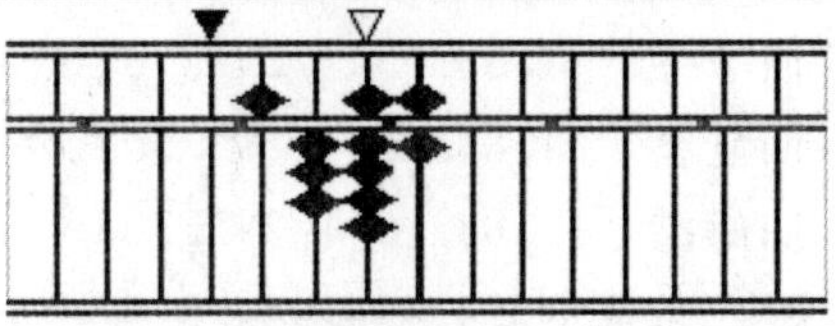
1.92754×3=57	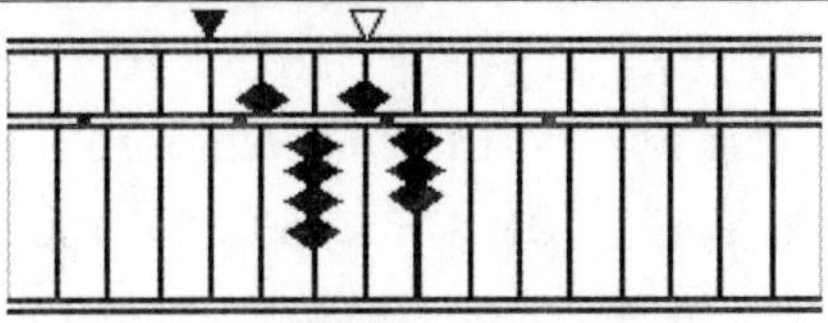
1.92754×6=2	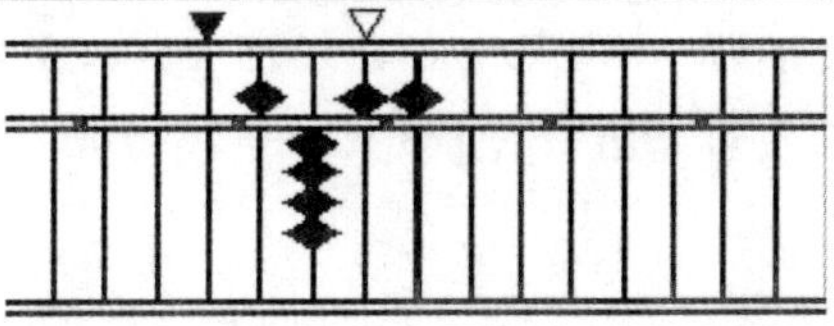

答数为 0.55

六、珠算乘法趣味训练

1. 一条龙。在算盘上拨 123,456,789 作为被乘数，分别用 18、27、36、45、54、63、72、81 去乘，乘的结果依次是 2,222,222,202 到 9,999,999,909。

2. 金香炉。555,555×957=531,666,135

3. 空香炉。555×957=531,135

4. 狮子滚绣球。以 1,953,125 为被乘数，分别用 12 和它的倍数（1,024、1,536、2,048、2,560、3,072、3,584、4,096、4,608）去乘，结果依次是有效数字 1、2、3、4、5、6、7、8、9。

5. 万众一心。781,250×128=100,000,000

6. 隔帘相见。72,355,272×125=9,044,409,000

7. 二郎担山。444,494,448,125×16=7,111,911,170,000

8. 中秋游寺。7,447,219,944,375×16=119,155,519,110,000

9. 凤凰左展翅。7,715,625×16=123,450,000

10. 凤凰右展翅。33,950,625×16=543,210,000

11. 凤凰双展翅。493,817,284×25=12,345,432,100。

12. 双蝴蝶。102, 568, 102, 568 ×125 =12, 821, 012, 821, 000
13. 单蝴蝶。102, 568 ×125 =12, 821, 000
14. 三星共照。242, 424 ×25 =6, 060, 600
15. 倒山图。1, 308, 875 ×24 =31, 413, 000
16. 蜻蜓戏水。100, 168 ×125 =12, 521, 000
17. 五老同春。3, 636, 363, 636 ×125 =454, 545, 454, 500
18. 鸿雁出群。999 ×999 =998, 001
19. 八仙过海。11, 883, 541, 295, 306 ×85 =1, 010, 101, 010, 101, 000。
20. 八仙同行。11, 883, 541, 295, 306 ×17 =202, 020, 202, 020, 202。
21. 八仙下界。11, 883, 541, 295, 306 ×34 =404, 040, 404, 040, 404。
22. 八仙赴会。11, 883, 541, 295, 306 ×68 =808, 080, 808, 080, 808。
23. 八仙醉酒。11, 883, 541, 295, 306 ×765 =9, 090, 909, 090, 909, 090。
24. 霸王一条鞭。694, 444, 444, 375 ×16 =11, 111, 111, 110, 000。
25. 三娘担水。1, 949, 445, 625 ×16 =31, 191, 130, 000
26. 双双展翅。77, 158, 950, 625 ×16 =1, 234, 543, 210, 000
27. 一枝梅花。106, 875 ×160 =17, 100, 000
28. 姜太公钓鱼。56, 944, 470, 625 ×16 =911, 111, 530, 000
29. 大拱桥。617, 291, 743, 125 ×16 =9, 876, 667, 890, 000
30. 二人争出伍。1, 575 ×16 =25, 200

任务4　珠算除法技能训练

一、珠算除法基础知识

（一）除法的含义

已知两个因数的积与其中一个因数，求另一个因数的运算方法叫做除法。除法是乘法的逆运算，因而也可以说除法是求一个数是另一个数的几倍的计算方法，它是计算一个相同减数连续相减的简便算法。在除法中，已知的两个因数的积叫做被除数，已知的一个因数叫做除数，所要求的另一因数叫做商。在珠算术语上，被除数又叫实数，除数又叫法数。被除数、除数与商的表示式如下：

被除数÷除数=商数

虽然除法与乘法是互为逆运算，但除法求商不象乘法求积那么容易和直接地求得。当商为多位数时，通常是一位一位逐个数码求出。一般来说，商数的一个数码和除数的乘积与被除数是不相等的，所以，由已知的被除数与除数，一般不能直接确定出一位商数码，而只能估算出大概的商数码。它不象乘法那样，被乘数与乘数能乘出一个确实的单积。这是除法最基本的特点，也是最难点。

（二）估商

在除法运算中，根据被除数与除数估计出一个大概的商数的过程称为估商或试商，这个商数称为估商数或试商数。

（三）减积

估商后，要从被除数里减去除数与估商数的乘积，这个步骤的计算称为减积。珠算除法的减积与珠算乘法的加积的道理是相同的，只不过前者是从被除数中减去已知两个数的乘积，后者是加上已知两个数的乘积。

估商和减积是珠算除法的主要标志特征。珠算除法主要是由估商、减积这两个环节的具体运算和一个或多个循环过程所构成的。减积，就是拨减单积，比照珠算乘法和减法的算理进行运算即可。而估商则是一项新的运算方法，是学习除法的关键。

例如，112÷8，根据被除数11与除数8，估出第一个商为1；从十位减去估出来的商1与除数8的积，即从112中减去80，这一步骤的运算称为减积，8是减去的第一个单积；第一次减积后盘上被除数还余32，再根据余数32与除数8得出第二个估商数4，减积（四八32）后无余数，得商为14。

二、珠算除法商的定位

在珠算除法运算中，确定商的个位或小数点的位置叫做商的定位。在笔算和其他形式的运算中，当计算完毕后，商的数值能够直接确定出来，而珠算除法则不然，必须进行定位，商的数值才能确定出来。其道理与珠算乘法定位的道理是相同的。珠算除法的定位方法很多，这里只介绍公式定位法和固定个位定位法两种。

（一）公式定位法

1. 公式定位法的含义。公式定位法是按照被除数与除数的位数，以及比较这两个数首位数的大小，用一定的公式来确定商的位数的方法。这种方法应用广泛，又称通用定位法。公式定位法一般在算后使用。

设 M 为被除数的位数，N 为除数的位数，J 为商数。则商的位数可用下列公式表示：

公式（1）$J_1 = M - N$

公式（2）$J_2 = M - N + 1$

2. 商的定位规律。从下列两组算题中，可以得出商的定位规律：

第一组：189 ÷ 3 = 63　　56 ÷ 7 = 8

第二组：369 ÷ 3 = 123　　242 ÷ 22 = 11

从第一组算题可以看出，当被除数的首位数小于除数的首位数时，适用公式（1）；从第二组算题可以看出，当被除数的首位数大于除数的首位数时，适用公式（2）。具体运算时应准确判定在什么情况下适用公式（1），在什么情况下适用公式（2），以保证计算结果的正确性。下面具体说明公式（1）和公式（2）的适用情况。

（1）当被除数的首位数小于除数的首位数（即不够除）时，适用于公式（1）$J_1 = M - N$。

例 74　345.15 ÷ 45 = 7.67

计算完毕，盘上数显示为 767。

∵ 3 < 4，适用于公式（1）

∴ $J_1 = M - N =$（3 位）－（2 位）= 1 位

商的位数是 +1 位，得商为 7.67。

例 75　21,344 ÷ 736 = 29

计算完毕，盘上数显示为 29。

∵ 2 < 7，适用于公式（1）

∴ $J_1 = M - N =$（5 位）－（3 位）= 2 位

商的位数是 +2 位，得商为 29。

（2）当被除数的首位数大于除数的首位数时（即够除），适用于公式（2）$J_2 = M - N + 1$。

例 76　38.4 ÷ 240 = 0.16

计算完毕，盘上数显示为 16。

∵ 3 > 2，适用于公式（2）

∴ $J_2 = M - N + 1 =$（2 位）－（3 位）+ 1 = 0 位

商的位数是 0 位，得商为 0.16。

例 77　0.943 ÷ 23 = 0.041

计算完毕，盘上数显示为 41。

∵ 9 > 2，适用于公式（2）

∴ J = M − N + 1 = （0 位） − （2 位） + 1 = −1 位

商的位数是 −1 位，得商为 0.041。

（3）若被除数的首位数等于除数的首位数，则看两者的第二位，若第二位也相同则比较第三位数字，以此类推，来确定适用公式（1）还是适用公式（2）。

例 78　25.25 ÷ 2.5 = 10.1

计算完毕，盘上数显示为 101。

∵ 252 > 250。

分析：因为被除数首位和第二位数均与除数首位和第二位数相同，所以比较第三位数，此时被除数第三位数为“2”大于除数第三位数“0”（够除），即 2 > 0，适用于公式（2）。

∴ J_2 = M − N + 1 = （2 位） − （1 位） + 1 = +2 位

商的位数是 +2 位，得商为 10.1。

例 79　405，448 ÷ 472 = 859

计算完毕，盘上数显示为 859。

∵ 40 < 47。

分析：因为被除数的首位和除数的首位相同，比较第二位数，此时被除数第二位数为“0”小于除数第二位数“7”，即 0 < 7，适用于公式（1）。

∴ J_1 = M − N = （6 位） − （3 位） = +3 位

商的位数是 +3 位，得商为 859。

（4）若被除数的各位有效数字与除数的各位有效数字均相同，则适用于公式（2）。

例 80　100.1 ÷ 100.1 = 1

计算完毕，盘上数显示为 1。

∵ 100.1 = 100.1

∴ J_2 = M − N + 1 = （3 位） − （3 位） + 1 = +1 位

商的位数是 +1 位，得商为 1。

根据上述两公式的适用情况，可以概括商的定位规律是：

被首小，位相减；被首大，位相减加 1。

（二）固定个位定位法

1. 固定个位定位法的含义。固定个位定位法，也称“盘上定位法”，是计算前先在算盘上确定一档作为运算后商的个位档，并以这一点来确定被除数上盘的位置。由于是在算前定位，商的个位档是固定的，因此叫固定个位定位法。

由于隔位商除和改商除（不隔位）的置商档位不同，被除数的置数位置也不一样，计算前应先按不同的公式计算出被除数的入盘档位，然后再利用相对应的计算方法求出商数。计算完毕后，商的个位就落在事先定好的个位档上。

2. 固定个位定位法的应用。

（1）隔位商除法的定位。隔位商除法采用固定个位定位法进行运算时，被除数首位数的入盘档位的计算公式是：被除数的位数减除数的位数再减 1。

设被除数首位数的入盘档位为 P，被除数的位数为 M，除数的位数为 N，

则：P = M − N − 1（即前位减后位再退一位入盘拨上被除数）

用上述公式计算出来的被除数的入盘档位，是以事先定好的商的个位档为准的。

定位与置数的具体步骤如下：

①在算盘上选一个带有记位点的档位作为商的个位档。

②运用被除数首位数的入盘档位（简称定位档）的计算公式 P = M − N − 1 求出被除数首位数的入盘档位，以事先定好的商的个位档为基准从首位数开始将被除数依次拨入算盘。

③由于档与数位一一对应，所以运算完毕后靠梁的算珠就是最后的结果。

例 81　30, 037 ÷ 49 = 613

置数档位：5 − 2 − 1 = +2 位，即被除数的首位数字从 +2 位入盘，如表 5 − 26 所示。

表 5 − 26　　**30, 037 ÷ 49 的定位情况**

说　明	盘　式													
					▼									
		•			•			•			•			•
按正二位拨入被除数				三	○	○	三	七						
运算后的商数			6	1	3									

注：“▼”为事先定好的商的个位档（下同）。

例 82　671. 5 ÷ 79 = 8. 5

置数档位：3 − 2 − 1 = 0 位，即被除数的首位数字从 0 位入盘，如表 5 − 27 所示。

表 5 − 27　　**671. 5 ÷ 79 的定位情况**

说　明	盘　式													
					▼									
		•			•			•			•			•
按零位拨入被除数						六	七	一	五					
运算后的商数				8	5									

例 83　0. 625 ÷ 2. 5 = 0. 25

置数档位：0 − 1 − 1 = −2 位，即被除数的首位数字从 −2 位入盘，如表 5 − 28 所示。

表 5 − 28　　**0. 625 ÷ 2. 5 的定位情况**

说　明	盘　式													
					▼									
		•			•			•			•			•
按正二位拨入被除数								六	二	五				
运算后的商数						2	5							

（2）改商除法的定位。改商除法采用固定个位定位法进行运算时，被除数首位数的入

盘档位的计算公式是：被除数的位数减除数的位数。

设被除数首位数的入盘档位为 P，被除数的位数为 M，除数的位数为 N，

则：P = M − N（即前位减后位入盘拨上被除数）

定位与置数的具体步骤与商除法基本相同，即：

①在算盘上选一个带有记位点的档位作为商的个位档。

②运用被除数首位数的入盘档位（简称定位档）的计算公式 P = M − N 求出被除数首位数的入盘档位，以事先定好的商的个位档为基准从首位数开始将被除数依次拨入算盘。

③由于档与数位一一对应，所以运算完毕后靠梁的算珠就是最后的结果。

例 84　54，654 ÷ 89 = 614

置数档位：5 − 2 = +3 位，即被除数的首位数字从 +3 位入盘，如表 5 − 29 所示。

表 5 − 29　　**54，654 ÷ 89 的定位情况**

说　明	盘　式													
								▼						
		•			•			•			•			•
按正三位拨入被除数						五	四	六	五	四				
运算后的商数						6	1	4						

例 85　146.25 ÷ 325 = 0.45

置数档位：3 − 3 = 0 位，即被除数的首位数字从 0 位入盘，如表 5 − 30 所示。

表 5 − 30　　**146.25 ÷ 325 的定位情况**

说　明	盘　式													
					▼									
		•			•			•			•			•
按零档位拨入被除数						一	四	六	二	五				
运算后的商数						4	5							

例 86　61.2867 ÷ 591 = 0.1037

置数档位：2 − 3 = −1 位，即被除数的首位数字从 −1 位入盘，如表 5 − 31 所示。

表 5 − 31　　**61.2867 ÷ 591 的定位情况**

说　明	盘　式													
					▼									
		•			•			•			•			•
按负一档位拨入被除数							六	一	二	八	六	七		
运算后的商数						1	0	3	7					

【同步训练】

训练 1

采用固定个位定位法确定出下列各题被除数的置数档位。

序号	算　　题	被除数置数档位	
		商除法	改商除法
1	376.35 ÷ 4.37 =		
2	78.571 ÷ 996 =		
3	48.427 ÷ 0.828 =		
4	1,919 ÷ 0.087 =		
5	474.85 ÷ 6.38 =		
6	21,048 ÷ 419 =		
7	1,679.2 ÷ 49.8 =		
8	80,783,700 ÷ 0.0095 =		
9	0.0616 ÷ 0.0298 =		
10	0.0985026 ÷ 99.8 =		

三、商除法

除法一般概括为基本除法和简捷除法两大类。基本除法包括商除法和归除法两类。商除法是一种基本的求商方法。商除法与笔算除法基本相同，也是经过心算估商和减积两个主要环节来求出商数。商除法易学易懂，计算速度比较快，是目前除法运算中普遍采用的一种计算方法。

根据置商原则的不同，商除法可以分为隔位商除法和挨位商除法（也叫改商除法）两种。现将隔位商除法和挨位商除法的运算规则和方法分述如下。

（一）隔位商除法

所谓隔位商除法，是指运用商除法时，当被除数的首位数字大于除数的首位数字时，其商数的置商档位与被除数首位数字的档位要向左隔一个档位。隔位商除法是传统的商除法。

1. 一位数的隔位商除法。除数是一位有效数字的隔位商除法就是一位数隔位商除法。其运算步骤与方法如下：

（1）定位与置数。一位数的隔位商除法的定位可采用固定个位定位法，也可采用公式定位法。若用算前固定个位定位法，首先确定商数的个位档，然后按 $P = M - N - 1$ 确定定位档，将被除数拨入盘上。若用公式定位法，不够除时用公式（1）$J_1 = M - N$ 定位，够除时用公式（2）$J_2 = M - N + 1$ 定位。

（2）运算顺序。一位数的隔位商除法的运算顺序是从被除数首位起，由高位到低位依次除到末位或所要求的精确度位数为止。在进行一位数的隔位商除法运算时，应默记除数，以提高运算速度。

（3）估商（试商）的方法。一位数的隔位商除法采用“大九九”口诀估商，若被除数首位数大于除数首位数字（够除），用被除数首位数字与除数首位数字估商；若被除数首位数字小于除数首位数字（不够除），估商时用被除数前两位数字与除数首位数字估商。

（4）置商原则。置商即运算中置入商数的档位。一位数的隔位商除法的置商原则是“够除隔位商商数，不够除挨位商商数”，即：被除数首位数字大于或等于除数首位数字，在被除数首位左边隔一个档位上置商；被除数首位数字小于除数首位数字，则在被除数首位左边挨着的档位上置商。上述置商原则用盘式如图 5－81 所示。

↓ 隔位	↓ 挨位	↓ 被除数首位			

图 5－81　置商原则盘式

（5）减积的档次。从被除数中减去商与除数的乘积叫减积。一位数的隔位商除法从被除数中减去商与除数的乘积时，乘积的十位数字在商的右一档减去，个位数字在商的右二档减去。积的十位数字为“0”时，要用右手食指空点一下，空过右移一档减积的个位数字，以免减错档位（因为积的十位档是“0”时，这个“0”要占一个档位）。

（6）确定计算结果。运算完毕，盘上数就是最后的答案。

例 87　1，785 ÷ 5 ＝357

被除数上盘档位（置数档位）：4－1－1＝2 位

运算步骤与方法如表 5－32 所示。

表 5－32　　　　1，785 ÷5 的运算步骤与方法盘式

运算顺序	盘式																	
	拨珠档次									运算结果								
					▼									▼				
		•			•			•			•			•			•	
按正二位拨入被除数		.		一	七	八	五						1	7	8	5		
不够除，挨位估商三			三									三	1	7	8	5		
减积 3 ×5 ＝15				1	5							三		2	8	5		
不够除，挨位估商五				五								三	五	2	8	5		
减积 5 ×5 ＝25					2	5						三	五		3	5		
不够除，挨位估商七					七							三	五	七	3	5		
减积 5 ×5 ＝25						3	5					三	五	七				

说明：

①“拨珠档次”栏是每次拨动算珠的档位和算珠数，汉字数字表示拨上（加）；阿拉伯数字是拨去（减）。

②“运算结果”栏是每次拨珠后算盘上反应的数字。汉字数字表示估的商数，阿拉伯

数字表示被除数或余数。

③“▼”是用固定个位定位法运算时商数的个位档（下同）。

例 88　97.30 ÷ 3 = 32.43（精确到 0.01）

被除数上盘档位（置数档位）：2 - 1 - 1 = 0 位

运算步骤与方法如表 5 - 33 所示。

表 5 - 33　　**97.30 ÷ 3 的运算步骤与方法盘式**

运算顺序	盘式																			
	拨珠档次										运算结果									
					▼									▼						
		•			•			•			•			•			•			
按零位拨入被除数						九	七	三	○						9	7	3	0		
够除，隔位估商三				三									三		9	7	3	0		
减积 3 × 3 = 09					0	9							三			7	3	0		
够除，隔位估商二					二								三	二		7	3	0		
减积 2 × 3 = 06						0	6						三	二		1	3	0		
不够除，挨位估商四						四							三	二	四		1	0		
减积 4 × 3 = 12							1	2					三	二	四		1	0		
不够除，挨位估商三							三						三	二	四	三	1	0		
减积 3 × 3 = 09								0	9				三	二	四	三		1		
不够除，挨位估商三（舍去）								三					三	二	四	三	三			

2. 多位数隔位商除法。除数是两位或两位以上有效数字的隔位商除法就是多位数隔位商除法。其运算步骤与方法如下：

（1）定位与置数。多位数隔位商除法的定位可以采用固定个位定位法，也可以采用公式定位法。若用算前固定个位定位法，首先确定商数的个位档，然后按 P = M - N - 1 确定定位档，将被除数拨入盘上。若用公式定位法，不够除时用公式（1）$J_1 = M - N$，够除时用公式（2）$J_2 = M - N + 1$ 定位。

（2）运算顺序。多位数隔位商除法的运算顺序是从被除数首位起，由高位到低位依次除到末位或所要求的精确度位数为止。只是由于除数的位数比较多时，运算过程中存在一个除数是否上盘的问题。

在进行多位数隔位商除法运算时，除数可以在算盘的左边上盘，也可以不上盘。除数不上盘时必须默记除数，以减少眼睛离盘看除数的次数和时间，提高运算速度。除数上盘时也应尽可能默记除数，以减少眼睛移动看除数的次数和时间，提高运算速度。下面主要以除数不上盘默记除数的方法进行说明。

（3）估商（试商）的方法。多位数隔位商除法的除数至少是两位，多的三位、四位甚至更多，因此，估商要比一位数的隔位商除法复杂一些。多位数商除法的运算难点就在估商上，估商应力求准确，宁小勿大。

多位数隔位商除法的估商方法主要有以下三种：

①除首估商法。除首估商法是用除数的首位与被除数的首位或前两位相比较估商。这种估商方法与一位数隔位商除法的估商方法相同。

②除首加 1 估商法。当除数的第二位是 5 或 5 以上的数字时，用除首估商的商数可能偏大。所以这时应把除数首位加 1，再与被除数相比较估商。

③除二位估商法。当除数首位是 1 时，要取除数前两位与被除数的前两位（或前三位）比较估商，否则可能会出现估商过大的问题。

上述几种估商方法，运算时究竟采用哪一种方法估商，应根据算题的具体情况而定。

(4) 置商原则。多位数隔位商除法置商的原则，也是“够除隔位商商数，不够除挨位商商数”。

(5) 减积的档次。多位数商除法的减积档次与一位数商除法的减积档次的原理是一致的，但由于除数是多位数，需要多次减积，所以，其档位也就需要逐次右移，即：商与除数最高位数字相乘的十位积，从商的右边第一档减去，个位积从商的右边第二档减去；商与除数第二位数字相乘的十位积从商的右边第二档减去，个位积从右边第三档减去；……也就是说，除数是第几位，它与商相乘的十位积就从商右边的第几档减去。减积的规律是：上次减积的个位档，是本次减积的十位档，本次减积的个位档又是下次减积的十位档。

在运算过程中，应注意始终把手指点在每次减积的个位档上，依次递位迭减。若除数中间有“0”，应向右空点退档。有几个“0”，手指向右退几档。

多位数隔位商除法的减积档次如图 5 - 82 所示。

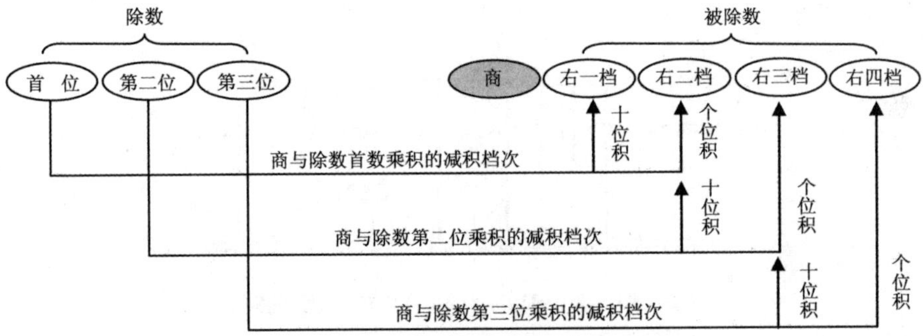

图 5 - 82　多位数隔位商除法的减积档次

(6) 确定计算结果。运算完毕，盘面数即为所得的商数。

例 89　842 ÷ 421 = 2

运算步骤如下：

①算前定位与置数。首先确定出商数的个位档，定位档 P = M - N - 1 = 3 - 3 - 1 = - 1 位，从算盘的负一位档拨上被除数 842 入盘（如图 5 - 83 所示），默记除数 421。

②运算顺序：从被除数的首位起，由高位到低位依次除到末位或所要求的精确度位数为止。

③估商：采用除首估商法，8 与 4 比较，估商“2”。

④置商与减积：因为 8 > 4，所以隔位置商“2”，乘减 2 × 421：二四 08，二二 04，二一

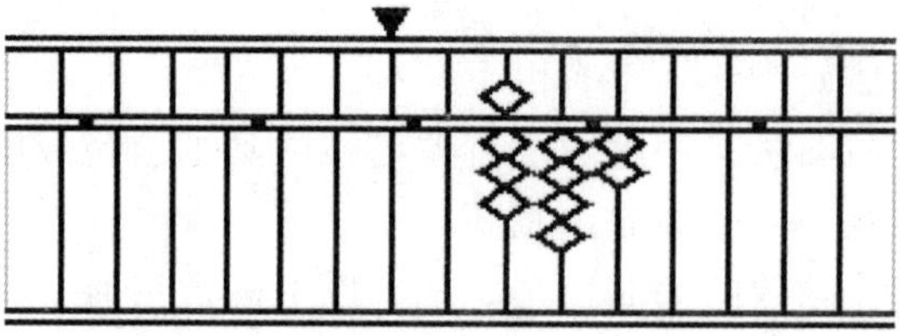

图 5－83　842 ÷ 421 的算前定位与置数

02，乘积十位数 0 在商数 2 的右一档空点，个位数 8 在右二档减去，以下各次的乘积按减积规律依次递位迭减。余数为零，除尽，如图 5－84 所示。

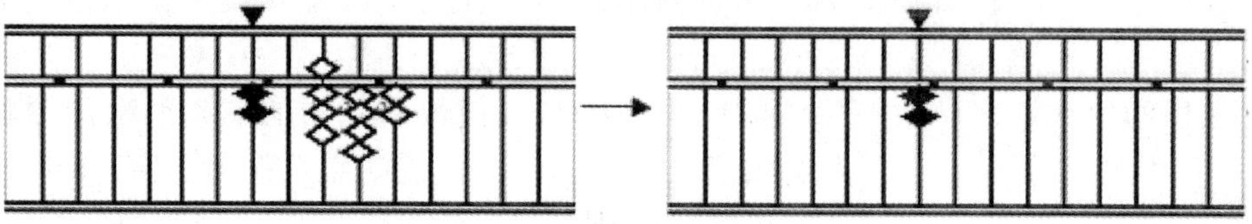

图 5－84　842 ÷ 421 的置商与减积

⑤运算完毕，盘上数“2”就是最后答案。

例 90　35. 1939 ÷ 4. 21 = 8. 36　（精确到 0. 01）

运算步骤如下：

①算前定位与置数：

首先确定出商数的个位档，定位档 P = M － N － 1 = 2 － 1 － 1 = **0** 位，从算盘的零位档拨上 351939 入盘（如图 5－85 所示），默记除数 421。

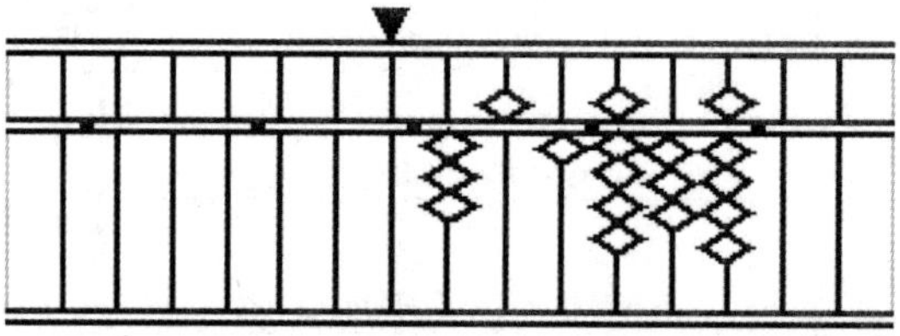

图 5－85　35. 1939 ÷ 4. 21 的算前定位与置数

②运算顺序：从被除数的首位起，由高位到低位依次除到所要求的精确度位数为止（本例除到 －2 位并进行四舍五入）。

③第一轮估商：采用除首估商法，35 与 4 比较，估商“8”。

④第一轮置商与减积：因为 3 < 4，所以挨位置商“8”，乘减 8 × 421：八四 32，八二 16，八一 08，首次乘积十位数 3 在商数 8 的右一档减去，个位数 2 在商数 8 的右二档减去，以下各次乘积按减积规律依次递位迭减。余数 15139，如图 5－86 所示。

⑤第二轮估商：余数 1 < 4，第一位商 8 确定。15 与 4 比较，估商“3”。

⑥第二轮置商与减积：因为 1 < 4，所以挨位置商“3”，乘减 3 × 421：三四 12，三二 06，三一 03，本轮首次乘积十位数 1 在商数 3 的右一档减去，个位数 2 在商数 3 的右二档减去，以下各乘积按减积规律依次递位迭减。余数 2509。

图 5-86 35.1939÷4.21 的首轮置商与减积

⑦第三轮估商：余数 2<4，第二位商 3 确定。25 与 4 比较，估商“5”。这里之所以不估商“6”，是因为考虑到余数的第三位是“0”，除数第二位是“2”，如果估商“6”就可能出现估商过大的现象。实际上，本例如果提高精确度，估商“6”就确实估大了。

⑧第三轮置商与减积：因为 2<4，所以挨位置商“5”，乘减 5×421：五四 20，五二 10，五一 05，本轮首次乘积十位数 2 在商数 5 的右一档减去，个位数 0 在商数 5 的右二档减去，以下各次乘积按减积规律依次递位迭减。余数 404，如图 5-87 所示。

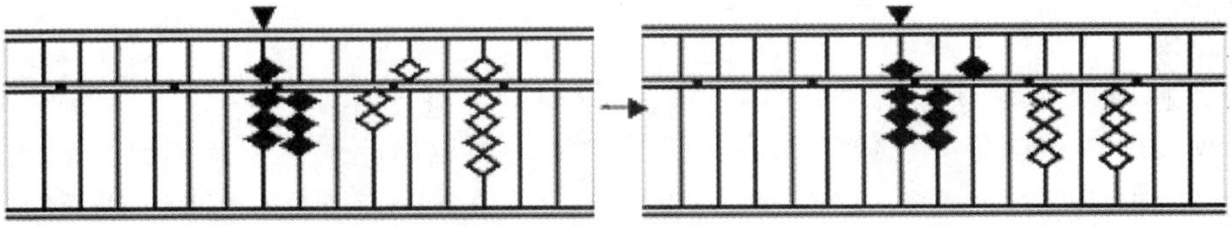

图 5-87 35.1939÷4.21 的第二、三轮置商与减积

⑨第四轮估商：余数 40<42，第三位商 5 确定。40 与 42 比较，估商“9”。

⑩第四轮置商与减积：因为 40<42，所以挨位置商“9”，乘减 9×421：九四 36，九二 18，九一 09，本轮首次乘积十位数 3 在商数 9 的右一档减去，个位数 6 在商数 9 的右二档减去，以下各次乘积按减积规律依次递位迭减。余数 261，如图 5-88 所示。

图 5-88 35.1939÷4.21 的第四轮置商与减积

由于此题要求精确到 0.01 位，小数点后第三位商数为 9（大于 5），按四舍五入原则，在前档商数加 1，所以本题最后结果为 8.36。

【同步训练】

训练 2

采用隔位商除法计算下列各题。

1. 756 ÷9 =　　　　2. 528 ÷3 =
3. 594 ÷6 =　　　　4. 600 ÷50 =
5. 234 ÷2 =　　　　6. 708 ÷6 =
7. 8.1 ÷3 =　　　　8. 0.910 ÷0.7 =
9. 567 ÷7 =　　　　10. 0.4113 ÷0.9 =
11. 4,806 ÷54 =　　　　12. 5.9128 ÷0.08 =
13. 4,316 ÷83 =　　　　14. 3,696 ÷77 =
15. 1.457 ÷3.10 =　　　　16. 0.22618 ÷0.43 =
17. 399,330 ÷986 =　　　　18. 376,555 ÷635 =
19. 277,344 ÷324 =　　　　20. 314,244 ÷774 =

（二）改商除法（挨位商除法）

所谓改商除法，是指在商除法的运算过程中，置商的档位采用将被除数的首位数字改为商数或挨位商的方法。这种方法或者在被除数首位数字的左一档置商（挨商），或者将被除数首位数字改为商数，所以叫做挨位商除法或改商除法。改商除法与隔位商除法相比较，其主要的不同点是置商档位右移一位。

1. 一位数改商除法的运算步骤和方法。一位数的改商除法是多位数的改商除法的基础，多位数的改商除法不过是一位数的改商除法的多次循环运用。因此，掌握改商除法的关键是要掌握一位数改商除法的运算原理、步骤和方法。一位数改商除法的运算步骤和方法如下：

（1）定位与置数。一位数的改商除法采用算前固定个位定位法进行定位，首先确定商数的个位档，按 P = M − N 确定定位档，将被除数拨入盘上。

（2）运算顺序。一位数改商除法运算顺序是从被除数首位起，由高位到低位依次除到末位或所要求的精确度位数为止。

（3）估商的方法。用“大九九口诀”估商。够除看一位，不够除看两位。

（4）置商原则。改商除法置商的原则是“够除挨位置商数，不够除本档改商数”。即：当被除数首位数字大于或等于除数首位数字时，在被除数首位数字的左档置商（挨位置商）；当被除数首位数字小于除数首位数字时，将被除数首位数字改为商数。

（5）减积的档次。改商除法的减积要结合一定的心算来进行。减积规律是“商与除数相乘的十位积从商的本档减，个位积在商的右一档减”。

这里必须注意的是，“商与除数相乘的十位积从商的本档减”不是从商数中实际减去十位积数字，而是从置商前的被除数中减。即够除挨位置商的，其被乘数首位数字与商数的十位积一定是“0”；不够除本位改商的，其被乘数首位数字与商数的十位积正好是被改掉的被乘数首位数字，或者因减个位积时被退十位还个位而使被改掉的被乘数首位数字被减尽（被减为零）。

也就是说，改商除法的减积，其首位数的十位积乘减在算盘上没有直接拨动算珠，而是在脑子里模拟乘减，实际拨动算珠减去的是其首位数的个位积。因此，改商除法要结一定的合心算其优点是减少了拨珠次数，可以进一步提高运算速度。

（6）确定计算结果。运算完毕，盘面数即为商数。

例 91　24,672 ÷6 =4,112

运算步骤如表 5 − 34 所示。

被除数上盘档位（置数档位）：5 －1 =4 位

表 5－34　　24, 672 ÷6 的运算步骤与方法盘式

运算顺序	盘式																	
	拨珠档次									运算结果								
					▼									▼				
		•			•			•			•			•			•	
按正四位拨入被除数		二	四	六	七	二					2	4	6	7	2			
不够除，本档改商，估商四（2 改为四）		四									四	4	6	7	2			
减积 4 ×6 = 24（2 直接从脑中减去）		2	4								四		6	7	2			
够除，挨位置商，估商一			一								四	一	6	7	2			
减积 1 ×6 =06			0	6							四	一		7	2			
够除，挨位置商，估商一				一							四	一	一	7	2			
减积 1 ×6 =06				0	6						四	一	一	1	2			
不够除，本档改商，估商二（1 改为二）					二						四	一	一	二	2			
减积 2 ×6 = 12（1 直接从脑中减去）					1	2					四	一	一	二				

注：①本盘式中的“▼”及汉字数字、阿拉伯数字的含义均与商除法中相同。

②本方法中的“本档”均指被除数及其余数的首位数所在的档。

例 92　211. 5 ÷6 =35. 25（精确到 0. 01）

运算顺序如表 5－35 所示。

被除数上盘档位（置数档位）：3 －1 =2 位

表 5－35　　211. 5 ÷6 的运算步骤与方法盘式

运算顺序	盘式																	
	拨珠档次									运算结果								
					▼									▼				
		•			•			•			•			•			•	
按正二位拨入被除数				二	一	一	五						2	1	1	5		
不够除，本档改商，估商三（2 改为三）				三									三	1	1	5		
减积 3 ×6 =18（2 直接从脑中减去，次档还 2）				1	8								三	3	1	5		

续表

运算顺序	盘式																	
	拨珠档次									运算结果								
					▼									▼				
		•			•			•			•			•			•	
不够除，本档改商，估商5（3改为五）					五								三	五	1	5		
减积5×6=30（3直接从脑中减去）					3	0							三	五	1	5		
不够除，本档改商，估商二（1为商二）						二							三	五	二	5		
减积2×6=12（1直接从脑中减去）						1	2						三	五	二	3		
不够除，本档改商，估商五（3改为五）							五						三	五	二	五		
减积5×6=30（3直接从脑中减去）							3	0					三	五	二	五		

2. 多位数改商除法的运算步骤和方法。

（1）定位与置数。采用算前固定个位定位法，首先确定商数的个位档，按 P = M − N 确定定位档，将被除数拨入盘上。

（2）运算顺序。从被除数首位起，由高位到低位依次除到末位或所要求的精确度位数为止。

（3）估商的方法。可采用“大九九口诀”估商，也可采用除首估商法，或除首加1估商，或除首加2估商，应根据算题具体情况而定。

（4）置商原则。按“够除挨位置商，不够除本档改商”的原则进行置商。

（5）减积的档次。遵循商除法的减积规律“前一个除数减积的个位档，是后一个除数减积的十位档。”乘减时，除数首位数与商相乘，其积的十位数从商的本档减起（即要脑中减），个位积在商的右一档减。多位数改商除法的减积档次如图5－89所示。

（6）确定计算结果。运算完毕，盘面数即为商数。

例93　514, 962 ÷ 854 = 603

运算步骤如下：

①算前定位与置数：

首先确定出商数的个位档，定位档 P = M − N = 6 − 3 = 3 位，从算盘的正三位档拨上514962入盘（如图5－90所示），默记除数854。

②运算顺序：从被除数的首位起，由高位到低位依次除到末位数为止。

③第一轮估商：采用除首估商法，51与8比较，估商“6”。

④第一轮置商与减积：因为5＜8，所以本档改商6，乘减6×854。六八48，六五30，六四24，被除数5改商6，同时脑中直减乘积十位数4，个位数8在商的右一档减去（这一

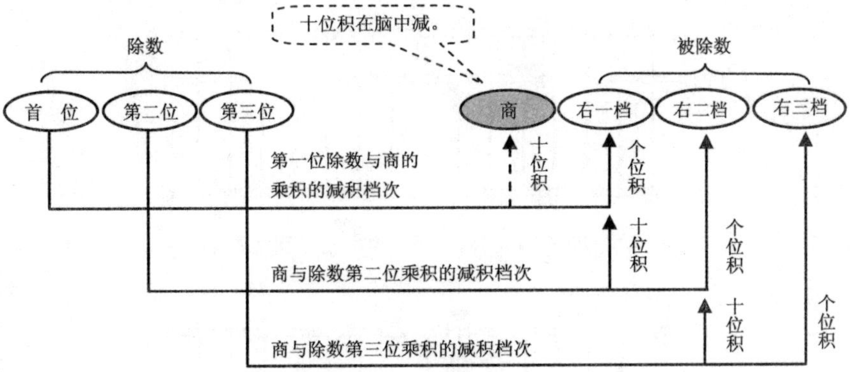

图 5－89　多位数改商除法的减积档次

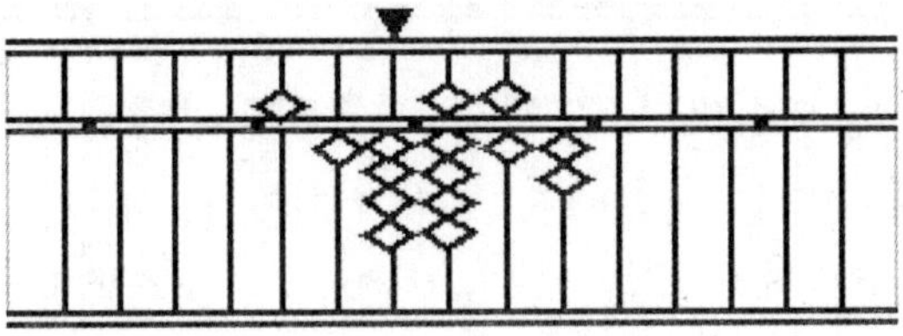

图 5－90　514, 962 ÷854 的算前定位与置数

步实际上是在脑中一次直接减去被改掉的5，再随手在商的右一档还2），以下各次乘积按减积规律依次递位迭减，如图 5－91 所示。

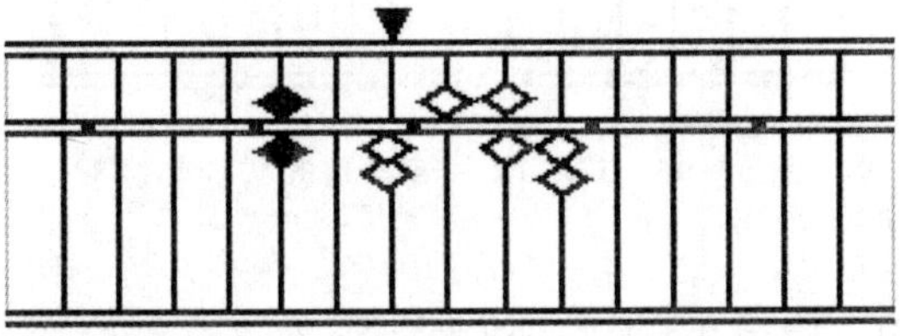

图 5－91　514, 962 ÷854 的首轮置商与减积

⑤第二轮估商：余数 2＜8，第一位商 6 确定。将 25 与 8 比较，估商“3”。

⑥第二轮置商与减积：因为 2＜8，所以本档改商 3，乘减 3×854。三八 24，三五 15，三四 12，被除数 2 改商 3，同时脑中直减乘积十位数 2，个位数 4 在商的右一档减去，以下各次乘积按减积规律依次递位迭减，如图 5－92 所示。

减积后无余数，运算完毕，抄写答案“603”。

例 94　17, 712 ÷48 ＝369

运算步骤如下：

①算前定位与置数：首先确定出商数的个位档，定位档 P＝M－N＝5－2＝3 位，从算盘的正三位档拨上 17712 入盘（如图 5－93 所示），默记除数 48。

②运算顺序：从被除数的首位起，由高位到低位依次除到末位数为止。

③第一轮估商：采用除首加 1 估商法，17 与 5 比较，估商“3”。

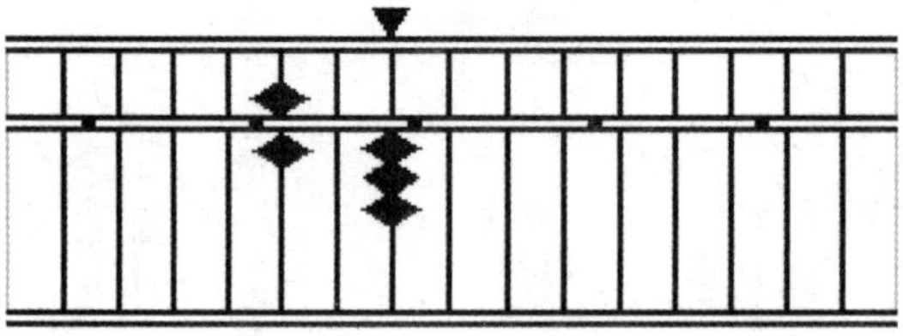

图 5－92　514, 962 ÷ 854 的次轮置商与减积

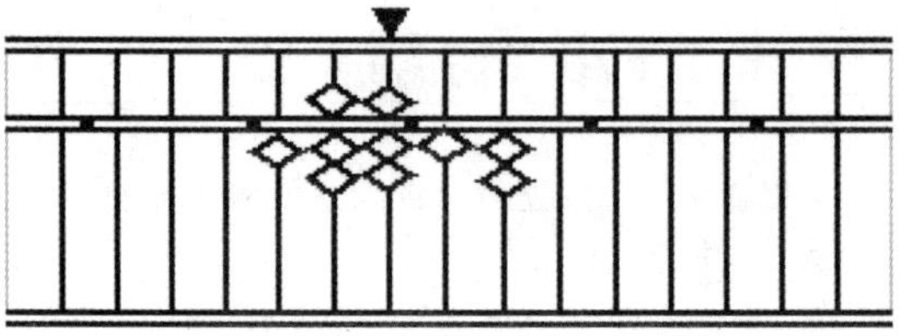

图 5－93　17, 712 ÷ 48 的算前定位与置数

④第一轮置商与减积：因为 1 < 4，所以本档 1 改商 3，乘减 3 × 48。三四 12，三八 24，被除数 1 改商 3，同时脑中直减乘积十位数 1，个位数 2 在商的右一档减去，以下各次乘积按减积规律依次递位迭减，如图 5－94 所示。

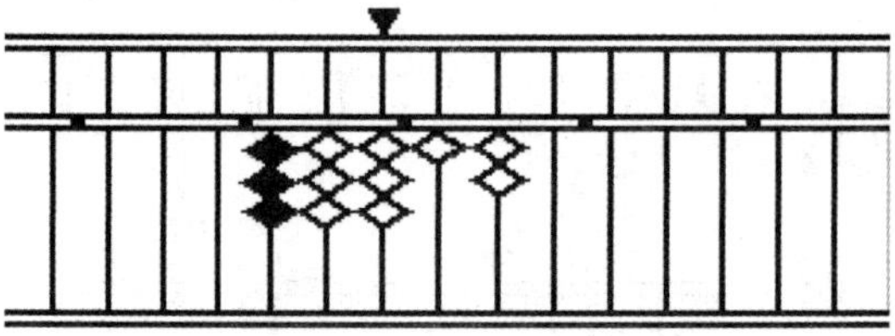

图 5－94　17, 712 ÷ 48 的首轮置商与减积

⑤第二轮估商：余数 3 < 4，第一位估商 3 确定。将 33 与 5 比较，估商"6"。

⑥第二轮置商与减积：因为 3 < 4，所以本档 3 改商 6，乘减 6 × 48。六四 24，六八 48，被除数 3 改商 6，同时脑中直减乘积十位数 2，个位数 4 在商的右一档减去（这一步实际上是在脑中一次直接减去被改掉的 3，再随手在商的右一档还 6），以下各次乘积按减积规律依次递位迭减，如图 5－95 所示。

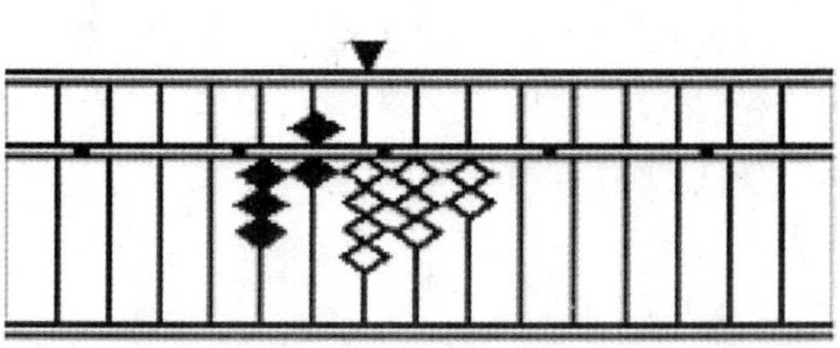

图 5－95　17, 712 ÷ 48 的次轮置商与减积

⑦第三轮估商：余数 43 < 48，第二位估商 6 确定。将 43 与 4 比较，估商"9"。

⑧第三轮置商与减积：因为 43 < 48，所以本档 4 改商 9，乘减 9 × 48。九四 36，九八

72，被除数4改商9，同时默减乘积十位数3，个位数6在商的右一档减去（这一步实际上是在脑中一次直接减去被改掉的4，再随手在商的右一档还4），以下各次乘积按减积规律依次递位迭减，如图5－96所示。

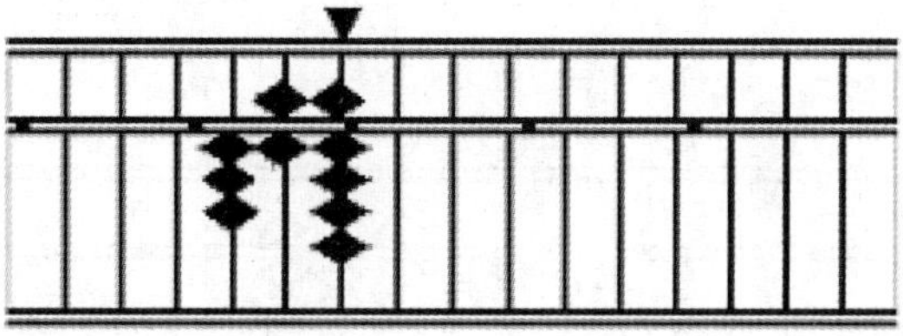

图5－96　17,712÷48的第三轮置商与减积

减积后无余数，运算完毕，抄写答案“369”。

需要注意的是，改商除法由于商和被除数相邻，容易把两者混淆，所以可采用双手打，左手估商，指不离档，同时右手减积，这样既能预防出错又能提高运算速度。

【同步训练】

训练3

采用改商除法计算下列各题。

1. 112÷8＝
2. 567÷7＝
3. 5.25÷3＝
4. 0.126÷9＝
5. 2,047÷89＝
6. 990÷15＝
7. 2,968÷53＝
8. 3,149÷67＝
9. 134.592÷6.40＝
10. 23.968÷56＝
11. 180,297÷897＝
12. 81,640÷157＝
13. 436,521÷681＝
14. 196,909÷883＝
15. 197,658÷278＝
16. 62,310÷465＝
17. 405,574÷494＝
18. 360,841÷677＝
19. 348,552÷824＝
20. 549,017÷749＝

四、补商、退商与结果的检验

多位数除法由于除数位数较多，数字较大，在心算估商时，有时估出来的商难免偏小或偏大。如果出现这种情况，可以采用补商或退商的方法，把估的商进行调整，即：商过大就退商；商过小就补商。可见，补商和退商并不是独立的珠算除法运算方法，而只是对商除法运算过程中估商偏小或偏大时对商数的调整措施。

（一）补商

在多位数除法运算过程中，有时因估商偏小，乘减后余数仍大于或等于除数，这时不必重新计算，可以用补商的方法来调整商数。

补商的方法是：在原来所估商数的档位上加“1”，同时隔位减一遍除数；估商补几，就隔位减几倍除数。

例 95　27, 927 ÷ 321 = 87

运算步骤如下：

①定位与置数：确定出商数的个位档，定位档 P = M - N - 1 = 5 - 3 - 1 = 1 位（这里采用隔位商除法），从算盘的正一位档拨上 27927 入盘（如图 5 - 97 所示），默记除数 321。

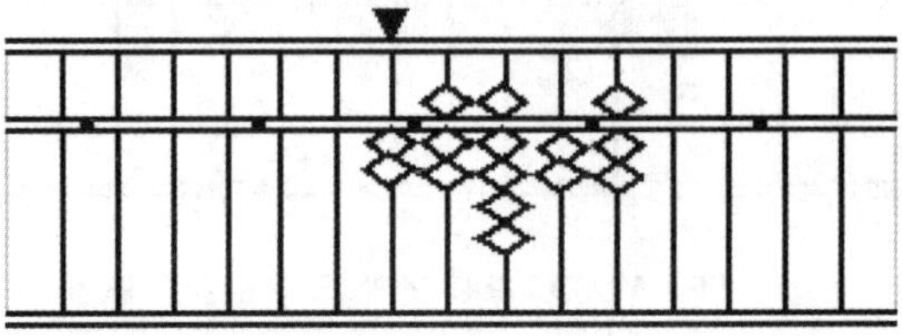

图 5 - 97　27, 927 ÷ 321 的定位与置数

②第一轮估商：采用除首估商法，27 与 3 比较，估商“8”。

③第一轮置商与减积：2 < 3 不够除挨位置商 8，乘减 8 × 321，八三 24，八二 16，八一 08。第一次减积后盘上余数为 2247，如图 5 - 98 所示。

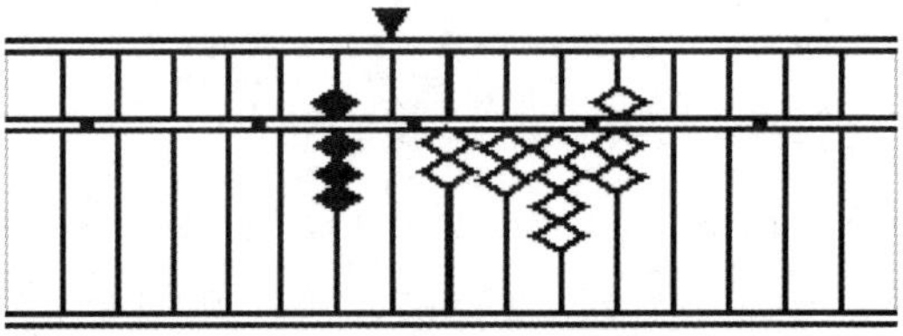

图 5 - 98　27, 927 ÷ 321 的首轮置商与减积

④第二轮估商：余数首位 2 < 3，第一位商 8 确定。22 与 3 比较，估商“6”。

⑤第二轮置商与减积：2 < 3 不够除，挨位商 6，乘减 6 × 321，六三 18，六二 12，六一 06。第二次减积后盘上余数为 321，如图 5 - 99 所示。

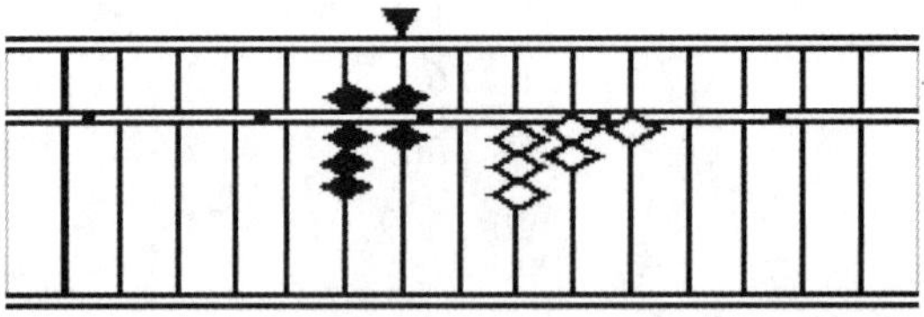

图 5 - 99　27, 927 ÷ 321 的次轮置商与减积

⑥补商减积：余数 321 等于除数，说明第二次估商偏小，应补商 1。在原来估商的档位“6”上加 1，调整为“7”，隔位减一遍除数 321，一三 03，一二 02，一一 01，补商减积后余数为“0”，运算完毕，商数为 87，如图 5 - 100 所示。

（二）退商

在商除法运算过程中，如果估商结果偏大，减积时会出现不够减的情况。这时也不必重算，可以用退商的方法来调整所估的商。

退商的方法是：从原来所估商数的档位上减“1”，隔位加上已经乘减过的那几位除数，

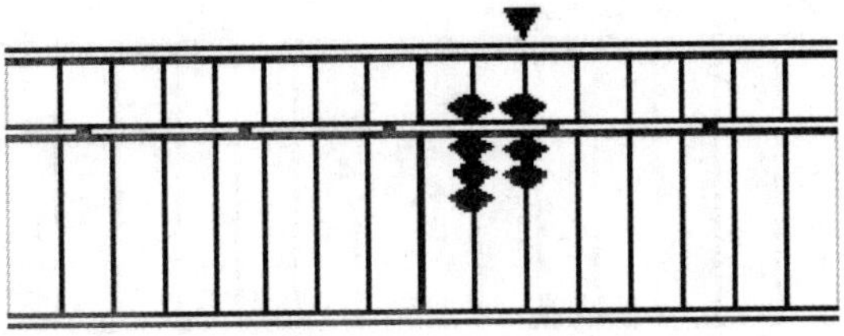

图 5－100　27,927 ÷321 的商数

然后再用调整后所估的商去乘未乘减过的那几位除数，并将其乘积从被除数的相应档位中减去。

例 96　3,127 ÷53 =59

运算步骤如下：

①定位与置数：确定出商数的个位档，定位档 P = M － N － 1 =4 －2 －1 =1 位（这里采用隔位商除法），从算盘的正一位档拨上 3127 入盘（如图 5－101 所示），默记除数 53。

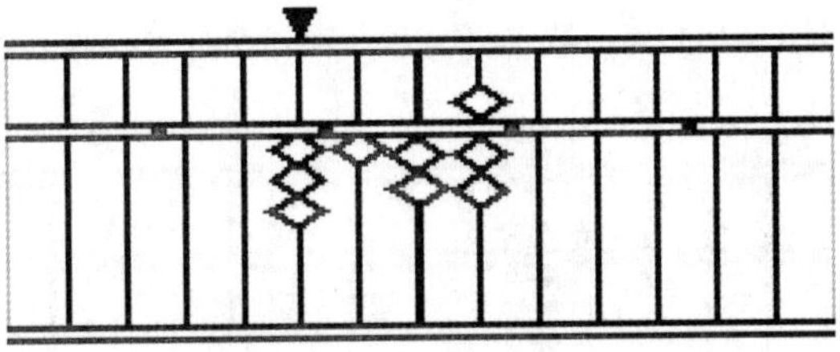

图 5－101　3,127 ÷53 的定位与置数

②第一轮估商：采用除首估商法，31 与 5 比较，估商“6”。

③第一轮置商与减积：3 <5 不够除，挨位置商 6，乘减 6 ×53，六五 30，当乘减 6 ×3 时，发现不够减（六三 18，应减去 18，但盘上的余数只有 12，不够减，如图 5－102 所示），就从原来所估商数的档位上减去 1，在右边隔一档加上已经乘减过的除数“5”，如图 5－103 所示。

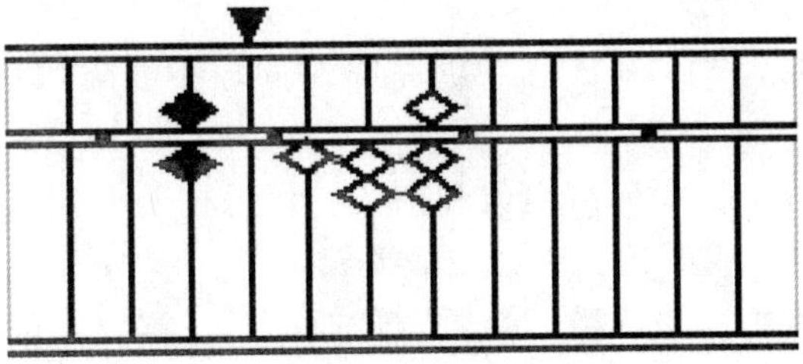

图 5－102　3,127 ÷53 首轮置商 6 后不够减

用调整后的新商“5”和未乘减的 3 继续乘减，五三 15。第一轮减积后盘上余数为 477，如图 5－104 所示。

④第二轮估商：余数 4 <5，第一位商确定。将余数的 47 与 5 比较，估商“9”。

⑤第二轮置商与减积：4 <5 不够除，挨位商 9，乘减 9 ×53，九五 45，九三 27，如图 5－105 所示。

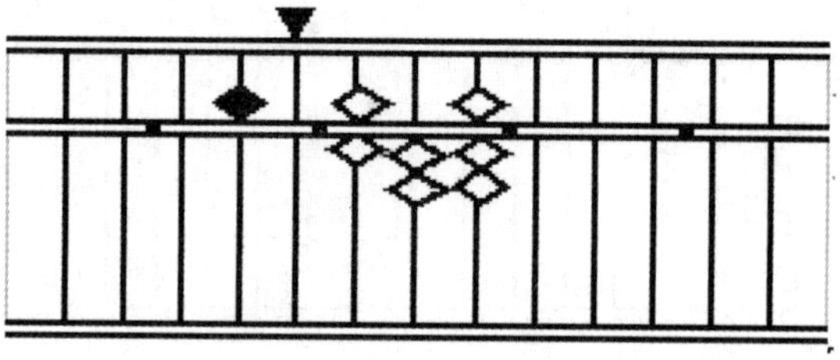

图 5－103　3, 127 ÷ 53 首轮置商 6 后商减 1 余数加 5

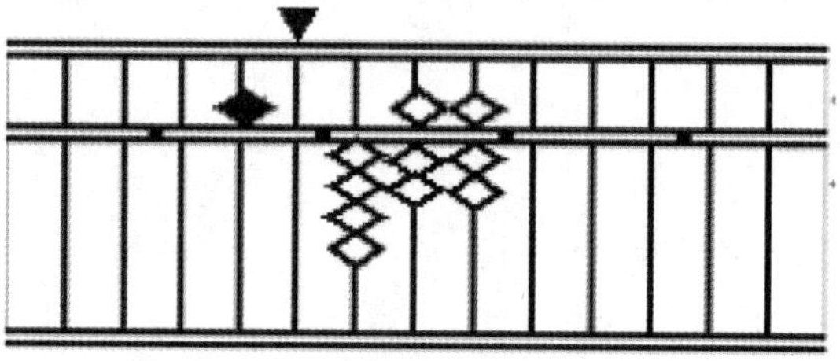

图 5－104　3, 127 ÷ 53 首轮置商退商减积后盘上数

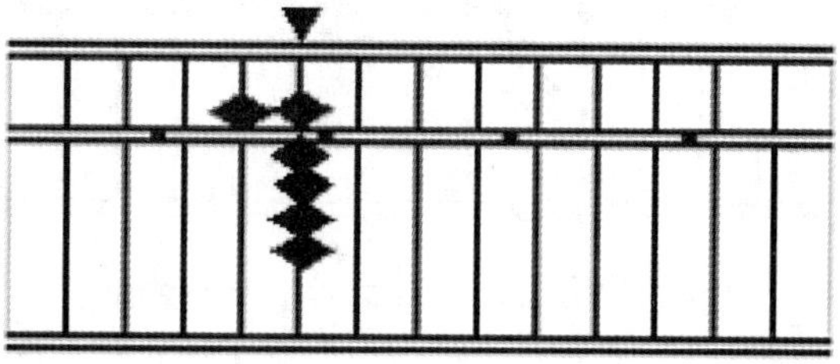

图 5－105　3, 127 ÷ 53 的次轮置商减积后的盘上数

⑥最后结果：除尽，商数为 59。

（三）商除法运算过程中应注意的问题

1. 商除法运算估商时，所用方法应根据算题的情况而定。由于补商容易退商难，所以估商时应当注意“宁小勿大”。

2. 隔位商除法置商时，特别要注意“够除隔位商，不够除挨位商”的原则，以防止商数串档。

3. 改商除法运算过程中，要分清商数和余数，切忌把两者混淆。如果把商数当成余数，再进行估商，或者把余数当成商数，就会造成差错。

4. 改商除法运算过程中，被除数或余数首位改商时，需要默记首位。

5. 减积时要牢记“手不离档”，始终记住这一次的个位档，就是下一次的十位档，每减乘一次，手指往后退一位（往右退一档）。除数中间遇零时，有几个零，手指就退几档（空点几位）。减积时，要默记估的商，眼看除数，用乘法“大九九口诀”把估的商读在前，除数读在后，这样才不易出错，并能提高运算速度。

（四）除法的检验

珠算除法的运算比较难，特别是多位数除法的运算更为复杂，只要在一个环节出了差错，就会影响整个运算结果。为了检验计算结果是否正确，可以采用如下方法：

1. 重复计算法。当一道除法题计算完之后，为了确保答案准确，再将原题重复计算一次，如果两次答案都一样，就可以确定计算结果正确。

2. 乘法检验法。当一道除法算题计算完之后，根据除法与乘法互为逆运算的原理，可用乘法来进行检验。如果商与乘数的乘积同被除数一致，就可以确定计算结果正确。

3. 尾数检验法。用估出的商的尾数乘以除数的尾数等于被除数的尾数的方法来检验。这种检验方法实际上是乘法检验法的简化操作，由于不是全部检验，故保险系数不高，如果商数和除数的位数比较多、时间比较紧迫，可采用此法作简易检验。

【同步训练】

训练 4

采用补商与退商方法（按估商要求）计算下列各题（精确到 0.01）

1. （估 4） 14, 421 ÷ 253 =　　　2. （估 6） 19, 705 ÷ 279 =
3. （估 5） 126. 27 ÷ 207 =　　　4. （估 6） 40, 238 ÷ 682 =
5. （估 8） 62, 489 ÷ 791 =　　　6. （估 6） 19, 320 ÷ 345 =
7. （估 3） 33, 456 ÷ 82 =　　　8. （估 8） 982 ÷ 136 =
9. （估 6） 16, 558 ÷ 286 =　　　10. （估 6） 26, 096 ÷ 466 =
11. （估 5） 8, 041 ÷ 187 =　　　12. （估 7） 9, 796 ÷ 158 =
13. （估 6） 376, 555 ÷ 635 =　　　14. （估 8） 51, 825 ÷ 691 =
15. （估 6） 1, 390. 26 ÷ 2. 397 =　　　16. （估 7） 163, 064 ÷ 2, 398 =
17. （估 3） 16, 334. 59 ÷ 57. 1 =　　　18. （估 7） 18. 57446 ÷ 0. 269 =
19. （估 6） 25, 529 ÷ 521 =　　　20. （估 6） 81, 640 ÷ 157 =

五、简捷除法

前面我们学习了隔位商除法和挨位商除法（改商除法），以及商除法中对估商偏小或偏大进行调整的补商和退商等珠算除法的运算方法与技巧，这些方法都属于基本除法。在进行珠算除法运算时，为了提高运算速度和准确率，可以利用某些数字的特点，结合简单的心算和特殊的运算方法，精简计算过程，简化计算步骤，这就是所谓的简捷除法。珠算简捷除法方法的很多，如补数除法、省除法、扩缩除法、定身除法以及珠心算结合的加减除法等等，这里主要介绍补数除法和省除法两种。

（一）补数除法

1. 补数除法的含义。补数除法是通过加除数的补数而求得商数的方法。它的运算形式是乘加补数，又叫加补数除法。当除数接近 10^n 时，可以采用补数除法，以提高运算速度。

通过前面的学习和训练，我们可以看出，一般除法的意义是减除数，商几就减几倍的除数。补数除法则是利用数的补数进行运算，根据运算规则，变减为加。当除数接近 10^n 时，第一位商数显然与被除数的首位数接近，因此，我们可以把除数当作 10^n，将被除数的最高位作为商数，同时在商数的后面档位上加上商数与除数补数的乘积，以此来求得商数。

2. 补数除法的运算方法和步骤。采用补数除法一般以改商除法的置商原则作为运用基础。运算时，首先用被除数最高位数作为首商，并按照“商几就加几次补数”的规则从商数的本档起加补数（可简化为加商数与补数的乘积）；然后再用被除数第二位数作为次商，并按照首商时的方法加补数，以此类推，直至加补后的盘上余数与齐数（除数与补数之和）相同时或计算到要求的精确度时为止。

这里需要注意三个问题，一是补数的位数要与除数的位数相同，补数的位数不足时前面要用0占位，如除数为998，则补数应为002；二是当加补后的盘上余数与齐数相同时，表示已经没有余数，商数确定，加补后的齐数不能再加在最后一个商数上，而应顺势拨去；三是加补后的盘上余数大于或等于除数时，表明最近的一次商小了，应补商1，并顺势在盘上拨去与除数相等的数（与加补后去齐数的意义相同），然后继续运算。

例 97　852, 093 ÷ 99 = 8, 607

齐数 100，补数 01。

运算步骤如下：

①定位与置数：采用改商除法，首先确定商的个位档，并确定被除数置数档位，用公式 M – N 计算为（+6）–（+2）= +4 位，从正四位置入被除数（如图 5 – 106 所示），默记补数 01。

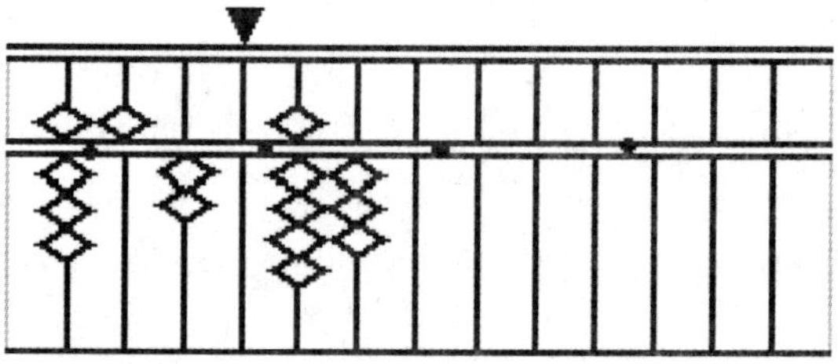

图 5 – 106　852, 093 ÷ 99 的定位与置数

②被除数首位 8 作为首商，从 8 的本档起加上 8 倍补数：01 × 8 = 008，余数为 60093，如图 5 – 107 所示。

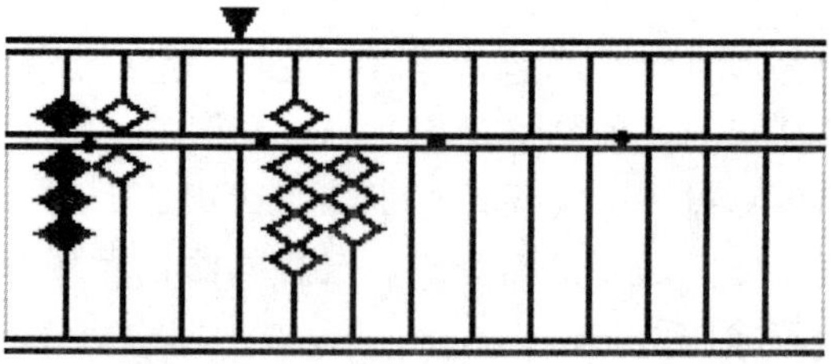

图 5 – 107　852, 093 ÷ 99 的首商与加补

③以余数首位 6 作为次商，从 6 的本档起加上 6 倍补数：01 × 6 = 006，余数为 0693，如图 5 – 108 所示。

④以余数首位 0 作为三商，从 0 的本档起加上 0 倍补数：01 × 0 = 000，余数为 693，如图 5 – 109 所示（实际运算时，中间遇 0 可跳过，直接进入下一个余数的运算）。

⑤以余数首位 6 作为四商，从 6 的本档起加上 6 倍补数：01 × 6 = 006，余数为 99，如图 5 – 110 所示。

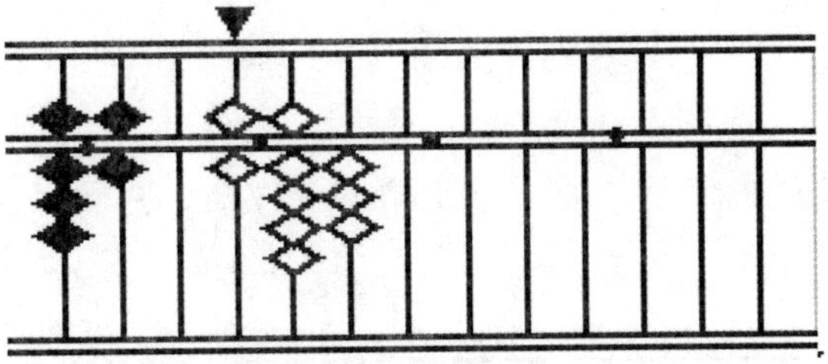

图 5－108　852, 093 ÷ 99 的次商与加补

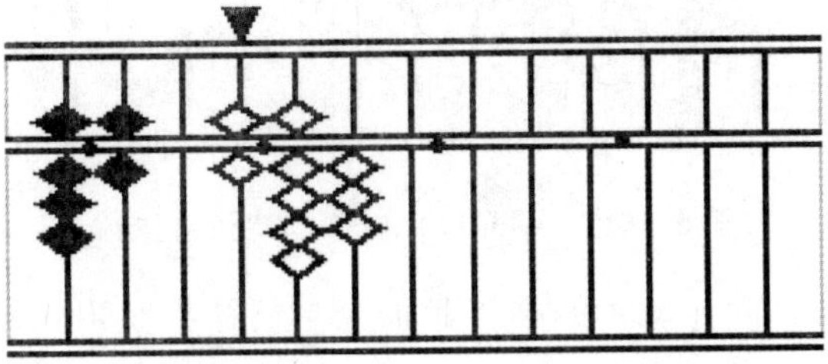

图 5－109　852, 093 ÷ 99 的三商与加补

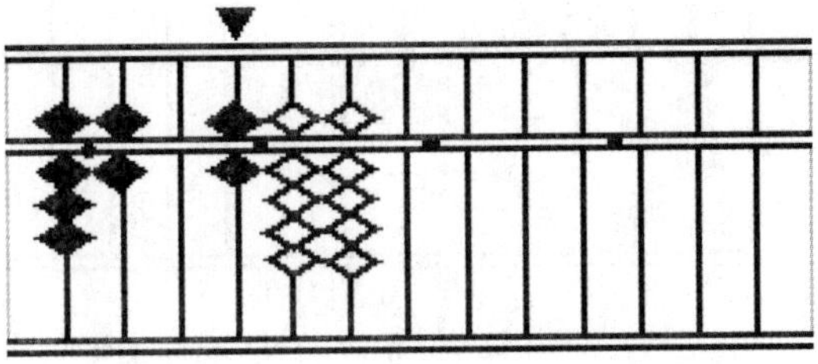

图 5－110　852, 093 ÷ 99 的四商与加补

⑥余数 99 等于除数 99，则挨位补商“1”，从其本档起减去除数 99（意义与从本档起加 1 倍补数 001 后去齐数 100 相同，可看作是加补去齐的简化操作），正好除尽，如图 5－111 所示。

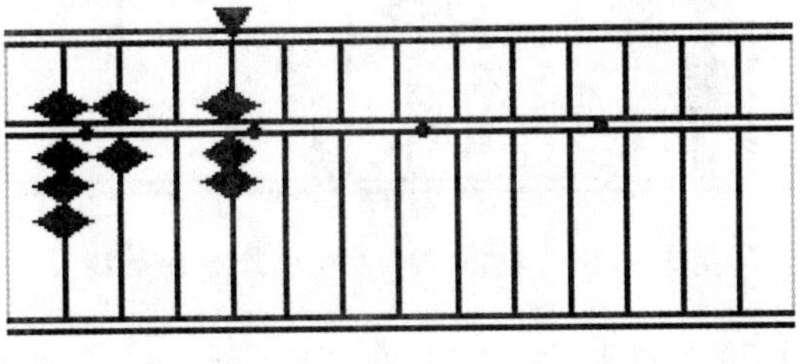

图 5－111　852, 093 ÷ 99 补商与减积后的最终结果

在运用补数除法运算时，如果被除数或余数的第二位数字比较大（如为 9 或者比除数大）时，可以运用估商的办法，在被除数或余数的第一位数字上加 1 或更大的数字作为商数，以减少补商现象而加快运算速度。本例中最后一步余数为 693 时直接估商 7，加上 7 倍补数 007，正好满齐数 100（除尽），去掉齐数后得商数 8, 607。

例 98　424,722 ÷ 997 = 426

齐数 1,000，补数 003。

运算步骤如下：

①定位与置数：采用改商除法，首先确定商的个位档，并确定被除数置数档位，用公式 M－N 计算为（+6）－（+3）＝+3 位，从正三位置入被除数，如图 5－112 所示。

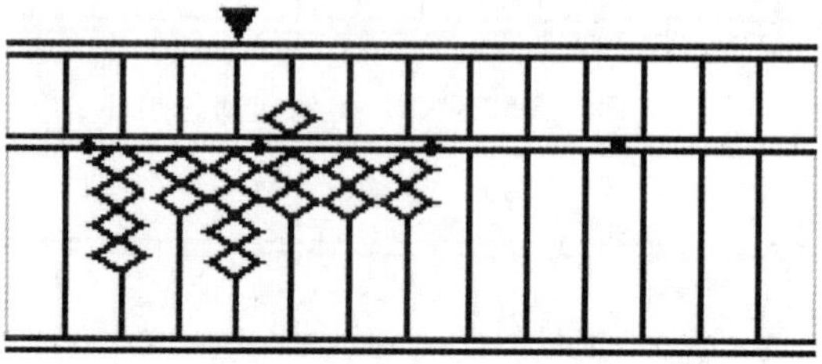

图 5－112　424,722 ÷ 997 的定位与置数

②被除数首位 4 作为首商，从 4 的本档起加上 4 倍补数：003 × 4 = 0012，余数为 25922，如图 5－113 所示。

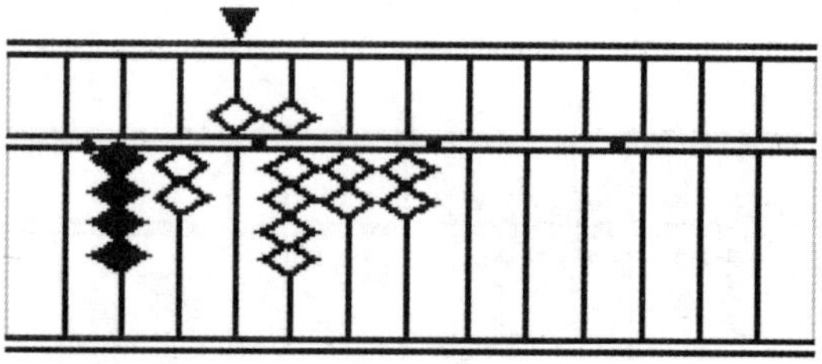

图 5－113　424,722 ÷ 997 的首商与加补

③以余数首位 2 作为次商，从 2 的本档起加上 2 倍补数：003 × 2 = 0006，余数为 5982，如图 5－114 所示。

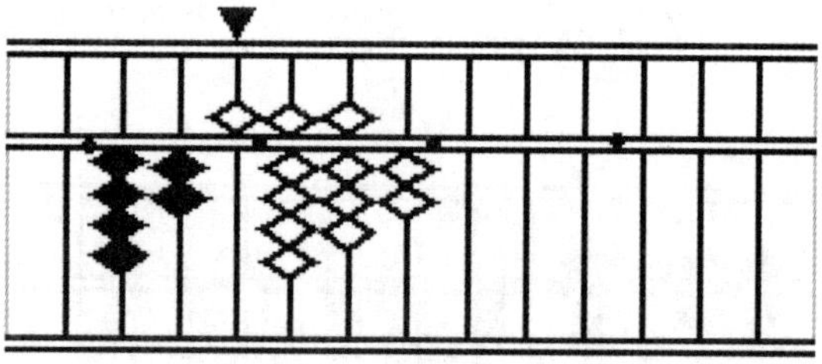

图 5－114　424,722 ÷ 997 的次商与加补

④由于余数首位 5 后面的两位数字（98）都比较大，采用估商办法，将余数首位 5 加 1 直接改为 6 作为三商，从 6 的本档起加上 6 倍补数：003 × 6 = 0018，正好满齐数 1,000（去掉），余数为 0，除尽，得商 426，如图 5－115 所示。

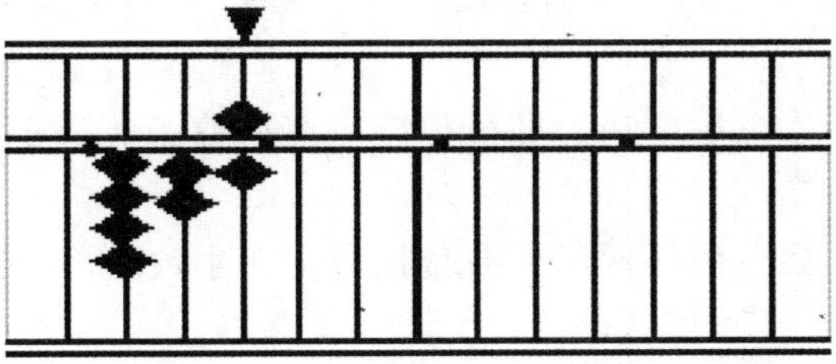

图 5－115　424, 722 ÷997 的三商与加补

【同步训练】

训练 5

采用补数除法计算下列各题。

1. 852, 093 ÷99 =

2. 584, 328 ÷97 =

3. 2, 027, 856 ÷996 =

4. 42, 333. 06 ÷99. 96 =

5. 39, 105. 185 ÷938. 9 =

6. 4, 855, 165 ÷95 =

7. 6, 098, 355 ÷995 =

8. 69, 471, 182 ÷9, 899 =

9. 3, 138. 5376 ÷0. 9907 =

10. 15, 446. 795 ÷9. 985 =

11. 36, 064 ÷98 =

12. 453. 84 ÷0. 93 =

13. 6, 554 ÷90. 4 =

14. 322. 088 ÷988 =

15. 309. 73 ÷0. 978 =

16. 9, 450. 31 ÷99. 64 =

17. 253, 503 ÷687 =

18. 876, 095 ÷9, 370 =

19. 4, 653, 006 ÷9, 714 =

20. 80, 077, 473 ÷18. 63 =

（二）省除法

1. 省除法的含义。省除法是在除法运算中，根据近似计算的原理，求商数近似值的方法。

在除法运算中，能除尽的仅仅是其中的一部分，实际工作中所遇到的除法运算有许多都是除不尽的，商的计算大多是近似值，只要能够满足实际工作的经济意义，商数达到一定的位数就行了，一般要求商保留小数点后两位或四位，多余的运算步骤可以省略。进行珠算小数除法计算时，按要求达到商的一定的精确位数之后，省略余数并对末位商进行调整的除算方法就叫做省除法。

2. 省除法的运算方法和步骤。在省除法运算中，一般采用定位入盘方法的比较方便。因为这时求得的商数的位数，正好是算盘上所标记的位数，商数要求保留到哪位，就运算到哪位。减积时，一律减至压尾档减去十位积为止，压尾档以后的档位不再运算减积。但当压尾档减十位积时，如果个位积是非 0 数字，则压尾档应多减去 1。

在进行省略运算时，可以采取两种省略方法，一是被除数全数上盘，减积至压尾档止的省略方法；二是截取有效数字计算，减积至压尾档止的省略方法。下面分别予以说明。

3. 第一种省略方法：被除数全数上盘，减积至压尾档止。

（1）确定截位档和压尾档。以算盘上的一个记位点作为小数点，按照以下办法确定截位档和压尾档。

①如果要求保留到小数点后两位，截位档应定在小数点后第三档；压尾档则在小数点后第四档上。

②如果要求保留到小数点后第四位，截位档应定在小数点后第五档；压尾档则在小数点后第六档上。

精确度要求是其他位数时，可比照上述原则确定截位档和压尾档。

（2）运算方法与步骤。

①定位与置数。一般采用算前固定个位定位法确定被除数的上盘位置，将被除数置入规定的档位。因为隔位商除法与挨位商除法（改商除法）的定位公式不同，所以，应按照所确定的除算方法进行定位与置数。

②估商。采用商除法的估商方法进行估商。

③置商。按照所采用的商除法的置商原则进行置商，即：采用隔位商除法时，按“够除隔位置商，不够除挨位置商”的原则置商；采用挨位商除法时，按“够除挨位置商，不够除本位改商”的原则置商。

④减积。按照所采用的商除法的减积规律，从被除数中减去商与除数的乘积，减至压尾档减十位积时为止。压尾档减十位积时，如果个位积是非 0 数字，则压尾档应多减去 1。

⑤确定商数近似值。小数点后达到精确度要求的档位（如两位或四位）上的商估出，并按要求减积后终止运算，进行商数近似值的确定。方法是：如果除数首、次两位数字小于截位档与压尾档（余数首、次两位数字）的一半，就进位在最末尾商数上加 1 确定商数近似值；如果除数首、次两位数字大于截位档与压尾档（余数首、次两位数字）的一半，则按估商数确定商数近似值。

例 99　318. 1538 ÷ 81. 269 = 2. 91（精确到 0. 01）

运算步骤如下：

①确定商数的个位档，被除数按位入盘（采用隔位商除法）：3 - 2 - 1 = 0 位，如图 5 - 116 所示。

（“▼”为商数的个位档，“▼”为压尾档。）

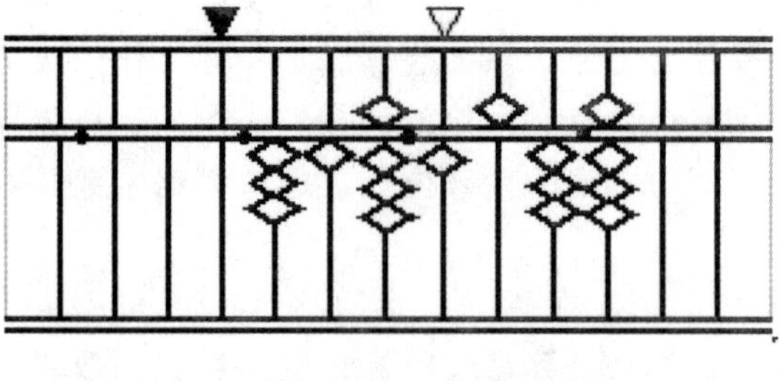

图 5 - 116　318. 1538 ÷ 81. 269 的定位与置数

②挨位估商“3”，减积：3 × 81269，减至三六 18 的十位积为止。这里压尾档上减“2”，如图 5 - 117 所示。

③挨位估商“9”，减积：9 × 81269，减至九二 18 的十位积为止。这里压尾档上减“2”，如图 5 - 118 所示。

图 5－117　318.1538÷81.269 的首商与减积

图 5－118　318.1538÷81.269 的次商与减积

④挨位估商“1”，减积：1×81269，减至——01 的十位积为止。此时商为“3.91”，已商到要求的精确度位数并按规则减积，终止估商，如图 5－119 所示。

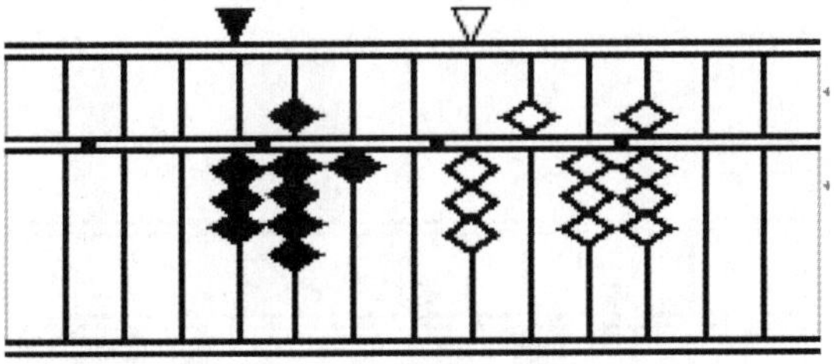

图 5－119　318.1538÷81.269 的三商与减积

⑤根据减积后（压尾档）被除数余数与除数比较估商小数后第三位商小于“5”舍去。此题答案为 3.91，如图 5－120 所示。

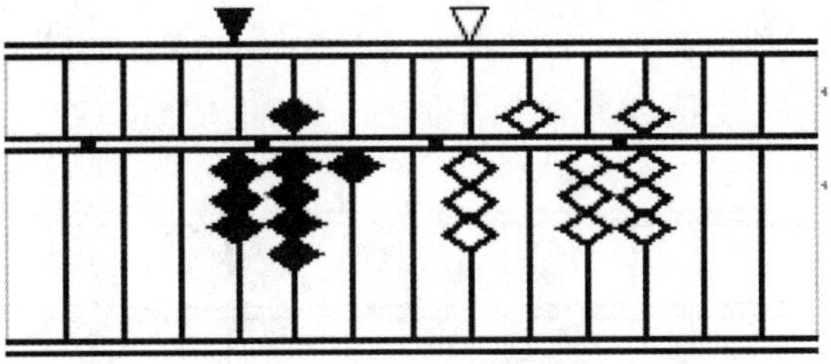

图 5－120　318.1538÷81.269 的计算结果

例 100　2,125.85912÷608.752＝3.49（精确到 0.01）

运算步骤如下：

①确定商数的个位档，被除数按位入盘（采用隔位商除法）：4－3－1＝0 位，如图

5－121 所示。

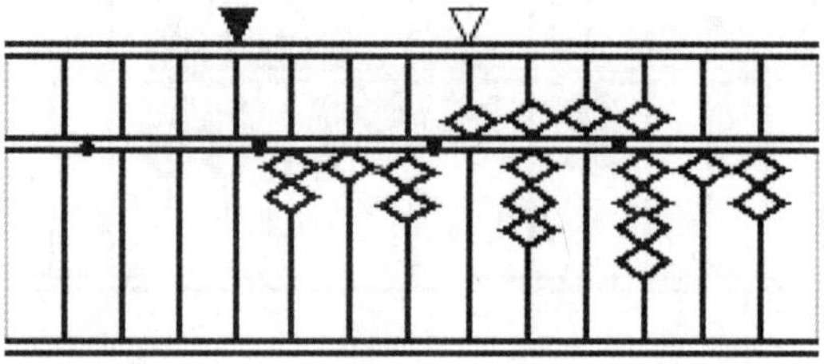

图 5－121　2, 125. 85912 ÷ 608. 752 的定位与置数

②挨位估商“3”，减积：3 × 608752，减至三七 21 的十位积为止。这里压尾档上减“3”，如图 5－122 所示。

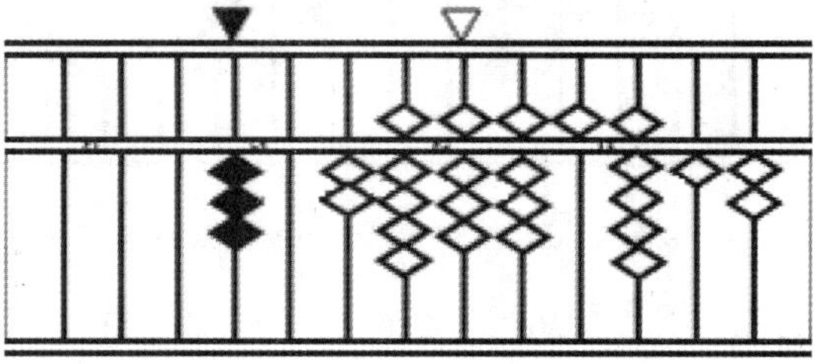

图 5－122　2, 125. 85912 ÷ 608. 752 的首商与减积

③挨位估商“4”，减积：4 × 608752，减至四八 32 的十位积为止。这里压尾档上减“3”，如图 5－123 所示。

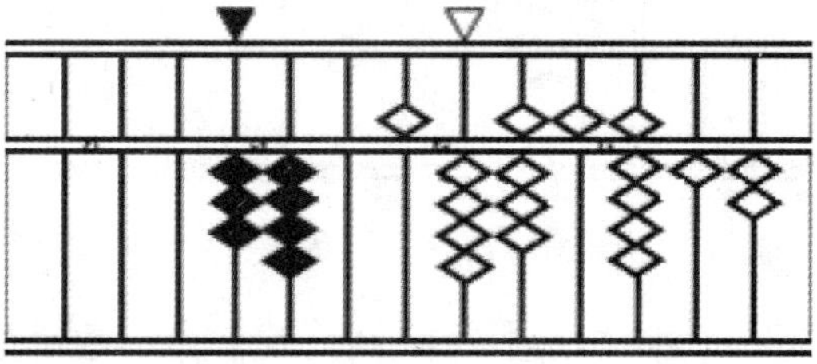

图 5－123　2, 125. 85912 ÷ 608. 752 的次商与减积

④挨位估商“9”，减积：9 × 608752，减至九零 00 的十位积为止。现在商数为“3. 49”，已商到要求的精确度位数并按规则减积，终止估商，如图 5－124 所示。

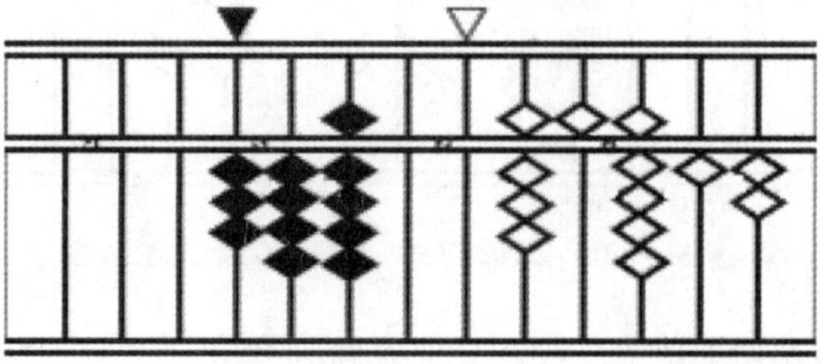

图 5－124　2, 125. 85912 ÷ 608. 752 的三商与减积

⑤根据减积后（压尾档）被除数余数与除数比较，估商小数后第三位商小于“5”舍去。此题答案为3.49，如图5－125所示。

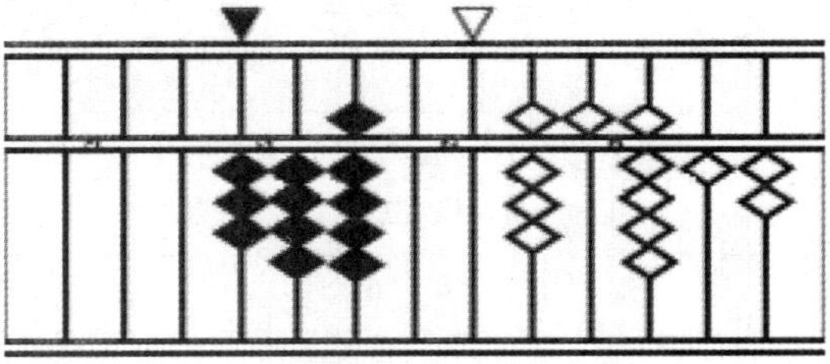

图5－125　2,125.85912÷608.752的计算结果

4. 第二种省略方法：截取有效数字计算，减积至压尾档止。当被除数和除数尤其是被除数的位数比较多而对精确度要求并不高时，采用被除数全数上盘、减积至压尾档止的方法，对压尾档后面档位的数字存在无效拨珠动作，被除数的位数越多，无效拨珠动作的次数就越多，影响运算效率。为解决这个问题，可对被除数和除数截取有效数字进行计算。

在隔位商除法和挨位商除法下，被除数和除数都可以按下列公式计算从首位截取有效数字的个数：被除数位数－除数的位数＋商保留小数位数＋1，即：截取有效数字个数＝M－N＋商保留小数位数。确定被除数和除数应截取的有效数字个数后，可采取四舍五入规则的省去多余的数字。但在减积时应注意，压尾档应减至十位积止并且个位积是非0数字时，压尾档应多减1。

例101　41.3786÷6.02915＝6.86（精确度0.01）

截取有效数字个数＝2－1＋2＋1＝4

则上式可简化为41.38÷6.029＝6.86

截取有效数字后，即可采用前面所介绍的方法进行正式运算。被除数入盘档位：2－1－1＝0（采用隔位商除法）。其运算步骤与方法如表5－36所示。

表5－36　41.38÷6.029的运算步骤与方法盘式

运算顺序	盘式																	
	拨珠档次									运算结果								
		▼				★					▼				★			
		•			•			•			•			•			•	
按0位拨入被除数			四	一	三	八						4	1	3	8			
不够除，挨位估商六		六									六	4	1	3	8			
减积6×6＝36			3	6							六		5	3	8			
减积6×0＝00				0	0						六		5	3	8			
减积6×2＝12					1	2					六		5	2	6			
减积6×9＝54（压尾档多减1）						6					六		5	2	0			
不够除，挨位估商八			八								六	八	5	2	0			

续表

运算顺序	盘式																	
	拨珠档次									运算结果								
		▼				★					▼				★			
		•			•			•			•			•			•	
减积 8×6=48				4	8						六	八		4	0			
减积 8×0=00					0	0					六	八		4	0			
减积 8×2=16（压尾档多减 1）						2					六	八		3	8			
不够除，挨位估商六				六							六	八	六	3	8			
减积 6×6=36					3	6					六	八	六		2			
减积 6×0=00						0					六	八	六		2			

注：“▼”为小数点档位；“★”为压位档。（下同）

例 102　8,037.9231÷293.24=27.41（精确度 0.01）

截取有效数字个数=4-3+2+1=4

则上式可简化为 8,038÷293.2=27.41

截取有效数字后，即可确定被除数入盘档位：4-3-1=0（采用隔位商除法）。其运算步骤与方法如表 5-37 所示。

表 5-37　　8,038÷293.2 的运算步骤与方法盘式

运算顺序	盘式																	
	拨珠档次									运算结果								
		▼				★					▼				★			
		•			•			•			•			•			•	
按 0 位拨入被除数			八	零	三	八						8	0	3	8			
够除，隔位估商二	二									二		8	0	3	8			
减积 2×2=04		0	4							二		4	0	3	8			
减积 2×9=18			1	8						二		2	2	3	8			
减积 2×3=06				0	6					二		2	1	7	8			
减积 2×2=04					0	4				二		2	1	7	4			
不够除，挨位估商七		七								二	七	2	1	7	4			
减积 7×2=14			1	4						二	七		7	7	4			
减积 7×9=63				6	3					二	七		1	4	4			
减积 7×3=21					2	1				二	七		1	2	3			
减积 7×2=14（压尾档多减 1）						2				二	七		1	2	1			

续表

运算顺序	盘式																	
	拨珠档次									运算结果								
		▼				★					▼				★			
		•			•			•			•			•			•	
不够除，挨位估商四			四							二	七	四	1	2	1			
减积 4×2=08				0	8					二	七	四		4	1			
减积 4×9=36					3	6				二	七	四			5			
减积 4×3=12 （压尾档多减 1）						2				二	七	四			3			
够除，隔位估商一 （减积可省略）				一						二	七	四	一		3			

【同步训练】

训练 6

采用省除法计算下列各题。（精确到 0.01）

1. 4, 262, 784 ÷ 572, 847 =
2. 703, 468 ÷ 710, 034 =
3. 71.38265 ÷ 7.25 =
4. 23.21026 ÷ 5.28 =
5. 10, 238 ÷ 692 =
6. 675.632 ÷ 827 =
7. 122.9568 ÷ 246 =
8. 271.3224 ÷ 347 =
9. 263.82726 ÷ 637 =
10. 29.792 ÷ 3.28 =
11. 65.604 ÷ 7.36 =
12. 476.43182 ÷ 652.73 =
13. 34.57185 ÷ 71.382 =
14. 0.385749 ÷ 6.493 =
15. 4, 827.53 ÷ 421.713 =
16. 1.386574 ÷ 7.6358 =
17. 528, 427 ÷ 9, 655 =
18. 3, 346, 349 ÷ 8, 476 =
19. 5, 903.122 ÷ 1.368 =
20. 3, 342.7998 ÷ 40.567 =

六、珠算与心算结合的除法

一般珠算除法，在减积时都是商数乘以一位除数后减一次积，除数位数越多，则需要乘减的次数也就越多，这样必然会影响到运算速度。如果将珠算与心算结合起来，利用乘法的一位数乘多位数求积的方法，将多次乘减化为一次乘减，则可提高运算速度。

（一）除法心算的运算方法

单积一口清不仅是乘法心算的关键，同时也是除法心算的关键。除法心算就是利用商除法置商后，从被除数中用单积一口清同位减，写下商数，脑记余数，以此类推，进行最高级的快速除法运算。

（二）除法心算的运算步骤

1. 定位与置数。

（1）定位：用公式定位法确定商的位数进行定位。

（2）置数：把被除数从左三档起入盘（除数看资料）。

2. 置商。用单积一口清估商后置商并写下商数。

3. 减积。除数与首商单积一口清，从被除数中同位减。

4. 脑记余数。

5. 再置商、再减积……以此类推。

例 103　267, 652 ÷ 847 = 316

运算步骤与盘式如表 5 – 38 所示。

表 5 – 38　　**267, 652 ÷ 847 的运算步骤与盘式**

心算过程	盘　式（脑像图）
从左三档起把 267652 映入脑中	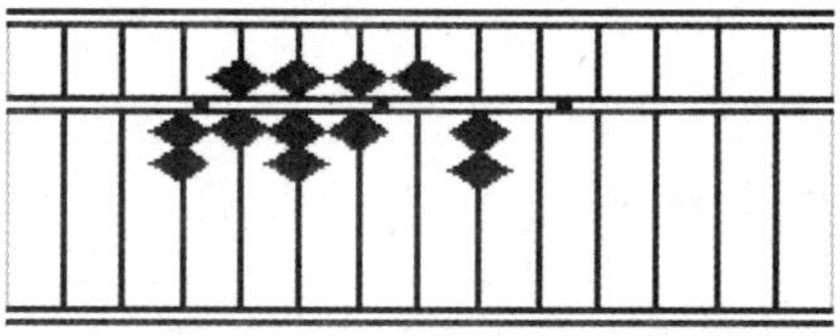
首商 3，– 3 × 847 = 2541 脑记 13552	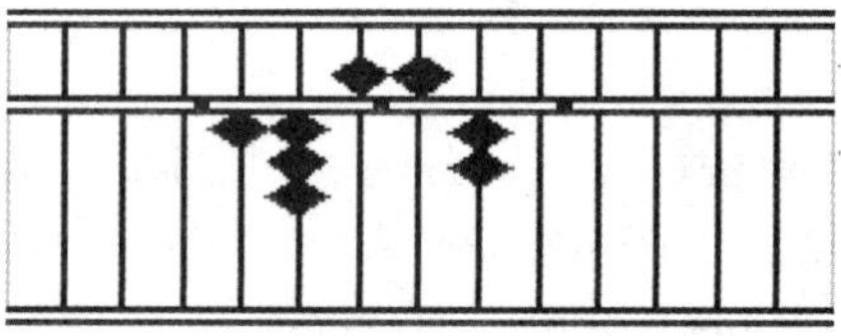
二商 1，– 847 脑记 5082	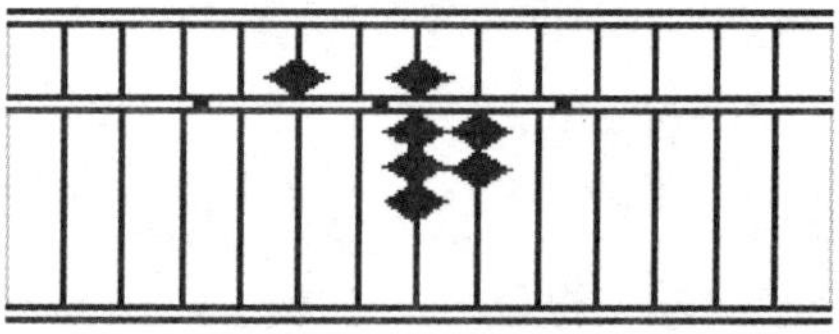
末商 6	

例 104　7. 3925 ÷ 0. 481 = 15. 369 ≈ 15. 37

运算步骤与盘式如表 5 – 39 所示。

表 5 – 39　　**7. 3925 ÷ 0. 481 的运算步骤与盘式**

心算过程	盘　式（脑像图）
从左三档起把 73925 映入脑	

续表

心算过程	盘　式（脑像图）
首商 1（隔位）－481 脑记 25825	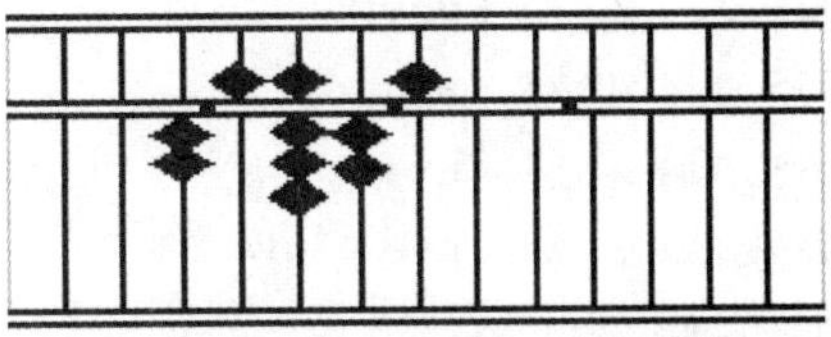
二商 5，－5×481＝－2405 脑记 1775	
三商 3，－3×481＝－1443 脑记 332	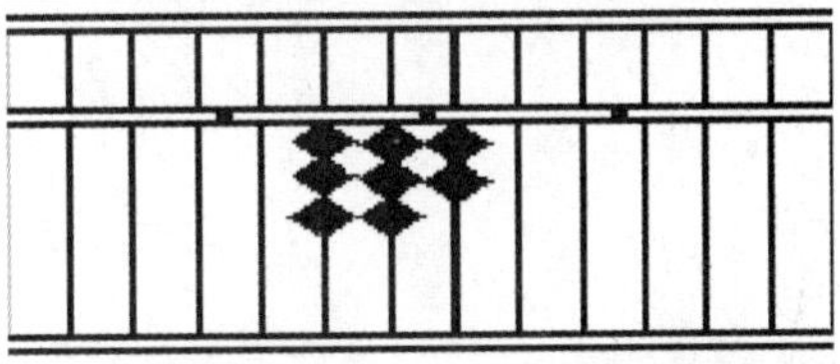
四商 6，－6×481＝－2886 脑记 434	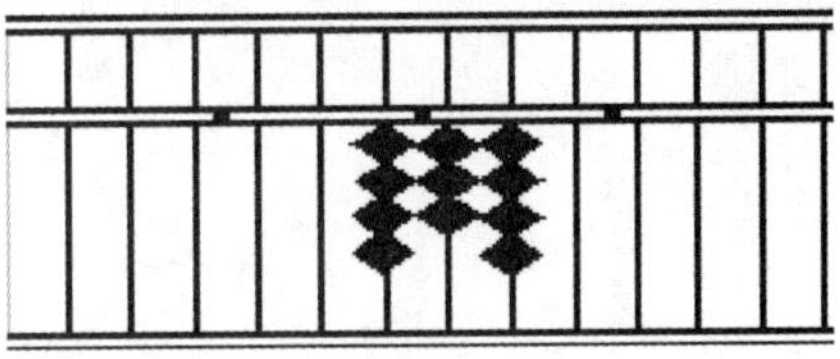
目测五商大于 5 进 1	

七、珠算除法的趣味练习

1. 用 123, 456, 789，先乘 9 的倍数（即：18、27、36、45、54、63、72）后，再除原数（即 9 的倍数），或用 123, 456, 789 先乘任意的两位数（如 19、28、37、46、55、64、73、82、91 等）后，再除以原乘数。

2. 狮子滚绣球。

将 1, 953, 125 乘 512 及其倍数（如乘 4，608 等），然后用除法还原，即乘完后再除。

3. 孤雁出群。

（1）998, 001 ÷999 =999；

（2）99, 980, 001 ÷9, 999 =9, 999

4. 山上五只虎，地下九三七五。

520, 828, 125 ÷9, 375 =55, 555

5. 盘中乐，下列各题的结果都出现六个“6”（靠梁的珠）。

（1）567, 432 ×65 ÷852 ×154

（2）235, 764 ×175 ÷354 ×572

（3）375, 624 ×325 ÷564 ×308

（4）467, 532 × 325 ÷ 702 × 308

（5）448, 884 × 65 ÷ 674 × 154

（6）625, 374 × 175 ÷ 939 × 572

（7）555, 444 × 175 ÷ 834 × 572

（8）455, 544 × 325 ÷ 684 × 308

（9）545, 454 × 325 ÷ 819 × 308

6. 七郎八虎闯幽州。

767, 288, 888, 888 ÷ 8 = 95, 911, 111, 111

7. 双狮争绣球。

8, 760, 647 ÷ 7 = 1, 251, 521

附录一　珠算技术等级鉴定标准

根据 1984 年 4 月实施的《全国珠算技术等级鉴定(试行)标准》,附录如下(见表 1、2、3)。

表 1　　　　加　减　算　　　　限时 10 分钟

题目＼等级		能手级						普通级					
		一级	二级	三级	四级	五级	六级	一级	二级	三级	四级	五级	六级
题数		20						10	10	10	10	10	10
其中:纯加法		12						6	6	6	6	6	6
加减混合		8						4	4	4	4	4	4
其中:每题带减号笔数		7 笔/20 行、5 笔/15 行						5	5	5	5	5	5
倒减法题数		2											
其中:带角分题数		10 题(15 行)						5	5	5			
整数题		10 题(20 行)						5	5	5	10	10	10
每题行数		1~5、11~15 题每题 15 行 6~10、16~20 题每题 20 行						15	15	15	15	15	14
题型 每题各位数所占行数	10 位数	15 行 3 笔(行)											
	9 位数	15 行 3 笔(行)											
	8 位数	15 行 3 笔(行)、20 行 4 笔(行)						3					
	7 位数	15 行 3 笔(行)、20 行 4 笔(行)						3	2				
	6 位数	15 行 3 笔(行)、20 行 4 笔(行)						3	5	4	2		
	5 位数	20 行 4 笔(行)						3	4	5	2		
	4 位数	20 行 4 笔(行)						3	4	3	5	5	4
	3 位数									3	6	10	4
	2 位数												6
每题字数		120						90	80	70	60	50	40
总字数		2,400						900	800	700	600	500	400
要求合格题数		18	16	14	12	10	8	9	9	8	8	8	8
按合格题数计算	字数	2160	1920	1680	1440	1200	860	810	720	560	480	400	320
	每分钟字数	216	192	168	144	120	96	81	72	56	48	40	32
	每字占用秒数	0.278	0.313	0.357	0.416	0.5	0.625	0.74	0.83	1.07	1.25	1.5	1.88

表 2 **乘　　算** 限时 5 分钟

题目	等级	能手级 一级	能手级 二级	能手级 三级	能手级 四级	能手级 五级	能手级 六级	普通级 一级	普通级 二级	普通级 三级	普通级 四级	普通级 五级	普通级 六级
题数		20						10	10	10	10	10	10
其中：整数题		12						5	6	7	8	8	10
带小数题		8						5	4	3	2	2	
四舍题		4						2	2	2	1	1	
五入题		4						3	2	1	1	1	
题型	被乘 6 × 乘 5	2											
	5 × 6	2											
	6 × 4	2											
	4 × 6	2											
	5 × 5	2											
	5 × 4	3						2					
	4 × 5	3						2					
	4 × 4	4						6	4				
	5 × 3								1	1			
	3 × 5								1	1			
	4 × 3								2	2	1		
	3 × 4								2	2	1		
	3 × 3									4	2	2	0
	4 × 2										3	1	
	2 × 4										3	1	
	3 × 2											3	3
	2 × 3											3	3
	2 × 2												4
被乘数、乘数位数 合计		190						84	76	68	62	54	46
要求合格题数		18	16	14	12	11	10	9	9	8	8	8	8
题　量		450						176	142	114	90	70	52
按合格题数计算	题　量	405	360	315	270	248	225	158	128	91	72	56	42
	每分钟字数	81	72	63	54	50	45	32	25	18	14	11	8
	每分钟占用秒数	0.74	0.83	0.95	1.11	1.21	1.33	1.9	2.3	3.3	4.2	5.4	7.1

表 3　　　　　　　　**除　　算**　　　　　　　　限时 5 分钟

题目	等级	能手级						普通级					
		一级	二级	三级	四级	五级	六级	一级	二级	三级	四级	五级	六级
题数		20						10	10	10	10	10	10
其中：除尽题数		12						6	6	7	8	8	10
除不尽题数		8						4	4	3	2	2	
四舍题		4						2	2	2	1	1	
五入题		4						2	2	2	1	1	
题型	÷6 位 =4 位	3											
	÷4 =6	3											
	÷5 =5	2											
	÷5 =4	4											
	÷5 =4	4											
	÷4 =5	4											
	÷4 =4												
	÷3 =5							2	1				
	÷5 =3							2	1				
	÷3 =4							3	2	1			
	÷4 =3							3	2	1			
	÷3 =3								4	8	4		
	÷2 =3										3	3	0
	÷3 =2										3	3	
	÷2 =2											4	10
被除数、商位数合计		184						74	68	62	54	46	40
要求合格题数		18	16	14	12	11	10	9	9	8	8	8	8
题　量		418						132	114	96	72	52	40
按合格题数计算	题　量	376	334	293	251	230	209	119	103	77	58	42	32
	每分钟字数	75	67	59	50	46	42	24	21	15	12	8	6
	每分钟占用秒数	0.8	0.9	1.02	1.2	1.3	1.43	2.5	2.9	3.9	5.2	7.1	9.4

附录二 珠算等级鉴定标准简要说明

（一）考核标准

1. 珠算鉴定考核共分为普通级和能手级两大类十二个级别。普通级设六级至一级，六级最低，一级最高；能手级设六级至一级，六级最低，一级最高（见表4、5、6）。

2. 珠算鉴定试卷为加减、乘、除综合试卷。采用限时（20分钟）限量（能手级60题：加减、乘、除各20题；普通级30题：加减、乘、除各10题）的方式。

3. 珠算能手级鉴定实行一套题，按完成正确题数确定六个级别；珠算普通级鉴定实行二套题确定六个级别的办法，均按完成正确题数确定级别。

表4 能手级考核标准

项目	限时	限量	要求准确题数					
			一级	二级	三级	四级	五级	六级
加减算	10分钟	20题	18	16	14	12	10	8
乘算	5分钟	20题	18	16	14	12	11	10
除算	5分钟	20题	18	16	14	12	11	10

表5 普通级三～一级考核标准

项目	限时	限量	要求准确题数					
			一级	二级	三级	四级	五级	六级
加减算	10分钟	10题	9	8	6			
乘算	5分钟	10题	9	8	6			
除算	5分钟	10题	9	8	6			

表6 普通级六～四级考核标准

项目	限时	限量	要求准确题数					
			一级	二级	三级	四级	五级	六级
加减算	10分钟	10题				8	7	6
乘算	5分钟	10题				8	7	6
除算	5分钟	10题				8	6	5

附录三　珠算能手级和普通级综合考核题（样题）

珠算普通级六～四级考核题（样题一）（正面）

单位		姓名		考号	

	计算题	错题	对题	等级	初评	复核
加减算						
乘 算						
除 算						

加　减　算

（一）	（二）	（三）	（四）	（五）
897	6, 538	312	370, 598	281
6, 541	421	840, 591	7, 925	4, 069
38, 210	521, 670	793	346	8, 927
938	3, 145	2, 658	-205, 671	19, 605
712, 605	789	14, 027	964	-753
3, 472	6, 031	1, 879	6, 839	570, 246
518	360, 457	204	-71, 458	324
5, 791	382	9, 437	512	-2, 960
406, 157	79, 803	365	5, 086	431
7, 284	976	68, 940	-943	-416, 592
609	2, 019	3, 076	4, 830	9, 813
49, 065	45, 261	621	-294	-381
326	592	720, 154	62, 108	28, 607
4, 930	8, 409	583	7, 021	574
283	748	5, 869	-317	-7, 058

续表

（六）	（七）	（八）	（九）	（十）
648	4, 673	347	259, 680	245
3, 791	921	34, 801	3, 408	3, 691
947, 230	50, 186	268	546	1, 728
825	1, 405	5, 019	-15, 039	73, 305
28, 397	543	260, 173	671	-456
5, 072	7, 098	3, 926	6, 350	640, 837
406	972, 346	584	560, 418	-569
7, 684	782	4, 850	-197	6, 048
403, 719	49, 237	762	1, 742	914
1, 568	693	17, 035	284	17, 203
681	5, 018	6, 197	-2, 473	-2, 160
50, 914	816, 970	916	837	591
165	325	350, 248	-27, 406	-579, 348
5, 023	8, 502	729	3, 192	723
392	461	9, 854	-589	-8, 209

珠算普通级六～四级考核题（样题一）（反面）

乘　算

要求：精确到0.01（用四舍五入法）

一	28	×	4, 613	=
二	5, 837	×	19	=
三	301	×	259	=
四	2, 704	×	86	=
五	92.05	×	0.467	=
六	69	×	5, 024	=
七	1, 864	×	75	=
八	3.42	×	0.089	=
九	617	×	7, 302	=
十	59	×	1, 387	=

除　算

要求：精确到0.01（用四舍五入法）

一	34, 656	÷	57	=
二	18, 525	÷	475	=
三	147, 379	÷	293	=
四	14, 028	÷	84	=
五	0.08876	÷	0.036	=
六	11, 904	÷	128	=
七	43, 432	÷	61	=
八	132, 252	÷	309	=
九	37, 105	÷	905	=
十	618.61	÷	76.8	=

珠算普通级六～四级考核题（样题二）（正面）

单位		姓名		考号	

	计算题	错题	对题	等级	初评	复核
加减算						
乘 算						
除 算						

加　减　算

（一）	（二）	（三）	（四）	（五）
837, 459	460	780	938	560, 783
918	2, 139	574, 162	7, 290	-7, 560
5, 632	785	1, 326	542	25, 647
24, 063	543	87, 041	-607	306
3, 291	93, 026	473	960, 751	-184, 923
640	6, 891	2, 918	-3, 176	591
19, 578	207	605	76, 025	1, 760
857	41, 785	59, 326	563	-679
203	810, 379	4, 790	-635, 847	39, 018
780, 192	910	162	418	-5, 134
8, 741	7, 534	6, 249	8, 251	2, 491
695	628	358	-980	983
4, 536	4, 265	130, 587	81, 394	4, 278
6, 201	5, 104	495	-9, 102	-802
740	638, 972	3, 809	4, 238	425

（六）	（七）	（八）	（九）	（十）
541, 389	874, 961	9, 138	352, 467	42, 971
2, 745	210	810	206	-9, 367
960	5, 697	4, 396	-5, 638	7, 053
36, 012	176	283	580	529
5, 293	31, 528	53, 049	-67, 042	6, 415
684	9, 842	7, 901	4, 127	-249
79, 548	305	645	9, 874	364
107	47, 069	16, 728	-709	820, 793
397	293	8, 476	6, 293	-4, 807
8, 014	8, 570	317	936	53, 086
652	641	590, 132	-412	428
3, 561	1, 382	984	510, 874	-395, 621
820, 479	490, 756	2, 650	1, 089	196
7, 602	2, 503	572	-93, 518	1, 708
138	438	620, 745	153	-815

珠算普通级六～四级考核题（样题二）（反面）

乘　算

要求：精确到0.01（用四舍五入法）

一	8,154	×	43	=
二	32	×	2,087	=
三	274	×	109	=
四	0.092	×	8.56	=
五	17	×	4,219	=
六	7,306	×	58	=
七	65	×	4,209	=
八	80.46	×	0.573	=
九	3,591	×	76	=
十	938	×	1,836	=

除　算

要求：精确到0.01（用四舍五入法）

一	27,812	÷	68	=
二	25,198	÷	586	=
三	197,640	÷	324	=
四	26,410	÷	95	=
五	14,413	÷	203	=
六	149.48	÷	41.7	=
七	59,040	÷	72	=
八	5,512	÷	106	=
九	0.39054	÷	0.041	=
十	172,284	÷	879	=

珠算普通级六～四级考核题（样题三）（正面）

单位		姓名		考号	

	计算题	错题	对题	等级	初评	复核
加减算						
乘 算						
除 算						

加　减　算

(一)	(二)	(三)	(四)	(五)
245, 186	814	948, 361	4, 106	2, 164
572	5, 680	7, 520	-568	61, 847
9, 730	235	286	730	-701
659	34, 068	16, 079	960, 423	397, 058
70, 895	197	637	-3, 094	-543
1, 203	5, 402	5, 102	85, 942	9, 136
478	683	32, 854	579	625
24, 136	29, 715	498	-697, 815	53, 092
6, 972	980	925	283	4, 901
350	1, 256	8, 541	9, 158	-7, 564
510, 843	980, 532	460	-721	850
8, 627	6, 871	7, 138	16, 037	-9, 628
419	347	390, 672	-2, 304	783
361	473, 129	5, 903	5, 871	472
4, 908	7, 906	417	642	-180, 239

(六)	(七)	(八)	(九)	(十)
156	9, 310	512	690	9, 678
230, 861	284, 571	3, 860	1, 967	8, 327
5, 947	852	439	-519	-506
310	124	89, 027	26, 083	3, 845
92, 075	42, 093	584	-7, 802	751
4, 596	7, 985	7, 392	8, 254	-134
278	306	61, 453	425	650, 419
18, 643	85, 617	106	5, 736	4, 680
5, 124	270	967	-643	-91, 863
408	4, 568	2, 578	380	276
9, 517	360, 841	490, 631	810, 294	513, 024
362	139	8, 314	-4, 703	109
687, 093	2, 795	520	79, 415	-2, 987
479	6, 903	215, 947	371	293
3, 208	467	6, 708	-598, 126	-74, 052

珠算普通级六～四级考核题（样题三）（反面）

乘　算

要求：精确到0.01（用四舍五入法）

一	4,759	×	15	=	
二	49	×	8,092	=	
三	308	×	469	=	
四	0.218	×	80.41	=	
五	61	×	3,426	=	
六	5,078	×	19	=	
七	24	×	3,857	=	
八	9,376	×	36	=	
九	8.53	×	0.067	=	
十	2,601	×	752	=	

除　算

要求：精确到0.01（用四舍五入法）

一	18,768	÷	92	=	
二	62,244	÷	819	=	
三	292,383	÷	637	=	
四	19,628	÷	28	=	
五	346.14	÷	40.7	=	
六	20,831	÷	563	=	
七	2,496	÷	16	=	
八	467,860	÷	745	=	
九	28,967	÷	349	=	
十	0.19395	÷	0.021	=	

珠算普通级六～四级考核题（样题四）（正面）

单位		姓名		考号	

	计算题	错题	对题	等级	初评	复核
加减算						
乘 算						
除 算						

加　减　算

（一）	（二）	（三）	（四）	（五）
9, 306	7, 810	2, 607	8, 462	412
630	651, 927	390, 451	6, 129	-270
821, 547	463	6, 782	-418	560, 937
4, 751	8, 304	514	7, 591	2, 863
15, 082	738	53, 046	310	-46, 081
8, 105	23, 051	169	-267	658
976	6, 245	4, 203	840, 623	715, 490
93, 647	910	857	1, 502	739
324	74, 869	78, 921	-14, 723	-1, 956
2, 460	2, 136	519, 372	850	590
781	507	1, 538	473, 698	-29, 375
1, 973	960, 284	749	347	8, 637
250, 648	5, 371	6, 804	-5, 903	2, 418
359	948	260	759	-384
298	295	938	-59, 086	4, 201

（六）	（七）	（八）	（九）	（十）
240, 789	4, 530	3, 104	34, 086	9, 187
692	217	265, 897	-275	-371
8, 407	821, 479	680	849, 523	83, 021
531	5, 306	7, 532	-304	-2, 805
93, 876	625	428	6, 435	7, 243
6, 910	76, 041	56, 079	741	450
754	1, 794	1, 705	12, 579	6, 724
21, 045	810	396	9, 280	-946
328	52, 938	82, 143	-1, 968	263
830, 261	1, 523	4, 261	807	910, 385
5, 497	647	530	-8, 413	-8, 012
170	8, 302	9, 814	635	74, 569
6, 853	159	320, 756	291	601
942	960, 487	879	-650, 972	-459, 376
1, 365	698	491	1, 760	598

珠算普通级六～四级考核题（样题四）（反面）

乘 算

要求：精确到0.01（用四舍五入法）

一	4,269	×	85	=
二	704	×	483	=
三	5,063	×	129	=
四	72	×	6,251	=
五	0.9163	×	2.9	=
六	48	×	4,097	=
七	159	×	375	=
八	8.32	×	0.6304	=
九	75	×	8,026	=
十	2,018	×	17	=

除 算

要求：精确到0.01（用四舍五入法）

一	595,238	÷	697	=
二	8,476	÷	52	=
三	0.0192	÷	0.034	=
四	133,120	÷	320	=
五	91,924	÷	938	=
六	44,034	÷	246	=
七	50,740	÷	86	=
八	17.66	÷	5.17	=
九	26,080	÷	815	=
十	5,282	÷	19	=

珠算普通级六～四级考核题（样题五）（正面）

单位		姓名		考号	

	计算题	错题	对题	等级	初评	复核
加减算						
乘 算						
除 算						

加　减　算

（一）	（二）	（三）	（四）	（五）
980	216, 394	1, 603	8, 416	845
619, 853	820	960	－138	520, 961
376	4, 713	598, 724	9, 340	－9, 520
5, 214	965	7, 142	584	45, 289
48, 021	581	69, 087	－209	102
1, 437	31, 042	891	720, 953	－368, 741
280	2, 637	4, 376	1, 792	537
73, 596	409	205	－92, 045	7, 920
659	87, 965	53, 142	521	－293
401	670, 193	8, 930	215, 689	13, 076
960, 734	370	724	876	－5, 718
6, 987	9, 518	2, 483	－6, 457	4, 837
235	246	156	360	361
8, 512	8, 425	710, 569	－67, 138	8, 496
2, 407	5, 708	835	3, 704	－604

（六）	（七）	（八）	（九）	（十）
716	816	240, 985	751	735, 241
587, 163	698, 327	3, 716	154, 829	－84, 397
4, 985	470	670	402	3, 129
320	5, 239	8, 132	－5, 216	9, 051
12, 074	792	461	560	－543
5, 431	17, 546	51, 083	－29, 084	2, 875
268	3, 684	9, 307	8, 749	483
93, 586	105	285	3, 698	－128
709	89, 023	72, 496	－903	640, 931
193	431	6, 892	2, 431	8, 609
6, 078	6, 590	179	312	－51, 062
254	287	530, 714	－874	846
1, 527	7, 164	368	570, 698	675
640, 839	830, 952	4, 250	7, 063	732
9, 204	4, 501	594	－31, 576	－7, 906

珠算普通级六～四级考核题（样题五）（反面）

乘 算

要求：精确到0.01（用四舍五入法）

一	2,709	×	18	=	
二	637	×	716	=	
三	9,806	×	452	=	
四	35	×	9,504	=	
五	0.4926	×	5.2	=	
六	17	×	2,307	=	
七	248	×	318	=	
八	5.16	×	0.9376	=	
九	38	×	9,051	=	
十	5,084	×	45	=	

除 算

要求：精确到0.01（用四舍五入法）

一	189,644	÷	364	=	
二	76,360	÷	92	=	
三	0.0227	÷	0.097	=	
四	110,715	÷	605	=	
五	45,565	÷	701	=	
六	681,098	÷	913	=	
七	19,491	÷	73	=	
八	20.3	÷	2.48	=	
九	41,712	÷	528	=	
十	82,044	÷	86	=	

珠算普通级三～一级考核题（样题一）（正面）

单位		姓名		考号	

	计算题	错题	对题	等级	初评	复核
加减算						
乘 算						
除 算						

加　减　算

（一）	（二）	（三）	（四）	（五）
6, 054	4, 539, 768	952, 830	10, 524, 736	72, 850
841, 729	90, 413, 625	61, 749	-75, 602	9, 347, 628
50, 638	64, 519	8, 236, 517	8, 346, 197	-510, 739
7, 125, 406	7, 235, 086	409, 628	-2, 015	28, 951, 407
938, 517	9, 104	17, 840, 396	17, 938, 406	4, 162
60, 793, 285	60, 827, 393	3, 051	594, 823	-38, 054
2, 940	438, 721	27, 943	61, 950	423, 590
16, 832	50, 849	312, 489	-28, 374, 695	60, 879
201, 378	27, 163, 584	95, 768	7, 023	-5, 247, 316
84, 657	6, 912	4, 136, 205	-810, 436	10, 836, 724
3, 025, 194	709, 325	90, 752, 613	4, 581, 279	-9, 158
98, 641, 502	3, 470, 168	8, 047	6, 913	4, 391, 865
7, 936	5, 802	3, 280, 754	270, 548	-26, 907, 513
2, 719, 643	916, 437	15, 896, 402	13, 982	8, 279
40, 785, 391	20, 871	7, 165	-5, 604, 879	639, 104
（六）	（七）	（八）	（九）	（十）
40, 683. 52	6, 754. 93	546. 17	94. 16	93. 01
435. 06	83. 05	82. 09	50, 942. 73	158, 729. 36
71. 89	49, 831. 62	407, 618. 25	-2, 187. 69	-70, 346. 59
936, 507. 14	1, 076. 58	96, 235. 48	435, 610. 28	812. 40
85, 124. 37	324, 509. 17	701. 39	-73. 05	-63. 72
690. 28	62. 94	62. 15	845. 91	5, 189. 04
51. 04	734. 80	4, 078. 93	4, 064. 72	942, 035. 78
3, 967. 82	9, 253. 61	381, 924. 67	-927. 15	62. 17
270, 813. 56	816. 04	51. 06	36, 841. 09	-1, 509. 46
40. 95	25, 730. 98	9, 408. 35	-281, 579. 34	36, 248. 91
8, 397. 24	170, 468. 23	25, 137. 80	80. 67	473. 08
14, 026. 79	97. 56	362. 79	30, 792. 85	-849, 357. 16
251. 68	29, 681. 74	738, 246. 05	526, 013. 48	3, 921. 50
627, 135. 94	415, 902. 37	2, 810. 94	629. 13	26, 805. 74
1, 709. 83	518. 02	15, 794. 36	-7, 865. 04	-576. 28

珠算普通级三~一级考核题（样题一）（反面）

乘算

要求：精确到0.01（用四舍五入法）

一	7, 924	×	5, 806	=
二	3, 501	×	19, 043	=
三	61. 37	×	95. 14	=
四	59, 043	×	6, 851	=
五	80. 46	×	23. 79	=
六	259. 8	×	0. 0612	=
七	0. 5378	×	8, 927. 5	=
八	9, 201	×	4, 732	=
九	182. 67	×	76. 04	=
十	4, 632	×	3, 841	=

除算

要求：精确到0.01（用四舍五入法）

一	4, 903, 167	÷	8, 709	=
二	495, 558	÷	483	=
三	2, 980. 79	÷	352. 1	=
四	69, 822, 480	÷	75, 894	=
五	1, 749. 22	÷	50. 3	=
六	48, 447, 321	÷	741	=
七	6, 383, 772	÷	6, 954	=
八	0. 16806	÷	0. 06123	=
九	721, 920	÷	160	=
十	2, 814. 17	÷	2. 96	=

珠算普通级三～一级考核题（样题二）（正面）

单位		姓名		考号	

	计算题	错题	对题	等级	初评	复核
加减算						
乘 算						
除 算						

加 减 算

（一）	（二）	（三）	（四）	（五）
206,593	9,285	8,145,930	83,709	62,745,983
8,174	7,034,829	72,689	51,634,872	1,024
9,623,718	61,578	40,523,761	-9,013	-536,798
50,467	93,412,650	9,208	425,687	10,793,845
82,301,549	8,197	314,576	90,682,734	-72,105
7,086	203,465	98,571,623	-61,059	9,524,638
192,354	87,460,512	50,948	8,413,527	61,523
76,359,410	49,837	7,302,416	50,412	843,970
38,726	9,621,305	49,301	-732,865	-7,196,245
8,510,249	83,290	621,758	6,085,134	3,084
72,198	510,647	5,974,023	9,273	-20,715,896
409,536	4,836,912	8,162	19,604,785	604,934
3,725,801	7,051	80,593,674	593,826	-8,215
6,049	97,482,563	482,715	7,104	3,067,152
68,371,452	371,604	6,039	-2,956,041	94,801

（六）	（七）	（八）	（九）	（十）
50,162.87	4,302.57	908.45	728,430.61	93.48
3,291.46	897.34	617,329.50	82.37	704.13
786.23	506,218.49	71.26	-963.02	2,658.07
495,107.38	60.15	852.91	1,574.96	763,980.51
95.04	741.80	4,036.85	652,897.40	-28.34
630.79	9,352.74	541,786.39	-71.23	91,862.45
8,521.63	340,675.28	60.12	80,715.34	8,095.16
923,465.17	51.09	97,604.23	-9,850.47	-24,701.63
40.98	81,539.12	8,749.36	13,692.05	79.25
75,284.01	7,683.25	20,581.49	86.14	109,235.47
6,572.14	91,470.38	75.03	908,124.36	-843.96
80,369.27	64.92	987,013.25	732.85	94,506.21
53.81	875,902.14	621.74	-83,495.10	-7,635.08
764,891.03	510.63	72,384.09	6,524.79	210.67
409.52	61,273.98	5,413.68	109.56	-839,541.72

珠算普通级三~一级考核题（样题二）（反面）

乘　算

要求：精确到0.01（用四舍五入法）

一	1,678	×	2,034	=	
二	3,427	×	93,801	=	
三	0.0936	×	124.5	=	
四	19,543	×	3,106	=	
五	80.51	×	839.7	=	
六	4,509	×	7,658	=	
七	0.9238	×	5,476.2	=	
八	6,492	×	4,568	=	
九	280.67	×	69.01	=	
十	57.14	×	20.97	=	

除　算

要求：精确到0.01（用四舍五入法）

一	3,596,463	÷	6,903	=	
二	6,063,162	÷	861	=	
三	1,066.62	÷	154.7	=	
四	32,516,920	÷	95,638	=	
五	9.5013	÷	0.501	=	
六	11,638,419	÷	457	=	
七	1,240,048	÷	3,298	=	
八	0.360294	÷	0.07241	=	
九	6,173,280	÷	720	=	
十	15,159.13	÷	43.2	=	

珠算普通级三～一级考核题（样题三）（正面）

	计算题	错题	对题	等级	初评	复核
加减算						
乘 算						
除 算						

单位		姓名		考号	

加　减　算

（一）	（二）	（三）	（四）	（五）
86, 713	4, 058, 739	5, 068, 319	732, 915	5, 348
9, 457, 208	621, 804	4, 237	40, 173, 629	40, 261, 739
3, 126	39, 062, 518	39, 150, 628	6, 384	－827, 156
28, 049, 517	5, 273	716, 045	－50, 726	94, 283
605, 934	49, 165	83, 172	245, 617	16, 507, 928
72, 061	134, 506	50, 496, 817	82, 109	－3, 056
49, 385, 706	71, 089	9, 245	－7, 469, 538	134, 769
8, 134	6, 358, 427	203, 658	32, 058, 946	－7, 841, 502
921, 547	21, 947, 835	6, 730, 419	－1, 073	9, 246
5, 692, 308	9, 062	8, 135	6, 503, 817	350, 718
7, 024	5, 492, 706	249, 607	－48, 129, 735	－46, 251
138, 569	37, 018, 724	35, 140	8, 409	3, 897, 102
24, 093	7, 398	7, 286, 019	－685, 123	－35, 478, 069
1, 675, 908	574, 012	42, 367, 958	94, 072	90, 835
26, 351, 847	83, 961	98, 724	1, 569, 804	6, 917, 420

（六）	（七）	（八）	（九）	（十）
61, 053. 84	269, 830. 47	5, 309. 18	29, 568. 17	768, 943. 15
3, 298. 07	18, 457. 06	657, 832. 04	－304. 62	－60. 38
546, 721. 39	923. 51	95. 27	85. 94	718. 42
84. 16	74. 83	607. 31	－7, 310. 26	6, 397. 05
956. 20	6, 290. 15	5, 286. 94	164, 257. 09	－520. 84
4, 175. 83	530, 146. 98	419. 73	－94. 83	91, 674. 23
308. 62	83. 72	80, 563. 12	3, 721. 68	－145, 802. 67
79, 452. 01	2, 610. 57	304, 791. 56	58, 460. 31	31. 09
392, 680. 45	47, 359. 20	20. 89	695. 02	－63, 025. 18
19. 78	584. 19	52, 914. 07	－160, 579. 83	859, 346. 71
14, 803. 96	950, 468. 72	748, 235. 60	5, 142. 37	259. 46
637, 124. 59	4, 031. 26	148. 35	－48, 027. 69	－1, 098. 37
730. 24	37, 916. 58	9, 087. 26	798. 40	72. 94
8, 976. 15	687. 39	61. 83	21. 53	38, 257. 06
57. 02	10. 42	27, 146. 95	370, 914. 85	5, 410. 29

珠算普通级三～一级考核题（样题三）（反面）

乘　算

要求：精确到0.01（用四舍五入法）

一	9, 348	×	5, 602	=	
二	1, 507	×	73, 018	=	
三	21. 79	×	35. 78	=	
四	53, 081	×	9, 657	=	
五	68. 02	×	41. 93	=	
六	453. 6	×	0. 0472	=	
七	0. 5196	×	6, 359. 4	=	
八	3, 407	×	8, 214	=	
九	764. 92	×	92. 08	=	
十	8, 324	×	1, 687	=	

除　算

要求：精确到0.01（用四舍五入法）

一	1, 258, 647	÷	2, 301	=	
二	5, 695, 668	÷	627	=	
三	1, 999. 51	÷	758. 9	=	
四	28, 524, 960	÷	35, 216	=	
五	386. 92	÷	5. 07	=	
六	9, 279, 791	÷	359	=	
七	1, 209, 396	÷	4, 156	=	
八	0. 417149	÷	0. 04987	=	
九	6, 184, 260	÷	940	=	
十	122. 3977	÷	0. 814	=	

珠算普通级三～一级考核题（样题四）（正面）

单位		姓名		考号	

	计算题	错题	对题	等级	初评	复核
加减算						
乘 算						
除 算						

加　减　算

（一）	（二）	（三）	（四）	（五）
2, 957	8, 157, 940	974, 215	39, 674, 280	91, 706
863, 104	20, 563, 179	80, 659	-5, 943	3, 428, 657
97, 548	4, 832	2, 317, 546	730, 618	98, 302, 514
1, 260, 435	629, 507	87, 291, 403	-49, 527	-53, 408
76, 108, 392	38, 416	42, 397	6, 014, 395	6, 124, 975
31, 286	9, 305, 284	5, 013, 864	827, 406	-8, 039
4, 920, 753	716, 395	7, 928	-15, 682, 974	59, 716, 284
6, 817	24, 871, 063	48, 605, 173	1, 839	-327, 610
37, 594, 062	5, 728	216, 509	50, 721	49, 738
105, 489	49, 610	38, 627	-109, 267	-16, 052, 473
27, 516	890, 156	50, 941, 362	75, 346	5, 801
94, 830, 251	64, 235	4, 079	-2, 914, 083	968, 214
3, 968	1, 083, 972	857, 130	87, 543, 910	-2, 693, 057
746, 029	76, 432, 809	1, 582, 946	6, 825	4, 179
4, 071, 835	5, 714	3, 068	1, 608, 592	805, 326

（六）	（七）	（八）	（九）	（十）
68, 459. 13	490, 153. 72	923, 705. 18	6, 980. 27	409. 17
812, 694. 07	5, 879. 16	398. 06	93, 572. 41	5, 643. 82
287. 95	82, 461. 30	4, 532. 71	-324. 95	-72. 49
3, 421. 60	213. 84	61. 38	60. 78	38, 720. 51
50. 27	96. 57	27, 619. 40	825, 496. 03	-9, 065. 74
16, 508. 39	714, 385. 29	8, 954. 63	-74, 013. 26	213, 498. 06
7, 843. 52	63, 902. 15	102, 387. 59	591. 87	51. 83
910, 276. 48	480. 76	40. 72	-49. 30	-623. 79
31. 69	38. 92	512. 68	2, 856. 71	8, 142. 50
410. 57	1, 745. 60	7, 031. 94	691, 720. 45	705. 93
6, 902. 83	580, 619. 34	964. 82	93. 84	-14, 629. 87
853. 71	82. 73	30, 518. 76	-7, 286. 13	690, 357. 12
29, 470. 65	6, 175. 02	589, 246. 01	30, 915. 68	86. 45
478, 135. 09	29, 804. 57	75. 34	140. 57	86, 071. 53
64. 23	930. 46	97, 560. 42	-516, 024. 83	-304, 819. 62

珠算普通级三～一级考核题（样题四）（反面）

乘　算

要求：精确到0.01（用四舍五入法）

一	9, 576	×	4, 018	=
二	1, 849	×	31, 607	=
三	0. 0312	×	784. 5	=
四	73, 581	×	1, 702	=
五	60. 57	×	69. 31	=
六	8, 503	×	9, 256	=
七	0. 2416	×	5, 892. 4	=
八	2, 834	×	8, 526	=
九	460. 29	×	27. 03	=
十	59. 78	×	40. 39	=

除　算

要求：精确到0.01（用四舍五入法）

一	2, 418, 434	÷	4, 106	=
二	763, 932	÷	249	=
三	4, 052. 24	÷	963. 5	=
四	11, 758, 720	÷	15, 472	=
五	469. 01	÷	5. 09	=
六	58, 995, 759	÷	713	=
七	6, 423, 968	÷	8, 752	=
八	0. 511827	÷	0. 08369	=
九	3, 243, 680	÷	380	=
十	508. 6319	÷	0. 678	=

珠算普通级三～一级考核题（样题五）（正面）

单位		姓名		考号	

	计算题	错题	对题	等级	初评	复核
加减算						
乘 算						
除 算						

加　减　算

（一）	（二）	（三）	（四）	（五）
36, 247	602, 195	4, 902, 758	7, 428	52, 706, 341
951, 084	3, 819, 647	6, 317	41, 695, 230	-915, 482
2, 708, 536	5, 206	30, 584, 129	-804, 371	7, 063
4, 195	29, 473, 018	793, 260	9, 652	8, 152, 607
18, 362, 907	682, 159	8, 541	7, 041, 596	-94, 356
571, 048	7, 430	6, 930, 485	-83, 245	19, 702, 438
6, 329	9, 258, 374	73, 134	80, 619, 327	6, 975
8, 147, 263	61, 023	97, 508, 216	-5, 864	810, 243
50, 912	86, 947, 105	4, 753	790, 132	-65, 284, 309
75, 836, 094	3, 642	689, 021	-54, 173, 289	27, 615
2, 531	578, 910	43, 012, 687	61, 504	-7, 409, 138
467, 809	39, 201, 576	50, 439	9, 638, 027	61, 087
28, 190, 465	49, 328	8, 527, 916	50, 976	938, 425
38, 217	7, 416, 805	98, 654	827, 314	2, 614, 709
6, 305, 794	87, 543	716, 203	-1, 503, 869	-5, 938

（六）	（七）	（八）	（九）	（十）
2, 971. 06	46, 925. 38	20. 85	542, 679. 18	938. 41
31, 845. 27	91. 74	431, 568. 07	-827. 30	49, 051. 76
80. 63	320, 457. 69	716. 29	98, 340. 65	-2, 180. 35
921, 346. 58	506. 18	87, 239. 54	1, 079. 24	675. 12
495. 07	67, 128. 43	9, 068. 13	564. 01	384, 096. 27
56, 017. 32	8, 957. 02	450. 39	-297, 385. 16	84. 93
7, 846. 91	349. 28	816, 274. 05	73. 82	-529. 68
238. 17	705, 163. 94	62. 71	418. 57	7, 410. 52
694, 052. 83	51. 60	307. 46	-6, 309. 41	812, 354. 06
40. 59	926. 35	5, 298. 30	701, 243. 95	-93. 87
815. 24	4, 187. 26	690, 132. 84	-82. 76	64, 137. 90
3, 076. 18	509, 712. 83	71. 65	53, 026. 89	5, 461. 03
948, 601. 72	60. 54	49, 215. 78	4, 350. 92	-79, 258. 16
49. 53	38, 104. 76	2, 493. 81	-68, 147. 05	42. 70
29, 370. 65	1, 382. 07	57, 036. 49	31. 69	-653, 780. 29

珠算普通级三～一级考核题（样题五）（反面）

乘 算

要求：精确到0.01（用四舍五入法）

一	4, 509	×	7, 413	=
二	2, 618	×	31, 829	=
三	32. 08	×	46. 89	=
四	64. 19	×	3, 708	=
五	71. 93	×	52. 04	=
六	564. 7	×	0. 0319	=
七	0. 6207	×	7, 450. 6	=
八	1, 458	×	9, 352	=
九	835. 07	×	15. 83	=
十	9, 423	×	2, 798	=

除 算

要求：精确到0.01（用四舍五入法）

一	2, 932, 116	÷	6, 402	=
二	7, 068, 009	÷	793	=
三	3, 302, 320	÷	5, 897	=
四	0. 24711	÷	0. 06512	=
五	2, 591, 674	÷	349	=
六	51, 473, 880	÷	810	=
七	331. 55	÷	160. 5	=
八	21, 803, 397	÷	94, 387	=
九	44. 0522	÷	0. 481	=
十	20, 961. 92	÷	26. 5	=

珠算能手级考核题（样题一）

单位		姓名		考号	

	计算题	错题	对题	等级	初评	复核
加减算						
乘 算						
除 算						

加　减　算

（一）	（二）	（三）	（四）	（五）
42,079,358.61	9,620,358.74	64,039,512.87	926,815.74	97,518.40
9,561,807.34	7,206.93	71,368.29	87,059.13	-2,175.96
2,031.79	432,165.80	923,186.04	-4,160.87	20,634,859.17
136,924.80	7,620,481.35	4,052.71	10,342,786.59	-40,563.82
8,391,470.25	95,276.01	95,068,147.32	-65,278.01	7,620.59
50,298.64	2,943,618.70	52,803.46	2,019.63	516,089.43
2,507,813.49	61,058,392.47	3,064.95	748,321.50	41,965,832.70
90,165,347.82	71,965.38	416,795.28	31,206,957.48	-9,471,350.28
82,635.17	342,089.56	73,052,641.89	-5,967,483.02	8,217.34
604,278.53	5,731.94	5,307,189.62	3,625.84	-203,561.87
7,026.34	95,670,824.13	9,204.76	-436,970.51	31,924.56
49,075,631.28	43,068.71	691,578.03	6,049,523.78	3,492,867.10
61,573.49	8,415.29	7,350,481.29	92,054.13	-27,938,041.65
8,169.75	791,823.05	85,324.71	7,416,538.29	380,596.47
204,957.61	63,059,281.74	4,013,579.68	-29,034,165.87	6,712,309.84

续表

（六）	（七）	（八）	（九）	（十）
32, 596, 047	8, 079, 132	629, 074	81, 207, 463	7, 938
9, 128	64, 803, 719	83, 216	-9, 107	462, 159
51, 509	17, 053	70, 856, 932	542, 385	6, 073, 841
20, 834	8, 624	5, 301	-68, 453	29, 180, 537
6, 245, 973	9, 705, 146	45, 167, 893	7, 201	54, 286
91, 478, 605	32, 481, 069	90, 576	49, 386, 127	-7, 521, 643
102, 487	57, 328	2, 184	3, 192, 075	86, 019
53, 126	6, 805	739, 410	-409, 538	-51, 730, 928
6, 094	814, 732	8, 206, 341	7, 836, 049	4, 206
871, 532	35, 291	41, 372, 896	683, 204	-893, 475
6, 402, 379	9, 786, 402	60, 258	-14, 958, 672	7, 128
9, 105	457, 068	9, 108, 547	5, 196	30, 754, 816
80, 176, 413	3, 590	751, 423	70, 385	415, 083
35, 289	93, 265, 814	3, 589	9, 537, 214	-62, 539
692, 758	4, 102	63, 075, 912	-6, 508	9, 871, 204
4, 031	7, 639, 548	407, 268	41, 769	-30, 657
5, 408, 972	813, 027	9, 814, 375	61, 478, 320	6, 495, 370
26, 871, 354	15, 206, 934	60, 953	-159, 208	-2, 041
90, 216	51, 697	2, 417	27, 596	83, 049, 126
1, 548, 763	425, 976	2, 856, 049	-8, 034, 915	-62, 597

之一

续表

（十一）	（十二）	（十三）	（十四）	（十五）
9, 458. 61	6, 193. 50	974, 168. 35	5, 037, 296. 18	41, 398. 27
41, 985, 062. 37	534, 976. 18	6, 403, 985. 12	-76, 351. 89	9, 175, 423. 86
72, 541. 09	9, 053, 824. 67	51, 346. 98	9, 652, 810. 43	32, 018, 745. 69
6, 807. 12	62, 408. 39	2, 079, 631. 84	51, 790, 482. 36	-73, 680. 42
317, 296. 84	75, 109, 346. 82	91, 728, 063. 45	37, 021. 94	431, 476. 08
40, 672, 138. 59	3, 690, 254. 18	72, 198. 63	-329, 740. 58	-8, 952. 34
9, 148, 253. 70	21, 057. 34	640, 735. 21	5, 218. 06	-20, 379, 641. 85
5, 049. 31	968, 470. 52	5, 074. 39	-39, 054, 162. 87	93, 576. 01
7, 950, 836. 24	7, 614. 09	74, 316, 829. 50	73, 824. 15	4, 098. 62
428, 610. 93	21, 580, 349. 76	40, 687. 23	-2, 415. 09	750, 821. 59
8, 073, 462. 59	469, 187. 25	5, 102. 97	619, 305. 74	31, 502, 764. 98
72, 904, 185. 36	3, 021. 87	653, 028. 14	40, 598, 162. 37	-9, 215, 087. 36
561, 237. 08	26, 815. 73	31, 928, 470. 56	-9, 367, 841. 20	8, 571. 04
8, 731. 65	52, 034, 786. 19	9, 145, 207. 68	6, 287. 54	-392, 460. 51
605, 924. 37	9, 537, 248. 01	7, 925. 80	435, 670. 89	6, 015, 924. 37

续表

（十六）	（十七）	（十八）	（十九）	（二十）
7, 854, 269	9, 576	5, 048	2, 615, 497	3, 145
31, 027, 485	432, 908	6, 872, 495	93, 264	906, 527
60, 931	92, 876, 512	421, 806	-2, 840	-84, 912
26, 895, 014	51, 427	3, 570	4, 576	7, 362, 051
2, 793	6, 043, 289	98, 035, 147	805, 317	45, 278
18, 056	6, 075	62, 918	-18, 976, 053	-608, 497
4, 736, 089	809, 417	7, 658, 091	6, 280, 579	21, 764, 305
251, 437	43, 512, 976	43, 629	-43, 105	-9, 138
51, 302, 798	684, 105	30, 817, 245	521, 347	76, 508, 423
9, 254	9, 386	5, 937	-95, 084	3, 819
416, 325	40, 259	480, 612	35, 708, 629	-4, 827, 961
8, 067, 543	7, 016, 423	95, 137, 406	6, 213	315, 478
91, 806	32, 859, 017	8, 213, 749	-2, 087, 461	70, 395
6, 987	5, 120, 398	69, 845, 012	79, 854, 129	69, 023
240, 315	47, 905	76, 193	-219, 648	-8, 469
58, 709, 126	863, 427	203, 456	6, 302, 914	47, 302, 956
6, 078, 493	6, 513	8, 720	-56, 372	-517, 032
27, 514	71, 908, 246	59, 137	4, 089	6, 241, 809
490, 175	37, 681	3, 106, 782	809, 731	-53, 876, 120
3, 248	1, 054, 328	534, 269	68, 137, 502	1, 028, 496

之二

乘　算

要求保留四位小数以下四舍五入。

一	8,062	×	3,629	=	十一	36,407	×	3,928	=
二	17,409	×	81,047	=	十二	82.0591	×	0.4715	=
三	3,528	×	50,218	=	十三	7,326	×	6,584	=
四	61,407	×	4,736	=	十四	60.1945	×	9.2736	=
五	29.18	×	70.9254	=	十五	4,372	×	910,529	=
六	5,367	×	18,603	=	十六	28.1509	×	0.5317	=
七	0.4906	×	0.2957	=	十七	5,829	×	7,436	=
八	91,508	×	6,138	=	十八	97.4136	×	2.9085	=
九	4,376	×	94,053	=	十九	6.8015	×	14.3679	=
十	1.8352	×	46.0817	=	二十	34,728	×	20,954	=

除　算

要求保留四位小数以下四舍五入。

一	2,039.79	÷	3,710.8	=	十一	183.37	÷	1,750.36	=
二	51.93564	÷	6.2419	=	十二	549,019,695	÷	7,459	=
三	3,999.5591	÷	53.96	=	十三	88,857,654	÷	30,462	=
四	494.233146	÷	710.82	=	十四	14,388,495	÷	1,705	=
五	10,637,354	÷	2,954	=	十五	247,642,332	÷	26,418	=
六	136.66662	÷	507.3	=	十六	2,830.5569	÷	92.76	=
七	552,269,754	÷	9,182	=	十七	248,750,045	÷	4,805	=
八	79.3899	÷	84.6175	=	十八	1,911,521,676	÷	38,517	=
九	20.946254	÷	40.39	=	十九	29.0564	÷	69.1038	=
十	191,302,484	÷	2,638	=	二十	41,605.7998	÷	829.4	=

之三

珠算能手级考核题（样题二）

单位		姓名		考号	

	计算题	错题	对题	等级	初评	复核
加减算						
乘 算						
除 算						

加 减 算

（一）	（二）	（三）	（四）	（五）
30, 287. 16	8, 524, 710. 36	6, 149, 758. 32	603, 954. 78	3, 164. 97
8, 064, 312. 75	62, 813, 504. 79	80, 245. 69	-1, 068. 35	64, 729, 508. 13
21, 907, 634. 58	59, 473. 18	914, 582. 69	26, 584, 790. 13	-1, 056. 89
62, 579. 31	381, 742. 95	2, 807. 46	-91, 385. 64	37, 621. 58
420, 365. 97	8, 314. 07	64, 537, 092. 18	8, 162. 05	-483, 290. 15
7, 841. 23	41, 897, 053. 62	70, 319. 84	509, 624. 71	31, 204, 785. 96
91, 268, 530. 74	50, 628. 13	9, 165. 43	93, 145, 270. 86	-9, 745, 806. 31
82, 465. 90	8, 206. 49	726, 830. 95	7, 813, 542. 09	7, 042. 69
9, 387. 15	614, 397. 50	97, 183, 042. 56	8, 726. 94	2, 193, 487. 50
657, 910. 48	25, 390, 641. 78	5, 061, 289. 37	-630, 279. 49	406, 853. 92
20, 491, 653. 87	8, 251, 769. 03	4, 130. 62	8, 913, 754. 02	-17, 029. 86
8, 140, 796. 52	2, 076. 59	705, 648. 19	-71, 286, 940. 35	8, 521, 730. 49
7, 460. 39	170, 924. 86	2, 570, 961. 38	50, 371. 42	-50, 619, 482. 37
281, 359. 04	9, 618, 537. 42	32, 704. 51	-3, 409, 726. 18	83, 647. 25
9, 504, 813. 26	30, 246. 95	59, 704, 186. 23	65, 132. 97	725, 130. 64

续表

（六）	（七）	（八）	（九）	（十）
41,250,976	3,120,598	703,854	5,948	317,806
746,801	6,813	92,574,163	83,596,107	58,496,137
3,582	94,127	6,081	-9,140,632	-9,024
567,048	319,806	4,698,307	60,713,245	6,974,218
92,381,675	5,641	21,956	-359,408	213,450
39,164	50,182,763	314,620	28,913	-73,195,864
8,714,650	3,061,479	60,849,175	5,913,624	89,612
5,082	94,358	8,239	410,576	7,053
6,809,473	18,329,047	72,367	-28,073,419	-10,547
630,124	2,731,809	5,381,902	9,368	32,976,810
1,846	86,425	97,604,218	-82,537	-653,279
29,307	407,253	2,467	7,961,402	4,308
47,132	5,816	3,867,190	-4,783	-3,025,964
8,056	74,960,321	513,704	41,365,290	169,457
9,784,503	689,730	40,538	709,512	8,302,671
80,537,219	5,347,085	25,978,346	-51,968	-4,802
495,126	25,917	5,912	6,487,023	79,015
63,940	4,125	450,891	204,576	49,286,537
21,509,874	82,960,734	6,398,207	8,760	3,951,725
3,698,412	739,056	27,514	-15,827	-20,548

之一

续表

（十一）	（十二）	（十三）	（十四）	（十五）
10, 652, 847. 39	65, 107. 24	42, 563. 09	6, 539. 72	619, 783. 25
74, 329. 68	7, 594. 60	759, 034. 86	960, 271. 48	30, 451, 926. 87
5, 198. 72	436, 078. 29	5, 710. 64	40, 253, 798. 16	-9, 632, 578. 40
306, 471. 29	95, 210, 436. 78	63, 042, 987. 51	5, 042, 879. 31	9, 304. 71
61, 270, 534. 98	7, 053, 682. 41	87, 106. 29	-4, 038. 97	-517, 840. 26
9, 412, 053. 76	634, 719. 80	6, 572. 10	731, 596. 04	7, 493, 061. 82
6, 341. 05	2, 918, 036. 54	430, 718. 92	-83, 905. 26	-52, 874. 03
365, 824. 10	72, 958. 13	51, 804, 639. 27	2, 836, 047. 51	8, 730, 219. 56
4, 089, 175. 32	3, 196, 587. 02	6, 043, 281. 59	91, 852. 63	60, 524, 371. 89
21, 689. 75	72, 409, 135. 68	5, 197. 83	-524, 710. 86	59, 248. 01
9, 216, 307. 48	82, 601. 34	354, 768. 12	32, 245. 18	216, 083. 94
85, 193, 072. 64	540, 914. 87	9, 076, 325. 48	-20, 651, 438. 97	3, 756. 12
52, 890. 76	7, 398. 25	80, 134. 29	76, 380, 194. 25	-71, 320, 695. 48
105, 387. 49	90, 281, 645. 73	5, 219, 687. 34	-4, 107, 659. 83	94, 360. 85
8, 604. 53	5, 124. 69	29, 578, 416. 03	74, 106. 92	-5, 149. 76

续表

（十六）	（十七）	（十八）	（十九）	（二十）
92, 106	79, 236	32, 657	963, 870	78, 346, 209
8, 534	8, 125	9, 014	19, 628, 703	4, 765
4, 863, 729	9, 486, 573	20, 897, 365	-54, 287	-30, 186
395, 617	37, 052, 418	413, 098	3, 069, 531	2, 169, 537
92, 841, 570	210, 896	8, 451	-891, 302	64, 925, 108
30, 462	61, 508	92, 637	7, 156	-501, 246
5, 819	4, 239	6, 814, 205	41, 256, 987	8, 937
7, 306, 124	8, 605, 714	43, 758, 026	80, 615	7, 320, 815
518, 937	29, 357, 046	90, 617	-3, 724	-9, 542
4, 586	3, 928	5, 840	1, 068, 379	43, 759
10, 293, 758	91, 357	276, 139	-925, 640	-56, 481, 203
60, 924	604, 702	6, 047, 523	74, 028	910, 768
756, 410	8, 623	819, 605	6, 139	71, 243, 659
2, 637, 049	7, 950, 416	32, 417	20, 163, 895	-85, 917
81, 352	41, 960	72, 508, 169	-4, 590, 753	3, 820, 496
75, 094, 618	3, 617, 045	3, 794	825, 407	618, 349
2, 938	894, 701	9, 147, 286	-97, 382, 546	2, 057
379, 502	58, 409, 372	706, 528	13, 825	-2, 307, 894
81, 640, 735	40, 382, 659	3, 985, 142	6, 047, 931	516, 270
6, 291, 486	730, 528	81, 359, 420	-2, 153	-49, 183

之二

乘 算

要求保留四位小数以下四舍五入。

一	63.25	×	41.3698	=		十一	8,617	×	517,963	=	
二	4,206	×	7,063	=		十二	70,184	×	2,367	=	
三	51,834	×	25,418	=		十三	62.4935	×	0.8159	=	
四	80,415	×	1,807	=		十四	1,607	×	5,189	=	
五	7,926	×	94,625	=		十五	40.5938	×	4.9316	=	
六	5.2796	×	80.4152	=		十六	28,176	×	64,893	=	
七	9.701	×	52,047	=		十七	62.5934	×	0.5197	=	
八	0.8043	×	0.6319	=		十八	9,236	×	8,107	=	
九	1,078	×	34,897	=		十九	31.8705	×	6.4392	=	
十	42,539	×	5,072	=		二十	2.0495	×	58.7013	=	

除 算

要求保留四位小数以下四舍五入。

一	374.36509	÷	403.15	=		十一	28,774,788	÷	4,038	=	
二	36,653,124	÷	5,286	=		十二	370,644,798	÷	59,714	=	
三	5,257.2	÷	6,041.3	=		十三	1,704.29	÷	4,083.69	=	
四	15.8311	÷	9.5724	=		十四	675,271,324	÷	7,028	=	
五	6,079.2419	÷	86.29	=		十五	331,989,180	÷	63,795	=	
六	61.655616	÷	73.26	=		十六	69.6779	÷	92.4316	=	
七	241,449,708	÷	5,916	=		十七	21,014.5992	÷	251.7	=	
八	509.95908	÷	830.4	=		十八	1,115.9339	÷	30.29	=	
九	329,556,968	÷	3,517	=		十九	601,479,582	÷	7,158	=	
十	13.6358	÷	21.9408	=		二十	4,506,438,660	÷	61,804	=	

之三

珠算能手级考核题（样题三）

单位		姓名		考号	

	计算题	错题	对题	等级	初评	复核
加减算						
乘 算						
除 算						

加　减　算

（一）	（二）	（三）	（四）	（五）
508, 672. 14	31, 968, 247. 50	8, 519, 249. 63	53, 928, 401. 76	815, 704. 63
92, 340, 851. 76	8, 450, 796. 23	6, 195. 82	60, 257. 18	-76, 948. 02
8, 521, 467. 39	9, 120. 68	621, 054. 79	-812, 075. 93	3, 059. 76
9, 283. 60	103, 578. 92	6, 519, 370. 24	9, 341. 60	90, 231, 675. 84
406, 739. 51	7, 280, 369. 41	84, 165. 90	84, 957, 036. 21	54, 167. 90
6, 382, 950. 17	94, 187. 35	1, 832, 507. 69	-41, 792. 35	-9, 058. 21
41, 673. 92	4, 169, 703. 28	50, 947, 218. 36	9, 253. 84	637, 210. 49
7, 629, 108. 45	89, 045, 236. 17	60, 854. 27	305, 684. 17	-20, 195, 846. 37
95, 413, 260. 78	71, 542. 06	213, 987. 45	-62, 941, 530. 78	4, 568, 372. 91
48, 137. 90	953, 167. 42	4, 026. 83	9, 426, 078. 51	2, 514. 73
105, 972. 83	6, 915. 23	84, 596, 730. 21	-8, 193. 65	-325, 869. 04
2, 645. 01	38, 964, 520. 17	32, 957. 06	580, 467. 92	9, 548, 127. 36
60, 219, 584. 37	50, 462. 38	7, 384. 10	6, 249, 370. 18	81, 943. 20
82, 359. 74	7, 058. 64	618, 703. 94	74, 213. 06	-6, 305, 472. 18
4, 038. 65	913, 846. 50	52, 984, 170. 63	-9, 302, 468. 57	81, 923, 054. 67

续表

（六）	（七）	（八）	（九）	（十）
5, 780, 132	628, 945	31, 406	70, 416	91, 374
30, 149, 865	2, 019, 487	692, 743	-4, 837	206, 759
635, 709	5, 702	81, 463, 052	72, 486, 095	47, 385, 026
2, 471	83, 016	9, 570	8, 039, 521	-9, 813
456, 739	218, 759	7, 385, 269	-95, 602, 134	8, 653, 170
81, 270, 564	4, 530	10, 845	824, 397	210, 394
48, 052	94, 076, 152	203, 951	17, 802	-25, 804, 763
7, 601, 245	2, 950, 368	59, 738, 064	4, 280, 513	78, 510
4, 719	83, 247	7, 128	-309, 465	6, 492
9, 785, 362	70, 218, 936	61, 253	17, 926, 308	-90, 346
529, 031	6, 120, 879	4, 270, 819	2, 857	21, 865, 907
3, 508	75, 314	68, 594, 170	-17, 246	542, 168
18, 296	396, 142	3, 561	6, 850, 319	-3, 279
30, 612	4, 705	2, 760, 958	3, 627	1, 294, 853
9, 745	63, 859, 210	402, 396	30, 254, 198	-805, 346
8, 763, 294	578, 629	93, 472	-968, 401	7, 219, 560
97, 426, 108	14, 806	14, 867, 253	40, 587	1, 937
384, 510	3, 014	4, 801	-5, 376, 912	-68, 094
29, 385	71, 859, 436	349, 078	193, 465	38, 175, 426
10, 498, 637		5, 287, 169	-7, 659	-2, 840, 615

之一

续表

（十一）	（十二）	（十三）	（十四）	（十五）
86, 407. 39	8, 347. 50	5, 082. 49	863, 057. 24	9, 426, 185. 07
1, 064. 85	30, 847, 951. 26	423, 865. 70	5, 392, 874. 01	65, 240. 78
91, 523, 748. 06	61, 430. 89	9, 842, 713. 56	-40, 235. 87	-8, 541, 709. 32
39, 452. 71	9, 576. 01	51, 397. 82	9, 186, 520. 73	40, 689, 372. 15
6, 519. 48	206, 185. 73	64, 098, 235. 17	80, 617, 952. 34	92, 061. 83
504, 987. 32	93, 561, 027. 48	2, 985, 471. 30	61, 087. 52	-218, 639. 74
30, 845, 127. 69	8, 037, 142. 69	10, 964. 23	-539, 624. 10	4, 107. 59
8, 306, 942. 17	4, 938. 20	859, 736. 41	4, 963. 28	82, 943, 051. 67
7, 610. 23	6, 849, 725. 13	6, 350. 98	-63, 205, 718. 49	-62, 713. 40
912, 405. 76	317, 509. 82	10, 497, 283. 56	93, 576. 21	1, 305. 98
203, 813. 45	7, 961, 351. 48	358, 076. 14	-4, 091. 86	508, 294. 36
2, 381, 756. 09	61, 893, 074. 25	2, 910. 67	542, 917. 30	-93, 487, 051. 62
61, 872, 930. 54	405, 162. 97	15, 702. 46	20, 817, 369. 45	8, 256, 730. 19
927, 485. 63	7, 620. 54	41, 923, 675. 80	-8, 034, 196. 57	-5, 176. 43
5, 061, 298. 37	594, 831. 62	8, 462, 137. 09	6, 814. 79	324, 569. 78

续表

（十六）	（十七）	（十八）	（十九）	（二十）
5,108,376	93,721,548	72,048,319	1,043	80,372
81,095	68,125	21,546	852,769	67,235,189
7,423	7,014	9,803	58,107,692	-3,654
3,752,618	8,375,462	19,786,254	-43,167	92,570
924,506	62,941,307	302,987	9,258,403	-1,058,426
81,730,469	109,785	7,340	-780,291	53,814,097
29,315	50,479	81,526	6,045	-490,135
4,708	3,128	5,703,194	-80,145,376	7,682
6,295,031	7,594,603	32,647,915	97,504	6,219,704
407,826	18,246,935	98,506	-2,613	8,431
3,475	2,817	4,793	-2,976,058	-32,846
90,182,647	80,246	165,028	814,539	45,370,192
59,813	953,160	5,936,412	-63,917	809,657
645,309	7,512	708,594	5,028	-60,132,548
1,526,983	6,894,305	21,306	19,052,784	74,806
70,241	269,147	61,497,058	3,486,592	2,719,385
64,987,530	30,598	2,683	-714,369	508,237
1,872	2,506,934	8,036,175	86,271,435	-1,946
268,419	783,609	965,427	20,714	2,916,738
70,539,624	47,398,261	2,874,013	5,936,802	-405,167

之二

乘　算

要求保留四位小数以下四舍五入。

一	6, 815	×	83, 514	=		十一	93. 4278	×	3. 8205	=
二	52. 14	×	30. 2587	=		十二	7, 506	×	416, 852	=
三	3, 195	×	6, 529	=		十三	69, 073	×	1, 256	=
四	40, 723	×	14, 307	=		十四	51. 3824	×	0. 7048	=
五	94, 307	×	7, 069	=		十五	6, 059	×	9, 817	=
六	7, 609	×	23, 786	=		十六	9. 1348	×	47. 6902	=
七	4. 1685	×	97. 3104	=		十七	17, 065	×	53, 287	=
八	8, 609	×	41, 936	=		十八	51. 4823	×	0. 4086	=
九	0. 7329	×	0. 5208	=		十九	8, 125	×	7, 096	=
十	31, 428	×	9, 416	=		二十	20. 7469	×	5. 3218	=

除　算

要求保留四位小数以下四舍五入。

一	7, 242. 8599	÷	75. 18	=		十一	218, 059, 076	÷	52, 684	=
二	761. 9427	÷	932. 04	=		十二	23, 620, 905	÷	3, 927	=
三	24, 311, 025	÷	4, 175	=		十三	252, 541, 188	÷	48, 603	=
四	4, 578. 17	÷	5, 930. 2	=		十四	1, 216. 27	÷	3, 972. 58	=
五	42. 66765	÷	8. 4613	=		十五	921, 568, 259	÷	9, 617	=
六	31. 0538	÷	60. 8397	=		十六	3, 135, 873, 156	÷	50, 739	=
七	45. 400575	÷	62. 15	=		十七	52. 2625	÷	81. 3205	=
八	450, 238, 110	÷	4, 805	=		十八	10, 177. 4623	÷	140. 6	=
九	356. 1432	÷	739. 5	=		十九	1, 159. 0195	÷	21. 98	=
十	214, 488, 876	÷	2, 604	=		二十	446, 982, 146	÷	6, 047	=

之三